ALEXANDER SOMMER

Die sanierende Kapitalherabsetzung bei der GmbH

Schriften zum Wirtschaftsrecht

Band 75

Die sanierende Kapitalherabsetzung bei der GmbH

Von

Dr. Alexander Sommer

Duncker & Humblot · Berlin

Die Deutsche Bibliothek – CIP-Einheitsaufnahme

Sommer, Alexander:
Die sanierende Kapitalherabsetzung bei der GmbH / von
Alexander Sommer. – Berlin : Duncker und Humblot, 1993
(Schriften zum Wirtschaftsrecht ; Bd. 75)
Zugl.: Tübingen, Univ., Diss., 1991
ISBN 3-428-07574-9
NE: GT

D 21

Druck: Berliner Buchdruckerei Union GmbH, Berlin 61
Printed in Germany

ISSN 0582-026X
ISBN 3-428-07574-9

Meiner Mutter

Vorwort

Die vorliegende Arbeit behandelt die Frage der Kombination einer Kapitalherabsetzung mit einer gleichzeitigen Kapitalerhöhung zu Sanierungszwecken bei der GmbH. Dieses klassische und zuverlässige Sanierungsmittel, das sich bereits während der Weltwirtschaftskrise Anfang der dreißiger Jahre bewährt hat, wird durch die heutige Normierung der Kapitalherabsetzung in 58 GmbHG praktisch undurchführbar gemacht.

Obwohl das Problem bereits seit 1898, also wenige Jahre nach dem Inkrafttreten des GmbH-Gesetzes, bekannt ist und schon mehrfach Gegenstand von Gesetzentwürfen war, wurde es in Wissenschaft und Literatur sehr stiefmütterlich behandelt. So ist es auch zur Zeit erneut Gegenstand des Gesetzentwurfes der Bundesregierung zu einer einheitlichen Insolvenzordnung vom 14. 8. 1992. Doch bereits jetzt zeichnet sich ab, daß das Gesetz in dieser Legislaturperiode nicht mehr verabschiedet werden wird.

Ganz im Gegensatz zu der bisherigen, nachlässigen Behandlung dieses Themas stehen jedoch seine brennende Aktualität und der Bedarf der Praxis nach einem solchen Sanierungsinstrument bei der GmbH. Dies zeigt sich zum einen in dem wahren „Pleitenboom", der die deutsche Wirtschaft seit 1982 trotz eines insgesamt sehr günstigen Konjunkturverlaufes erschüttert hat und bei dem die GmbH als Deutschlands beliebteste und bedeutendste Gesellschaftsform den größten Anteil an den Gesamt- und v. a. auch den Unternehmensinsolvenzen innehatte. Zum anderen offenbart und erhöht sich seine Bedeutung durch die wirtschaftlichen Probleme im Beitrittsgebiet der neuen Bundesländer sowie durch die sich abzeichnende gesamtwirtschaftliche Rezession in Deutschland.

Dementsprechend verfolgt die Arbeit das Ziel, zu prüfen, ob es nicht einen rechtlich gangbaren Weg gibt, der einen wirksamen Einsatz der sanierenden Kapitalherabsetzung nach dem Vorbild des Aktienrechts *ohne ein Eingreifen des Gesetzgebers* ermöglicht und wie dieser Weg aussehen könnte.

Zu diesem Zweck gliedert sich die Arbeit in 3 Schritte. In einem ersten Teil werden die vorrangige Bedeutung der außergerichtlichen Sanierung gegenüber dem förmlichen Insolvenzverfahren und tatsächliche sowie rechtliche Nachweise und Ursachen für die schlechte Insolvenzsituation der GmbH dargelegt. Im zweiten Teil erfolgt ein Vergleich zu der funktionsfähigen Lösung im Aktienrecht, wobei die nicht gerechtfertigten Nachteile der GmbH-rechtlichen Lösung gegenüber dem Aktiengesetz aufgezeigt werden und gleichzeitig die Inadäquanz denkbarer Ersatzlösungen für die sanierende Kapitalherabsetzung bei der GmbH eingehend diskutiert wird. In einem dritten Teil schließlich wird als Konsequenz aus den getroffenen Feststellungen anhand einer detaillierten Untersuchung des § 58 GmbHG mit den anerkannten Mitteln der Methodenlehre erstmals ein Gesamtergebnis entwickelt, das sowohl dem Rechtsanwender wie dem Rechtssuchenden fundierte Argumente und Lösungsansätze zur Problematik der sanierenden Kapitalherabsetzung bei der GmbH bietet und ein Tätigwerden des Gesetzgebers an sich überflüssig macht.

Die Arbeit wurde 1991 als Dissertation an der Juristischen Fakultät der Universität Tübingen angenommen. Abschließend möchte ich besonders meinem Doktorvater Prof. Dr. Wolfgang Zöllner danken, der nicht nur den Anstoß zu dieser Arbeit gegeben hat, sondern mit seinem fachlichen Rat und seinen Anregungen erheblich zum Gelingen der Arbeit beitgetragen hat. Weiterhin danke ich meiner langjährigen Freundin Elke für ihre ständige Diskussionsbereitschaft und für ihr großes Engagement beim Tippen der Arbeit sowie meiner Mutter Beatrix, ohne deren großartige Unterstützung und Wirken während meiner Studien- und Doktorandenzeit diese Arbeit niemals möglich gewesen wäre.

Stuttgart, im September 1992 *Alexander Sommer*

Inhaltsverzeichnis

Zweiter Teil

Entwicklung und Darstellung des Problems im einzelnen

Drittes Kapitel

Mißverhältnis der Regelung der Kapitalherabsetzung im GmbH-Gesetz zum dringenden Bedarf der Praxis

Viertes Kapitel

Denkbare Versuche von Alternativlösungen zur sanierenden Kapitalherabsetzung

Dritter Teil

Mögliche Lösung des Problems und Ergebnisse der Arbeit

Fünftes Kapitel

Prüfung und Entwicklung eines Lösungsweges

Sechstes Kapitel

Fortsetzung des eingeschlagenen Lösungsweges der gesetzesimmanenten Rechtsfortbildung von § 58 GmbHG

Erster Teil

Einleitung sowie rechtliche und tatsächliche Grundlagen der Arbeit

Erstes Kapitel

Zielsetzung und Gegenstand der Arbeit

I. Problematik und Zielsetzung

1. Einführung und Problemstellung

Trotz eines in den vergangenen Jahren insgesamt sehr günstigen Konjunkturverlaufes wurde die deutsche Wirtschaft seit dem letzten „Rezessionsloch" im Jahre 1982 durch einen wahren „Pleitenboom" überrascht[1]. Aufgrund dieser Tatsache — die Ursachen spielen für die vorliegende Arbeit keine Rolle — erfolgten in einer großen Anzahl von Krisenfällen Sanierungsversuche außerhalb des gesetzlichen Insolvenzverfahrens, um einen meistens mit dem Konkursantrag endenden endgültigen Unternehmenszusammenbruch zu vermeiden. Aktuelle Beispiele waren in letzter Zeit die Sanierungen der Klöckner & Co. KGaA durch die Deutsche Bank und die im zweiten Anlauf erneut gerade noch vor Ablauf der Konkursantragsfrist des § 92 III AktG gelungene Sanierung der Co op Handelskonzern AG.

Leider waren diese Sanierungsbemühungen, wie die dennoch eingetretene, große Anzahl von Insolvenzen zeigt, nicht immer so erfolgreich wie in den beiden angeführten spektakulären Fällen. Das gilt vor allem für den hier im Vordergrund stehenden Bereich der GmbH, die als in Deutschland beliebteste und bedeutendste Gesellschaftsform den größten Anteil an den Gesamt- und insbesondere den Unternehmensinsolvenzen innehatte. Bei ihr liegen die Gründe für die schlechte Insolvenzstatistik neben den herkömmlichen, für andere Unternehmensformen auch geltenden, hier aber nicht weiter interessierenden Ursachen, wie Fehlern des Managements etc., hauptsächlich auch auf rechtlichem Gebiet. Denn das geltende GmbH-Recht stellt in seiner bisherigen Auslegung und Anwendung, trotz des unstreitig vorhandenen Sanierungsbedürfnisses für die GmbH

---

[1] Zu allen statistischen Angaben — vgl. insgesamt unten: 2. Kap. III. 2.

und des rechtspolitischen „Erwünschtseins" derartiger Maßnahmen, keine adäquaten Mittel zur außergerichtlichen Sanierung bereit, wie bereits die folgenden, kurzen Überlegungen zeigen.

Die Inanspruchnahme von Fremdmitteln führt wegen des gleichzeitigen Entstehens von Verbindlichkeiten in entsprechender Höhe nicht zu einer dauerhaften Sanierung. Auch das Mittel formloser Zuzahlungen der Gesellschafter auf das haftende Kapital geht nur so lange gut, als nicht die komplizierte Kapitalstruktur oder der inhomogene Anteilsbesitz bei größeren Unternehmen seine Durchführung verhindern. Das klassische und zuverlässigste Mittel der Sanierung von Kapitalgesellschaften schließlich, die hier zu untersuchende sanierende Kapitalherabsetzung, wird durch die im Vergleich zum Aktiengesetz sehr dürftige, ausschließlich in § 58 GmbHG erfolgende Normierung der Kapitalherabsetzung praktisch undurchführbar gemacht.

2. Zielsetzung

Bei dieser Norm, die sich immer noch auf dem Stand der Gesetzgebung zur Zeit der Einführung des GmbH-Gesetzes im Jahre 1892 befindet[2], verhindert insbesondere die viel zuviel Zeit kostende Regelung des Sperrjahres in § 58 I Nr. 3 GmbHG eine erfolgversprechende Anwendung jeglicher Kapitalherabsetzung zu Sanierungszwecken. Diese sanierungsfeindliche Wirkung ist seit langem bekannt, was der bereits 1898, also kurz nach Erlaß des Gesetzes, sich in diesem Punkt erhebende Ruf nach dem Gesetzgeber zeigt[3], dessen Tätigwerden bis in die heutige Zeit gefordert wird[4].

Demgegenüber hat die vorliegende Arbeit das Ziel, die ungerechtfertigten Nachteile der GmbH-gesetzlichen Regelung gegenüber dem Aktiengesetz aufzuzeigen und zu prüfen, ob es nicht einen anderen rechtlich gangbaren Weg gibt, der einen effektiven Einsatz der sanierenden Kapitalherabsetzung nach dem Vorbild des Aktienrechts *ohne* ein Eingreifen des Gesetzgebers, d. h. mit — oder besser gesagt: „trotz" — der vorhandenen gesetzlichen Gegebenheiten, auch für die GmbH gestattet. Andeutungen in dieser Richtung finden sich in unterschiedlicher Weise neuerdings bei *Fischer / Lutter / Hommelhoff* und *Zöllner*[5]. Mit dieser Frage hängt eine große Anzahl rechtlicher Problemstellungen zusammen, zu deren Lösung diese Arbeit beitragen möchte.

---

2 Fischer / Lutter / Hommelhoff, § 58 vor Rn. 1; Scholz / Priester, § 58 vor Rn. 1; Meyer-Landrut, § 58 Rn. 1; Schmidt, Verhandlungen des 54. DJT I, S. D 110.

3 Liebmann, Monatsschrift für Handelsrecht und Bankwesen, Steuer- und Stempelfragen, 1898, S. 183; Fischer, JW 1930, 2718; wohl auch: J. Bauer, S. 58.

4 Schmidt, ZGR 82, 534 f.; ders., AG 85, 151; ders., § 37 V 3. b).

5 Fischer / Lutter / Hommelhoff, § 58 Rn. 21; Baumbach / Hueck / Zöllner, § 58 Rn. 2, 7.

Angesichts der zentralen Bedeutung des Kapitals als Konstruktionselement dieser Form von juristischen Personen[6] und damit auch seiner Veränderung im Wege der Kapitalherabsetzung und -erhöhung sowie des dringenden Bedarfs der Praxis nach einem derartigen Sanierungsmittel verwundert es, daß das hier zu untersuchende Problem der „sanierenden Kapitalherabsetzung bei der GmbH" in der Literatur, mit Ausnahme der oben Genannten und v. a. von *K. Schmidt*, insbesondere in den letzten Jahren nahezu keinerlei Beachtung gefunden hat. Das läßt sich nur dadurch erklären, daß die bestehenden GmbHs zum größten Teil personalistische Gebilde sind[7], die im Wege der Liquidation oder eines Insolvenzverfahrens wesentlich unauffälliger und leiser vom Markt verschwinden als ein Großunternehmen in der Rechtsform der AG, z. B. im Stile der Co op Handelskonzern AG, an dessen Krise die Öffentlichkeit großen Anteil nimmt.

3. Gang der Untersuchung

Um die oben gesteckte Zielsetzung der Überprüfung — und zwar sowohl des „ob" als auch gegebenenfalls des „wie" — eines neuen Lösungsweges für die sanierende Kapitalherabsetzung bei der GmbH zu verwirklichen, wird, nachdem zunächst die diesem kapitalgesellschaftsrechtlichen Institut innewohnenden Grundgedanken im einzelnen erläutert worden sind, in mehreren Schritten vorgegangen.

a) 1. Schritt: Fragen im Zusammenhang mit der Sanierung

Zu Beginn dieses ersten Schrittes wird die Stellung der sanierenden Kapitalherabsetzung im komplexen Bereich der Sanierungssystematik dargelegt. Anschließend wird auf die unerhört gewachsene Bedeutung der Sanierung im allgemeinen und besonders im Verhältnis zum Insolvenzverfahren eingegangen, wobei aufgrund der diesbezüglich sehr ähnlichen rechtlichen Problematik im Aktien- und GmbH-Recht die Ausführungen größtenteils auf beide Gesellschaftsformen bezogen werden können. Hierdurch wird das große Bedürfnis der Praxis nach einem funktionierenden Institut der sanierenden Kapitalherabsetzung bei der GmbH deutlich, welches durch eindeutiges Zahlenmaterial untermauert werden kann.

b) 2. Schritt: Die Problematik im einzelnen

In einem weiteren Schritt wird die vorhandene Regelung der Kapitalherabsetzung im GmbH-Gesetz in ihrer bisherigen Auslegung zu diesem praktischen Bedürfnis in Beziehung gesetzt, was einerseits durch die kurze Darstellung der

---

6 Lutter, Kapital, S. 51.

7 Vgl. dazu unten: 2. Kap. II. 3.

historischen Entwicklung des zu untersuchenden Sanierungsmittels im Aktien- und GmbH-Recht erfolgt, andererseits mittels eines Vergleichs zu der gelungenen und praktikablen Regelung der Kapitalherabsetzung im Aktiengesetz, der die ungerechtfertigten Nachteile der Normierung im GmbH-Gesetz vor allem für die Durchführbarkeit einer sanierenden Kapitalherabsetzung sichtbar macht. Gleichzeitig wird im Rahmen dieses Abschnitts die Inadäquanz von aus diesem Grunde in Betracht gezogenen Ersatzlösungen aufgezeigt.

c) 3. Schritt: Ergebnisfindung

In einem dritten und letzten Schritt wird schließlich als Konsequenz aus dem vorhandenen praktischen Bedürfnis und der diesem Bedürfnis nicht entsprechenden Ausgestaltung und Auslegung der kapitalherabsetzungsrechtlichen Regelung im GmbH-Gesetz ein eigenständiger Lösungsweg de lege lata entwickelt, der die vorab erörterten Nachteile gegenüber dem Aktienrecht vermeidet, und der die sanierende Kapitalherabsetzung auch bei der GmbH zu dem äußerst zuverlässigen und vor allem auch zügig durchführbaren Sanierungsmittel werden läßt, das sie aufgrund ihrer rechtlichen Konstruktion darstellen muß. Insbesondere wird in diesem Zusammenhang auch geklärt, ob und gegebenenfalls inwieweit eine derartige Lösung zusätzlich der Anlehnung an das Aktienrecht in Form der Analogie oder sonstiger gesetzesimmanenter Rechtsfortbildung bedarf.

II. Grundbegriff und Funktion der „sanierenden Kapitalherabsetzung"

1. Die Grundelemente der sanierenden Kapitalherabsetzung

Unter einer „sanierenden Kapitalherabsetzung" wird im Kapitalgesellschaftsrecht eine Kapitalherabsetzung verstanden, die mit einer sofortigen — im Idealfall durch ein und denselben Beschluß gefaßten — Kapitalerhöhung verbunden ist[8]. Es handelt sich dabei um eine ausschließlich intern durchführbare Sanierungsmaßnahme, die, je nach Lage des Einzelfalles, ohne Hilfe von außen nur durch die Gesellschaft und die Gesellschafter erfolgen kann, aber auch unter diskreter Beteiligung außenstehender Kapitalgeber.

a) Die Kapitalherabsetzung

Die Kapitalherabsetzung ist hierbei nur *nomineller* Natur[9], d. h. es werden durch sie im Gegensatz zur effektiven Kapitalherabsetzung keinerlei Mittel zur Verteilung an die Gesellschafter frei. Vielmehr wird die Stammkapitalziffer nur

---

8 Statt aller: Schmidt, § 37 V 3. b); Baumbach / Hueck / Zöllner, § 58 Rn. 4.

9 Schmidt, Verhandlungen des 54. DJT I, S. D 110.

dem aufgrund eingetretener Verluste bereits vorher verminderten Vermögen der Gesellschaft entsprechend den tatsächlichen Verhältnissen angepaßt. So dient die Kapitalherabsetzung hier nur dem Zweck der rechnerischen Elimination von Verlusten in der Bilanz, die zu einer *Unterbilanz* geführt haben, und damit zur Beseitigung der Unterbilanz[10]. Diese liegt vor, wenn in einer Bilanz gem. §§ 242 ff., 264 ff. HGB das Aktivvermögen einer Gesellschaft abzüglich der Verbindlichkeiten und Rückstellungen, also das Reinvermögen oder Nettoaktivvermögen die Ziffer des Stammkapitals nicht mehr deckt[11].

Davon zu trennen ist der Fall der *Überschuldung* i. S. d. §§ 63 I, 64 I 2 GmbHG, 92 II 2 AktG als Voraussetzung des Insolvenzverfahrens. Diese bildet im Sinne einer betriebswirtschaftlichen Betrachtung der Erfolgslage des Unternehmens — im Gegensatz zur Liquiditätslage — bereits die nächste und letzte Stufe des Mißerfolges[12], die bei Bestehen einer Unterbilanz zumeist nicht mehr allzu weit entfernt liegt. Sie ist nach der Legaldefinition in §§ 64 I 2 GmbHG, 92 II 2 AktG erst gegeben, wenn das Aktivvermögen der Gesellschaft die Schulden nicht mehr deckt[13].

b) Die anschließende Kapitalerhöhung

Um eine drohende oder bereits eingetretene Überschuldung und damit die Gefahr des Konkurses zu beseitigen, bedarf daher nahezu jede Maßnahme im Rahmen einer Unternehmenssanierung der Zuführung neuen haftenden Kapitals[14], was rein tatsächlich die weit schwierigere Aufgabe der Sanierung ist[15]. Die Kapitalherabsetzung allein führt nur zur Beseitigung des Bilanzverlustes bzw. des Verlustvortrages, nicht aber zur Beendigung der Überschuldungsgefahr bzw. -situation und zur stabilen Gesundung des Unternehmens, da sie mangels einer Vermehrung des Aktivvermögens an der faktischen Lage des Unternehmens nichts ändert. Dieser Zweck wird erst durch die gemeinsam mit der Kapitalherabsetzung beschlossene, sofortige effektive Kapitalerhöhung erreicht. Durch sie wird der Gesellschaft neues Eigenkapital zugeführt[16].

---

[10] Hachenburg / Ulmer, § 58 Rn. 12, 77 f.; Baumbach / Hueck / Zöllner, § 58 Rn. 1, 4; Schmidt, ZGR 82, 520.

[11] Meyer-Landrut, § 58 Rn. 7; Scholz / Priester, § 58 Rn. 12; Hachenburg / Goerdeler / Müller, § 30 Rn. 14; Joost, ZHR 148, 28.

[12] Pausenberger in Janberg Finanzierungshandbuch, S. 657.

[13] Hachenburg / Goerdeler / Müller, § 30 Rn. 18; Scholz / Priester, § 58 Rn. 12; BGHZ 31, 258 (272); Uhlenbruck, S. 237; BGH NJW 83, 676 (677); Rowedder / Zimmermann, § 58 Rn. 6; J. Bauer, S. 32.

[14] Schmidt, ZGR 82, 519; Priester in FS für Fleck, S. 232; Lutter / Hommelhoff / Timm, BB 80, 738, 742; Flessner, S. 242.

[15] J. Bauer, S. 27.

[16] Schmidt, § 29 III 1; Baumbach / Hueck / Zöllner, § 58 Rn. 4.

Zwar wäre auch die Inanspruchnahme von Fremdmitteln denkbar, doch führen diese rechnerisch nicht zur Verringerung der Überschuldungsgefahr, da den zugeflossenen Aktiva stets gleichhohe Verbindlichkeiten gegenüberstünden, deren Bedienung das Unternehmen möglicherweise zusätzlich belasten würde. Sie dienen daher insbesondere einer vorübergehenden Beseitigung der Zahlungsunfähigkeit.

Die effektive Kapitalerhöhung gibt der mit ihr verbundenen Kapitalherabsetzung erst den eigentlichen Sinn entsprechend dem verfolgten Sanierungszweck. Sie bewirkt eine Aufnahme der durch die Kapitalherabsetzung noch nicht aufgefangenen Verluste und verschafft der Gesellschaft v. a. neuen finanziellen Spielraum dahingehend, daß sie nach Beseitigung der bisherigen Verluste nicht alsbald wieder in eine „Schieflage" des Unternehmens mit der Gefahr der Überschuldung gerät. Andererseits wird durch sie die Durchführung der erforderlichen Reorganisationsmaßnahmen, die das Unternehmen wieder lebens- und leistungsfähig machen, unter Umständen erst möglich.

2. Aufgabe der Kapitalherabsetzung in dieser Kombination

Obige Gesamtkonstruktion, die gemeint ist, wenn von „sanierender Kapitalerhöhung" gesprochen wird[17], ist seit Beginn der dreißiger Jahre, als das Deutsche Reich mit den Auswirkungen der Weltwirtschaftskrise — ausgelöst durch den „black friday" an der New Yorker Börse am 24. 10. 1929 — zu kämpfen hatte, und diese Methode erfolgreich praktiziert wurde, aus dem Sanierungsrecht nicht mehr wegzudenken. Die Kapitalherabsetzung ist dabei unentbehrlich und nicht ersetzbar. Ihr kommt die grundlegende Aufgabe zu, trotz der Finanzkrise, in der die Gesellschaft sich befindet, gleichsam den Boden für die nachfolgende Sanierung mittels der gleichzeitig beschlossenen Kapitalerhöhung zu bereiten, indem sie durch eine Bilanzbereinigung die Voraussetzungen dafür schafft, daß sich neue Kapitalgeber — oder auch die alten — zu einem Engagement bereitfinden und es wagen, Anteile der Gesellschaft zu übernehmen und ihr neue Eigenmittel zuzuführen, die sie zur Verbesserung der Liquidität und zur Beseitigung der Verlustquellen benötigt[18]. Es wird quasi „reiner Tisch" gemacht, um anschließend die Gesellschaftsanteile aus der Kapitalerhöhung auch an Dritte vergeben zu können.

Dazu ist es erstens notwendig, daß durch den Kapitalschnitt dafür gesorgt wird, daß die bisherigen Verluste nur durch die Inhaber alter Anteile getragen werden[19]. Ihre Anteile müssen zunächst auf den tatsächlichen, geringeren Wert

---

17 Uhlenbruck, S. 42; Priester in FS für Fleck, S. 231 ff.; Schmidt, § 37 V 3. b); ders., ZGR 82, 519 ff.; ders., Verhandlungen des 54. DJT I, S. D 108.

18 Vormbaum, S. 412; Lutter / Hommelhoff / Timm, BB 80, 740; Schmidt, Verhandlungen des 54. DJT I, S. D 108.

zurückgestutzt werden, sie dürfen nicht auf Kosten der Übernehmer neuer, „guter“ Anteile aufgewertet werden. Damit zusammen hängt zweitens auch die Frage des Stimmrechts der Neugesellschafter, die entsprechend ihrem Anteil am neuen, „unverbrauchten“ Stamm- bzw. Grundkapital an den Entscheidungen der Gesellschaft beteiligt werden sollen[20]. Dieses Stimmrecht darf nicht durch die volle Einbeziehung des ursprünglichen Eigenkapitals, das zumindest teilweise nicht mehr durch ein ihm gegenüberstehendes Aktivvermögen gedeckt ist, verwässert werden, was gerade durch den Kapitalschnitt in Höhe des ungedeckten Betrages erreicht wird. Schließlich muß die Ausschüttungssperre für die Auszahlung künftiger Jahresüberschüsse überwunden werden, was gleichfalls nur durch eine Kapitalherabsetzung erfolgen kann[19]. Diese Sperre ergibt sich für die GmbH aus § 30 I GmbHG, für die AG aus den strengeren Vorschriften der §§ 57, 58 IV,V AktG, die nur die Verteilung des Bilanzgewinns erlauben. Ansonsten müßten künftige Gewinne trotz Kapitalerhöhung über Jahre hinweg zur Aufholung der eingetretenen Verluste verwendet werden und könnten infolgedessen nicht an die Gesellschafter verteilt werden. Ein finanzielles Engagement wäre für mögliche Kapitalgeber daher äußerst unattraktiv, was die Sanierungsaussichten der Gesellschaft erheblich verschlechtern würde[21].

---

[19] Scholz / Priester, § 58 Rn. 79; Schmidt, ZGR 82, 520; ders., Verhandlungen des 54. DJT I, S. D 110; Fischer / Lutter / Hommelhoff, § 58 Rn. 20.

[20] Schmidt, § 37 V, Beispiel Nr. 38.

[21] Beckmann / Pausenberger, S. 94; Pausenberger in Janberg Finanzierungshandbuch, S. 674 f.

Zweites Kapitel

Sanierung und Insolvenzverfahren — Bestehen eines dringenden, praktischen Bedürfnisses nach Instrumenten der außergerichtlichen Sanierung

Um der vollen Bedeutung der sanierenden Kapitalherabsetzung gerecht zu werden, ist sie zunächst im Gesamtzusammenhang zu der sehr aktuell gewordenen Frage der Sanierung und ihres noch vorhandenen Spannungsverhältnisses zum Insolvenzverfahren, das aber nach dem Willen der 1978 eingesetzten Kommission für Insolvenzrecht[1] durch die Schaffung eines einheitlichen Insolvenzverfahrens einschließlich eines Sanierungsverfahrens abgebaut werden soll, zu betrachten.

I. Begriff der Sanierung

1. Betriebswirtschaftlicher Begriff

Ausgehend davon, daß es sich bei jedem Unternehmen um einen lebenden Organismus handelt, der auch den Gefahren eines solchen in Form von „Krankheiten" ausgesetzt ist, ist die „Sanierung", entsprechend der etymologischen Bedeutung des Wortes, im wirtschaftlichen Bereich zunächst als ein Akt des „operativen Gesundmachens" kranker Unternehmungen zu umschreiben[2]. Darunter fallen gemäß dem weiteren Sinne des Begriffes sämtliche Maßnahmen der „Krankheit", seien sie nun personeller, betriebsorganisatorischer, finanzieller oder rechtlicher Art.

a) Ausgrenzung des vorliegend relevanten Bereichs

Die „Krankheit" eines Unternehmens, die sich äußerlich mit dem erst in fortgeschrittenem Stadium auftretenden Symptom einer existenzbedrohenden Finanzkrise in Form der Unterbilanz, Zahlungsstockung oder gar der Überschuldung oder Zahlungsunfähigkeit zeigt, kann vielfältige Ursachen haben[3]. Doch nicht

---

1 Bundesministerium der Justiz, Erster Bericht der Kommission für Insolvenzrecht (1985), S. 14 ff. und neuerdings: Diskussionsentwurf eines Gesetzes zur Reform des Insolvenzrechts (1988), S. A 31 ff.

2 Bauer, S. 26; Pausenberger in Janberg Finanzierungshandbuch, S. 655; Schmalenbach, S. 211.

3 Pausenberger in Janberg Finanzierungshandbuch, S. 656 f., 658 ff.

das Auffinden der möglichen Krankheitsursache, das ebenfalls eine wichtige Aufgabe im Rahmen der Sanierungstätigkeit darstellt[4], ist Gegenstand dieser Arbeit. Vielmehr geht es im vorliegenden Zusammenhang der sanierenden Kapitalherabsetzung lediglich um einen bestimmten Aspekt der Sanierung in obigem, weiteren Sinne, nämlich um den eigentlichen Finanzierungsvorgang zur Überwindung der Krise, insbesondere unter Beachtung der damit verbundenen rechtlichen Fragen. Gegenstand der so verstandenen „Sanierung" sind also auch nicht Sanierungsmaßnahmen anderer, v. a. organisatorischer Natur, wie etwa die Einführung modernerer Fertigungsmethoden, die Umstellung der Produktionspaletten oder die Umbesetzung von Führungspositionen. Als Sanierungsmethoden gehören derartige Vorgänge ausschließlich in das Gebiet der Betriebswirtschaftslehre[5].

b) Definition im finanzwirtschaftlichen Sinne

In diesem engeren Sinne wird die „Sanierung" betriebswirtschaftlich, zurückgehend auf *Gutenberg*[6], als „Summe aller finanzwirtschaftlichen Maßnahmen, die geeignet sind, ein notleidendes Unternehmen vor dem Zusammenbruch zu bewahren und wieder ertragsfähig zu machen, d. h. geeignet sind zur Beseitigung einer nicht nur vorübergehenden Illiquidität und / oder bedrohlich fallenden Rentabilität" definiert[7]. Als eine dieser finanzwirtschaftlichen Maßnahmen hat die „sanierende Kapitalherabsetzung" zu gelten.

2. Fehlender rechtlicher Sanierungsbegriff

Demgegenüber existiert ein rechtlicher Begriff der Sanierung nicht[8]. Vielmehr wird das gesamte Problem der Sanierung, trotz seiner gerade in den achtziger Jahren gestiegenen Aktualität — vgl. dazu unten Pkt. II. und III. — in der Rechtsliteratur noch etwas stiefmütterlich behandelt. Das Feld wurde weitestgehend der Betriebswirtschaftslehre überlassen, die das Problem fast ausschließlich als ein finanzielles bearbeitete[9].

Die Gründe für dieses Defizit liegen wohl v. a. darin, daß die Sanierungsproblematik — lediglich in § 3 Nr. 66 EStG ist sie erwähnt — gesetzlich nahezu überhaupt nicht erfaßt ist[10]. Erst recht fehlt es an der Normierung eines einheitlichen, konkursabwendenden Reorganisationsverfahrens zur Sanierung kranker

[4] Uhlenbruck, ZIP 80, 75, Fn. 11.

[5] Schimke / Töpfer, S. 10 ff.; Uhlenbruck, ZIP 80, 75 Fn. 11.

[6] Gutenberg in Handwörterbuch der Betriebswirtschaft, Bd. 1, Sp. 1774.

[7] Uhlenbruck, S. 88 f.; Vormbaum, S. 400; Potthoff in Büschgen, Handwörterbuch der Finanzwirtschaft, Sp. 1558; Pausenberger in Janberg Finanzierungshandbuch, S. 666.

[8] Hopt, ZHR 143, 167; Schmidt: Verhandlungen des 54. DJT I, S. D 18 f.

[9] Siehe oben Fn. 6, 7; Uhlenbruck, ZIP 80, 75; Flessner, S. 173.

[10] Schmidt, ZIP 80, 322; Uhlenbruck, ZIP 80, 515, Fn. 2.

Unternehmen[11], wie dies teilweise im Ausland bereits besteht, so insbesondere in den USA in Gestalt des „Bankruptcy Code", Chapter 11[12], aber auch in Japan[13] oder Frankreich[14]. In Deutschland wurde zwar 1978 eine Kommission zur Untersuchung einer möglichen Reform des Insolvenzrechts eingesetzt, die 1985 in einem „Ersten Bericht" auch die Schaffung eines einheitlichen Insolvenzverfahrens einschließlich eines umfassenden Reorganisationsverfahrens empfahl[15]. Doch existieren dazu bis zum heutigen Zeitpunkt nur ein unverbindlicher „Diskussionsentwurf" des Bundesjustizministeriums vom 30. 8. 1988 und ein erster Referentenentwurf vom Dezember 1989[16].

Dementsprechend hat das rechtliche Interesse bisher entweder vornehmlich dem Unternehmen im Normalzustand gegolten, oder aber es hat sich auf das liquidierende Insolvenzverfahren sowie die Erörterung bestimmter Sanierungsmaßnahmen und ihrer rechtlichen Probleme im Rahmen der jeweiligen Einzelgesetze gerichtet[17]. Diese Vielfalt von Einzelgesetzen mit jeweils unterschiedlichen Zielsetzungen, unter denen eine Sanierung relevant werden kann[18], ist ein weiterer Grund für das Fehlen eines rechtlichen Sanierungsbegriffes. Sie macht eine einheitliche Formulierung sehr schwer, die zudem von einer generalklauselartigen Weite sein müßte.

Da aber im Gegenteil die Verwendung eines juristisch unscharfen, ökonomischen Sanierungsbegriffs für die rechtspolitische Diskussion sogar als nützlich angesehen wird[19] und zudem der Zweck der hier zu untersuchenden „sanierenden Kapitalherabsetzung" mit dem Zweck des betriebswirtschaftlichen Sanierungsbegriffs im engeren Sinne, und zwar „Beseitigung der entstandenen Kapitalverluste sowie Beschaffung des zur Deckung der Zahlungsverpflichtungen und zur Betriebsfortführung erforderlichen Kapitals"[20] übereinstimmt, wird der Begriff der „Sanierung" nachfolgend in diesem betriebswirtschaftlichen Sinne gebraucht.

---

11 Flessner, S. 147; Bundesministerium der Justiz, Diskussionsentwurf eines Gesetzes zur Reform des Insolvenzrechts (1988), S. A 3.

12 Bankruptcy Reform Act of 1978, Public Law 95-598, Chapter 11-Reorganization, Paragraph 3101-3223; dazu auch: Kramer, S. 1 f., 41 ff.; Flessner, S. 147; Lutter / Hommelhoff / Timm, BB 80, 737; Uhlenbruck, ZIP 80, 75.

13 Shimojima, ZIP 82, 805 ff.; Nakano in Baumgärtel, S. 141 ff.

14 Balz, ZIP 83, 1153 ff.; Arnold, ZIP 82, 793 ff.; Bundesministerium der Justiz, Diskussionsentwurf eines Gesetzes zur Reform des Insolvenzrechts (1988), S. A 96 f.

15 Bundesministerium der Justiz, Erster Bericht der Kommission für Insolvenzrecht, S. 14.

16 Bundesministerium der Justiz, Diskussionsentwurf eines Gesetzes zur Reform des Insolvenzrechts (1988) und Stuttgarter Zeitung vom 9. 12. 1989, S. 14.

17 Flessner, S. 3, 147, 204.

18 Hopt, ZHR 143, 167.

19 Schmidt, Verhandlungen des 54. DJT I, S. D 20.

20 Pausenberger in Janberg Finanzierungshandbuch, S. 658.

3. Keine Relevanz der allgemeinen Sanierungsvoraussetzungen im vorliegenden Zusammenhang

Da die allgemeinen Voraussetzungen der Sanierung wie die Frage der *Sanierungsbedürftigkeit* des Unternehmens, d. h. des Bestehens von finanziellen Schwierigkeiten, aus denen sich das Unternehmen nicht durch reine Selbsthilfe befreien kann[21], oder die der *Sanierungsfähigkeit* der Unternehmung, welche die Untersuchung der Aussicht eines dauerhaften Erfolges der beabsichtigten Sanierung betrifft[22], insbesondere aber auch die davon zu unterscheidende Problematik der *Sanierungswürdigkeit*[23] allesamt die Entscheidung betreffen, *„ob“* eine Sanierung überhaupt durchgeführt werden muß bzw. kann, sind sie bereits im Vorfeld der eigentlichen Durchführung der Sanierung zu prüfen. Sie stehen mit dem konkreten Finanzierungsvorgang, innerhalb dessen die hier interessierende, sanierende Kapitalherabsetzung erst relevant wird, d. h. dem *„wie“* der Sanierung, nicht in unmittelbarem Zusammenhang und spielen daher für die weitere Untersuchung keine Rolle mehr, weshalb sich ihre weitere Erörterung erübrigt.

Festzuhalten ist jedoch, daß die soeben angeführten Maßstäbe der Sanierungsfähigkeit etc. für jeden Einzelfall einer Sanierung von den entscheidenden Instanzen zu prüfen sind. Im Falle eines förmlichen Insolvenzverfahrens obliegt diese Entscheidung gem. §§ 16; 18 Nr. 3, 4; 78 I; 79 VerglO dem Gericht. Bei Durchführung einer „freien“ Sanierung, wobei „frei“ bedeutet, daß sie außerhalb des förmlichen Insolvenzverfahrens stattfindet[24], erfolgt die Prüfung durch die privatautonom disponierenden Beteiligten, also insbesondere durch die geschäftsführenden Organe der betroffenen Gesellschaft selbst.

II. Abgrenzung der „freien“ Sanierung, insbesondere in Form der sanierenden Kapitalherabsetzung, vom Insolvenzverfahren

Die sanierende Kapitalherabsetzung ist ein Instrument dieser letztgenannten Form der freien Sanierung. Bereits dieser ihrer Zielrichtung nach bezweckt sie u. a. gerade die Vermeidung eines für den Kredit und das Ansehen des Unternehmens schädlichen Insolvenzverfahrens und damit die Verhinderung unerwünschter Publizität hinsichtlich der Krise.

Gleichzeitig stellt die sanierende Kapitalherabsetzung eine Form der „internen“ Sanierung dar, bei der das betroffene Unternehmen versucht, die Gesundung nur im finanziellen und rechtlichen Bereich der Unternehmung selbst, quasi durch

---

21 Potthoff in Büschgen, Handwörterbuch der Finanzwirtschaft, Sp. 1559; Pausenberger in Janberg Finanzierungshandbuch, S. 657, 664; Schreiber, S. 11.

22 Potthoff in Büschgen, Handwörterbuch der Finanzwirtschaft, Sp. 1559 f.; Flessner, S. 249 f.

23 Hierzu im einzelnen: Flessner, S. 262 f.

24 Schmidt, Verhandlungen des 54. DJT I, S. D 103.

eigene Mittel und Wege, herbeizuführen[25]. Davon zu trennen ist die „externe" Sanierung, die Gläubiger und sonstige Dritte in den Sanierungsprozeß miteinbezieht, also über den internen Unternehmensbereich hinausgeht, wozu auch das gerichtliche Vergleichsverfahren gehört[26]. Dies zeigt, daß die Methode der freien, internen Sanierung sich deutlich von derjenigen durch ein Insolvenzverfahren, also insbesondere eines gerichtlichen Vergleiches, unterscheidet. Dabei ist zu beachten, daß interne Sanierungsversuche den externen grundsätzlich voranzustellen sind[27], sowohl im zeitlichen Ablauf als auch von der Effektivität her. Ersteres folgt schon daraus, daß die Insolvenzverfahren in ihrer momentanen Ausgestaltung lediglich der Insolvenzbereinigung dienen, aber zur Insolvenzverhütung nichts beitragen können, weil sie erst bei eingetretener Insolvenz einsetzen.

1. Die vorherrschende Sanierungspraxis: Mangelnde Distanz zwischen Versuchen der freien Sanierung und förmlichem Insolvenzverfahren

Dementsprechend sollte der Versuch der freien Sanierung vernünftigerweise zeitlich schon im Vorfeld eines drohenden Insolvenzverfahrens erfolgen, also vor Eintritt der Insolvenzgründe Überschuldung und Zahlungsunfähigkeit, die die Dreiwochenfrist der §§ 92 II AktG, 64 I GmbHG zur Stellung eines Insolvenzantrages in Lauf setzen[28]. Das kommt insbesondere darin zum Ausdruck, daß die Sanierungsbedürftigkeit einer Gesellschaft bereits ab dem Moment besteht, in dem sie eine Unterbilanz, also eine Vorstufe zur Überschuldung, ausweisen muß[29]. Ferner darin, daß der Konkursgrund der Überschuldung selbst auf eine möglichst frühzeitige Krisenerkennung zielt, indem er die verantwortlichen Gesellschaftsorgane zu einer konstanten Überprüfung der Vermögenslage zwingen soll[30].

Dennoch ist der Sanierungsbeginn mit Billigung der höchstrichterlichen Rechtsprechung[31] und der Literatur[32] auch erst innerhalb der Antragsfrist von 3 Wochen möglich. In der Praxis ist dies aufgrund von mangelnder Objektivität, um nicht zu sagen Zweckoptimismus des Managements sowie Versuchen, die Krise nach

---

25 Uhlenbruck, S. 103.

26 Uhlenbruck, S. 105.

27 Schäfer, S. 297; Uhlenbruck, S. 102; ders., GmbHR 82, 141, wonach die Insolvenzsituation in der Bundesrepublik Deutschland durch außergerichtliche Sanierungskonzepte gekennzeichnet ist.

28 So auch: Uhlenbruck, S. 379 und ZIP 80, 74; Lutter / Hommelhoff / Timm, BB 80, 738; J. Bauer, Vorwort.

29 Vgl. oben I. 3. dieses Kapitels und die dort angegebenen Fundstellen.

30 Schmidt, AG 78, 338; Scholz-Schmidt, § 63 Rn. 10; Egner / Wolff, AG 78, 100 f.; Lutter / Hommelhoff / Timm, BB 80, 739.

31 BGH NJW 79, 1826 f.

32 Lutter / Hommelhoff / Timm, BB 80, 737; Hopt, ZHR 143, 167; Uhlenbruck, ZIP 80, 74.

innen und vor allem außen zu verheimlichen[33], sogar die Regel — vergleiche zuletzt die vorläufig gelungene Sanierung der Co op Handelskonzern AG im Februar 1989[34] und die erneute Überschuldung im September 1989[35]. Doch ergeben sich aus diesem späten Sanierungszeitpunkt zusätzliche Schwierigkeiten tatsächlicher, insbesondere zeitlicher, aber auch rechtlicher Natur. Sie beruhen darauf, daß nach einheitlicher Auffassung zum Schutze der Gläubiger und unbeteiligter Dritter die Pflicht zur Stellung eines Konkurs- oder Vergleichsantrages nur entfällt, wenn der Sanierungserfolg innerhalb der Dreiwochenfrist eingetreten ist, d. h. Überschuldung und / oder Zahlungsunfähigkeit in dieser Zeit nachhaltig beseitigt sind[36].

Daraus folgt zunächst, daß die verantwortlichen Organe der Gesellschaft unter sehr kurzfristigem Handlungsdruck stehen, da sie zu durchführbaren Maßnahmen finden müssen, die in der Kürze der Zeit zum gewünschten Erfolg führen. Zum anderen folgt daraus, daß die Grenze jeder freien Sanierung — gerade zum Schutze Dritter vor Konkursverschleppung und zur Erhaltung der Haftungsmasse — grundsätzlich in der Pflicht zur Stellung des Insolvenzantrages liegt[37]. Zwar ist — wie die zweite Krise von Co op gezeigt hat — das Fortführen außergerichtlicher Sanierungsbemühungen parallel zum förmlichen Insolvenzverfahren denkbar[38], doch ist diese Möglichkeit in weniger spektakulären Fällen regelmäßig nur theoretischer Natur, da bereits die Stellung eines Konkurs- oder Vergleichsantrages zu einem psychologischen „Knacks“ führt, der sich sanierungshemmend auswirkt[39]. Die Zustimmung *aller* Gläubiger, deren ein außergerichtlicher Vergleich bedarf, ist ab diesem Zeitpunkt praktisch nicht mehr zu erlangen, da spätestens jetzt uneinsichtige Gläubiger versuchen werden, im Wege der Einzelzwangsvollstreckung Zugriff auf das Gesellschaftsvermögen zu nehmen. Vor allem aber hätten außergerichtliche Sanierungsmaßnahmen dann ihr vorrangigstes Ziel, nämlich die Vermeidung eines gerichtlichen Insolvenzverfahrens mit all

---

33 Schimke / Töpfer, S. 11.

34 Frankfurter Allgemeine Zeitung vom 27. 2. 89 und 28. 2. 89, jeweils S. 13; Stuttgarter Zeitung vom 27. 2. 89, S. 1, 11; Sanierungsmaßnahmen wurden erst ergriffen, als aufgrund eines Wirtschaftsprüfer-Gutachtens vom 10. 2. die Insolvenzlage feststand.

35 Frankfurter Allgemeine Zeitung vom 14. 9. 89, S. 1, 15 f.; Stuttgarter Zeitung vom 13. 9. 89, S. 9 und vom 14. 9. 89, S. 13: Auch hier wurden konkrete Maßnahmen erst eingeleitet, als am 22. 8. 89 feststand, daß der Jahresabschluß 88 überschuldet ist. Am 12. 9. mußte nach Ablauf der Dreiwochenfrist sogar Vergleichsantrag gestellt werden, der jedoch am 18. 9. wieder zurückgenommen werden konnte — Frankfurter Allgemeine Zeitung vom 19. 9. 89, S. 1, 17 — nachdem die Gläubigerbanken nach Fortführung der Sanierungsbemühungen auf 75 % ihrer Forderungen verzichtet haben.

36 Lutter / Hommelhoff / Timm, BB 80, 738; Uhlenbruck, ZIP 80, 74; Schmidt, ZIP 80, 331; BGH NJW 79, 1826 f.

37 Uhlenbruck, S. 95, 379; BGH NJW 79, 1827; Schmidt, Verhandlungen des 54. DJT I, S. D 104.

38 So ursprünglich auch Schmidt, ZIP 80, 331, der diese Meinung aber wieder fallengelassen hat, wie aus Fn. 37, Gutachten zum 54. DJT (1982) folgt.

39 Schmidt, ZIP 80, 333 — damit schränkte er seine ursprüngliche Auffassung sofort wieder ein.

seinen negativen, wirtschaftlichen Folgen, von Anfang an verfehlt, so daß sie insofern sinnlos wären.

Schließlich zeigt diese vorherrschende Sanierungspraxis — bereits 1978 hat es nach einer rechtssoziologischen Studie des „Max-Planck-Instituts für ausländisches und internationales Privatrecht" zur Praxis der Konkursabwicklung in Deutschland in 47 % aller Insolvenzfälle vor der Stellung eines entsprechenden Antrages außergerichtliche Versuche zur Abwendung der Insolvenz gegeben[40], und wenn man die Fälle der gelungenen Sanierungen hinzurechnet, waren es noch mehr —, daß die freie, interne Sanierung, sofern sie einen Sinn haben soll, des Vorhandenseins von rechtlichen Mitteln bedarf, die zum einen schnell und unkompliziert anwendbar sind, die aber auch ebenso schnell wirken und zügig abgewickelt werden können.

2. Billigung dieser Praxis durch die Rechtsprechung

Die Rechtsprechung hat die Zulässigkeit von Versuchen einer „freien" Sanierung als Alternative zum unmittelbar drohenden, förmlichen Insolvenzverfahren innerhalb der Dreiwochenfrist in den „*Herstatt-Urteilen*" bestätigt[41]. Während die Dreiwochenfrist zuvor vorwiegend unter dem Aspekt der Antragspflicht zwecks Prüfung ausschließlich *gerichtlicher* Sanierungsfähigkeit betrachtet worden war[42] und diese Auslegung, wie der eindeutige Wortlaut der §§ 64 I 3 GmbHG, 92 II 3 AktG zeigt, auch den Vorstellungen des Gesetzgebers zugrunde gelegen haben muß[43], wird in der Dreiwochenfrist nunmehr eine Chance, und gegebenenfalls sogar die Pflicht zu außergerichtlichen Sanierungsversuchen gesehen[44]. Damit hat sich die Rechtsprechung zu Recht über die Kriterien des Wortlauts und der historischen Auslegung hinweggesetzt zugunsten einer am heutigen Zweck der Norm und den Bedürfnissen der Praxis ausgerichteten Lösung.

3. Das Fehlen von Konsequenzen aus dieser Sanierungspraxis in der Rechtsprechung

Leider hat es die Rechtsprechung bisher versäumt, diesem ersten Schritt in die richtige Richtung den weiteren Schritt einer Problembereinigung hinsichtlich der Anwendbarkeit geeigneter Sanierungsmittel folgen zu lassen. Denn aufgrund

---

40 Gessner / Rhode / Strate / Ziegert, S. 261.

41 BGH NJW 79, 1823 ff. und 1830 ff.

42 Scholz (5. Aufl. 1964); § 64 Rn. 6; Hachenburg / W. Schmidt (6. Aufl. 1959), § 64 Anm. 5.

43 Uhlenbruck, ZIP 80, 73 f.

44 BGH NJW 79, 1826; Lutter / Hommelhoff / Timm, BB 80, 737; Schmidt, ZIP 80, 331; Uhlenbruck, S. 379.

der knapp bemessenen Dreiwochenfrist sind gerade die klassischen Mittel interner Sanierung, nämlich Kapitalerhöhung und -herabsetzung, nach der bisherigen Auslegung des Gesetzes durch die Rechtsprechung — sowohl im Bereich des AktG, wie auch des GmbHG — zur unmittelbaren Beseitigung der Insolvenzgründe nicht verwendbar.

a) Bei der Aktiengesellschaft

Für die AG ergibt sich dieses Dilemma daraus, daß Kapitalerhöhung (§§ 182 ff. AktG) und Kapitalherabsetzung (§§ 222 ff. AktG) als Satzungsänderungen gem. § 179 I AktG zur Zuständigkeit der Hauptversammlung gehören (§ 119 I Nr. 5 AktG)[45]. Denn gem. § 123 I AktG ist für die Einberufung der Hauptversammlung eine Mindestfrist von einem Monat einzuhalten, die schon im idealsten Fall — tatsächlich verlängert sich die Einberufung aus organisatorischen Gründen zumeist um mehrere Wochen — offensichtlich mit der Dreiwochenfrist des § 92 II AktG kollidiert. Eine Lösung dieses wegen des kurzfristigen Kapitalbedarfs v. a. die Kapitalerhöhung betreffenden Problems wurde dahingehend entwickelt, daß es den Zeichnern künftigen Aktienkapitals zwecks Beseitigung der Überschuldung gestattet sein sollte, mit Erfüllungswirkung Leistungen auf das erhöhte Aktienkapital bereits vor Beschlußfassung zur Kapitalerhöhung zu erbringen[46]. Der BGH hat jedoch die Entscheidung zur rechtlichen Begehbarkeit dieses Lösungsweges in 2 Entscheidungen[47] ausdrücklich offengelassen, so daß die Praxis auch weiterhin zur ersten Überwindung der Konkursgefahr auf andere, unter Umständen schwerer durchzuführende Mittel, wie etwa Forderungsverzichte der Gläubiger gegen Besserungsschein im Fall der Co op Handelskonzern AG[48], zurückgreifen muß.

b) Im Bereich der GmbH

Demgegenüber bereitet die Einberufung einer Gesellschafterversammlung — auch hier sind Kapitalherabsetzung (§ 58 GmbHG) und Kapitalerhöhung (§§ 55 ff. GmbHG) Satzungsänderungen i. S. d. § 53 I GmbHG — bei der GmbH weniger Schwierigkeiten. Zum einen liegt die gesetzliche Einberufungsfrist gem. § 51 I 2 GmbHG nur bei einer Woche, zum anderen führen die Versammlungen

---

[45] Kölner Kommentar / Lutter, vor § 222 Rn. 3; Großkommentar / Schilling, § 222 Anm. 6.

[46] Lutter / Hommelhoff / Timm, BB 80, 737 (745 ff.).

[47] BGH NJW 86, 837 (840) und BB 82, 1626 (1630).

[48] Frankfurter Allgemeine Zeitung vom 28. 2. 89, S. 13, wo ein Kapitalschnitt mit anschließender Kapitalerhöhung als „offen“ bezeichnet wird. Dazu kam es dann auf der außerordentlichen Hauptversammlung vom 30. 11. 89 nach der 2. Krise des Konzerns, siehe Frankfurter Allgemeine Zeitung vom 1. 12. 89, S. 17 f. und Stuttgarter Zeitung vom 1. 12. 89, S. 13.

aufgrund des regelmäßig sehr kleinen Gesellschafterkreises — nach Untersuchungen von *Kornblum* in der gesamten Bundesrepublik, insbesondere aber in Handelsregistern Baden-Württembergischer Städte, haben 97-98 % aller GmbHs nicht mehr als 5 Gesellschafter, mehr als die Hälfte aller GmbHs sogar nur 2 Gesellschafter[49] — kaum zu organisatorischen Problemen und finden daher auch relativ häufig statt.

aa) Zu langwieriges Verfahren bei der Kapitalherabsetzung

Dennoch besteht auch bei der GmbH das Problem, daß wegen des schnellstmöglichen Kapitalbedarfs diese Sanierungsmaßnahmen nicht rasch genug durchgeführt werden können. Bei der Kapitalherabsetzung beruht dies insbesondere darauf, daß man § 58 I GmbHG nach wie vor auf sämtliche Arten der Kapitalherabsetzung, auch die sanierende, bei der kein Kapital frei wird, anwendet, obwohl seit langem bekannt ist, daß diese Regelung ansonsten mögliche Sanierungen verhindern kann[50]. Das Hindernis besteht hauptsächlich im Sperrjahr des § 58 I Nr. 3 GmbHG für die Anmeldung der Kapitalherabsetzung zum Handelsregister — vor Eintragung ist sie gem. § 54 III GmbHG nicht wirksam —, das zur Dreiwochenfrist des § 64 I GmbHG in keinem Verhältnis steht.

bb) Auswirkungen auf die Kapitalerhöhung

Dieses Manko der Kapitalherabsetzung schlägt im Falle ihrer Kombination mit einer Kapitalerhöhung im Rahmen der sanierenden Kapitalherabsetzung auch auf letztere durch, da die Kapitalerhöhung zweckmäßigerweise *gleichzeitig*[51] mit der Kapitalherabsetzung wirksam werden soll. Nachdem die angeschlagene Gesellschaft der Zuführung von Barmitteln zur Abwendung des Konkursgrundes natürlich schon vor Ablauf der einjährigen Sperrfrist bedarf, wird auch an dieser Stelle die Problematik der Vorauseinzahlung auf Stammeinlagen und ihrer Tilgungswirkung diskutiert[52]. Dieses Problem entstand hier ferner deshalb, weil sich wegen der Verweisung des § 57 II GmbHG auf § 7 II 1, 3 GmbHG die Frage erhebt, inwieweit Gesellschafter, die der GmbH im Hinblick auf den augenblicklichen Sanierungsbedarf und die noch nicht wirksame Kapitalerhöhung

---

49 Kornblum, GmbHR 81, 233; ders., GmbHR 83, 64; ders. / Kleinle / Baumann / Steffan, GmbHR 85, 46.

50 Fischer, JW 1930, 2718; Liebmann, Monatsschrift für Handelsrecht und Bankwesen, Steuer- u. Stempelfragen, 1898, S. 183; Lutter, Kapital, S. 409; Kerssenbrock, GmbHR 84, 306; Eder, Rn. 534.

51 Von Hachenburg / Ulmer, § 58 Rn. 81 wird diese Variante als „nachfolgende Kapitalerhöhung" bezeichnet, da die Kapitalerhöhung auf der -herabsetzung aufbaut, was aber von den Beteiligten, die eine „gleichzeitige" Eintragung beider Maßnahmen wünschen, nicht gewollt ist.

52 Hachenburg / Ulmer, § 58 Rn. 83; Baumbach / Hueck / Zöllner, § 58 Rn. 7; Scholz / Priester, § 58 Rn. 87; Priester in FS für Fleck, S. 233.

Mittel zuschießen, bei Leistungen über den Mindesteinlagebetrag von einem Viertel hinaus von ihrer Einlagepflicht befreit werden bzw. das Risiko doppelter Zahlung eingehen[53].

cc) Versuch der Entschärfung des Problems durch Bejahung der Tilgungswirkung von Vorauszahlungen im Gründungsstadium

Seit kurzem vertritt die höchstrichterliche Rechtsprechung unter Hinweis auf die bestehende Unterbilanzhaftung der Gesellschafter in Höhe der Differenz zwischen dem nominellen Stammkapital und dem Wert des Gesellschaftsvermögens im Zeitpunkt der Eintragung die neue Meinung, daß freiwilligen Vorausleistungen auf die Stammeinlage im Gründungsstadium Tilgungswirkung zukomme[54]. Denn diese unbegrenzte Haftung reiche zur Sicherung der Unversehrtheit des Stammkapitals im Interesse der Gläubiger zum Zeitpunkt der Eintragung aus. Damit hat der BGH seine ursprüngliche, sanierungsfeindliche Auffassung, die sich insbesondere aus 2 Urteilen der Jahre 1966 und 1968 ergab[55], ausdrücklich aufgegeben[54]. Danach unterlagen jedenfalls Mehreinzahlungen *vor* Beschlußfassung über die Kapitalerhöhung — für Zahlungen *nach* dem Beschluß wurde dies offen gelassen — in vollem Umfange dem Doppelzahlungsrisiko, was der BGH im Anschluß an die reichsgerichtliche Rechtsprechung mit der gründungsrechtlichen Argumentation begründete, daß das Freiwerden des Mehrleistenden von seiner Einlageschuld zum Schutze des Rechtsverkehrs davon abhänge, inwieweit das Geld der Gesellschaft im Zeitpunkt der Beschlußfassung noch unverbraucht zur Verfügung stehe[56].

Dazu, ob auch die neue, eine Tilgungswirkung bejahende Rechtsprechung auf die Kapitalerhöhung zu übertragen ist, hat sich der BGH noch nicht geäußert. Dies ist entgegen bisheriger, ablehnender Literaturmeinungen[57] wohl zumindest für Bareinzahlungen zu bejahen[58], da insoweit im GmbH-Recht eine Regelungslücke vorliegt[59] und bei der dann schon *bestehenden* GmbH erst recht Tilgungswirkung der Zahlungen eintreten muß, weil bei ihr die Gewährleistung kapitalmäßiger Unversehrtheit als Ausgleich der noch fehlenden rechtlichen Existenz durch

---

53 Schmidt, ZIP 80, 334 f.; ders., ZGR 82, 528; Baumbach / Hueck / Zöllner, § 55 Rn. 22; Rowedder / Zimmermann, § 56 a Rn. 5.

54 BGH WM 89, 16 (17 f.); besprochen von Joost, ZGR 89, 554 ff.

55 BGH GmbHR 67, 145 f. mit Anmerk. Wiedemann; BGHZ 51, 157 (159 f.) — nochmals bestätigt durch BGHZ 80, 129 (137).

56 RGZ 83, 370 (374 f.); RGZ 149, 293 (302 f.); BGHZ 37, 75 (77 ff.); BGH GmbHR 67, 145 (146).

57 Hachenburg / Ulmer, § 58 Rn. 83; Rowedder / Zimmermann, § 58 Rn. 43; Baumbach / Hueck / Zöllner, § 56 a Rn. 6; Schneider / Verhoeven, ZIP 82, 644 ff.

58 So auch: OLG Düss., GmbHR 90, 135 und bereits vor der neuen Rspr.: Schmidt, ZGR 82, 529 f.; Priester in FS für Fleck, S. 231 ff.

59 Priester in FS für Fleck, S. 237.

eine Unterbilanzhaftung überflüssig ist[60]. Auf diese Weise bestünde zwar rechtlich die Möglichkeit zur raschen Zuführung von Kapital, doch wird dieses Vorgehen praktisch dadurch erschwert, daß die Übernehmer der neuen Einlagen die Gegenleistung für ihr Geld in Gestalt gesellschaftlicher Mitgliedschaftsrechte, wie insbesondere Stimm- und Gewinnrechten, erst nach Ablauf des Sperrjahres erhalten können, da die neuen Anteile erst mit Eintragung der Erhöhung entstehen[61], was ein erhebliches und abschreckendes Risiko für mögliche Kapitalgeber darstellt. In Frage kommende Ausgleichslösungen für die Neugesellschafter in Gestalt von freiwilligen Stimmbindungsverträgen, Stimmrechtsvollmachten oder treuhänderischer Anteilsübertragung sind allesamt umständlich und daher zeitaufwendig sowie unsicher und teilweise auch teuer[62], weshalb auch die neue Rechtsprechung noch nicht zu angemessenen Sanierungsbedingungen bei der GmbH führt.

dd) Ein gänzlich anderer Lösungsweg

Bereits an dieser Stelle ist jedoch darauf hinzuweisen, daß die soeben aufgezeigte Problematik der nicht fristgerechten Durchführbarkeit einer sanierenden Kapitalherabsetzung für die GmbH auch von einer anderen Seite als der der Vorauszahlungen her angegangen und gelöst werden könnte, nämlich von derjenigen des § 58 GmbHG. Würde man entgegen der bisherigen allgemeinen Auffassung[63] § 58 I GmbHG mit seinen die Durchführung einer Kapitalherabsetzung erschwerenden Voraussetzungen auf eine Kapitalherabsetzung zu Sanierungszwecken nicht anwenden, so könnte die Kapitalherabsetzung genauso schnell eingetragen bzw. wirksam werden wie die Kapitalerhöhung, und es würde sich bei einer gleichzeitigen Kombination beider Maßnahmen für die auf der Kapitalherabsetzung aufbauende Kapitalerhöhung das Problem der Tilgungswirkung von Voreinzahlungen gar nicht stellen. Ob eine solche Lösung notwendig und rechtlich machbar ist, und wenn ja, unter welchen Voraussetzungen, ist Gegenstand dieser Arbeit.

III. Weitere Hinweise auf die gestiegene Bedeutung der Sanierung gegenüber dem Insolvenzverfahren

Nachdem soeben das Nebeneinander, oder deutlicher gesagt, das „Nacheinander" von freier Sanierung und gerichtlichem Insolvenzverfahren dargelegt wurde

60 Lutter / Hommelhoff / Timm, BB 80, 747; Priester in FS für Fleck, S. 246; Scholz / Schmidt, § 11 Rn. 125; Schmidt, ZGR 82, 529.

61 Rowedder / Zimmermann, § 58 Rn. 43; Hachenburg / Ulmer, § 58 Rn. 82; Scholz / Priester, § 58 Rn. 86.

62 Baumbach / Hueck / Zöllner, § 58 Rn. 7.

63 Z. B. Hachenburg / Ulmer, § 58 Rn. 80; Scholz / Priester, § 58 Rn. 81 f.; Feine, S. 614; Meyer-Landrut, § 58 Rn. 1; Rowedder / Zimmermann, § 58 Rn. 6.

und auf die Versäumnisse der Rechtsprechung in diesem Bereich hingewiesen wurde, soll nun die bereits dort erkennbare vorrangige Bedeutung der Sanierung und ihrer Mittel gegenüber dem förmlichen Insolvenzverfahren rechtspolitisch kurz erläutert und mittels rechtstatsächlicher, d. h. empirischer Erkenntnisse untermauert werden.

1. Das veränderte rechtspolitische Bewußtsein

Nicht zuletzt dank unserer bestehenden Wirtschaftsordnung der „*Sozialen* Marktwirtschaft" hat sich das rechtspolitische Bewußtsein bezüglich der gesamtwirtschaftlichen Funktion des Konkurses grundlegend gewandelt. Während der Konkurs bisher zum einen entsprechend seinem Zweck als ein funktionsfähiges Mittel der zumindest teilweisen Befriedigung aller Gläubiger des Gemeinschuldners durch Verwertung von dessen gesamtem Vermögen angesehen wurde[64], zum anderen als gerechte Strafe für unternehmerisches Fehlverhalten[65], hat man nunmehr erkannt, daß der Konkurs nicht unbedingt als notwendiges Übel des Wettbewerbs zu verstehen ist.

Vielmehr wird er zu Recht als „Wertvernichter schlimmster Art" beurteilt[66], da durch ihn zumeist wertvolles wirtschaftliches Produktivvermögen und betriebliches Know-how vernichtet oder unter Wert verschleudert wird, das bei jeglicher Fortführung des Betriebes wesentlich sinnvoller genutzt werden könnte. Zudem treffen seine Folgen nicht nur den gescheiterten Unternehmer selbst, sondern vor allem auch die Gläubiger, für die die Konkursantragspflicht ein „zweischneidiges Schwert" bildet[67] oder weitere, mit dem Gemeinschuldner in Geschäftsverbindung stehende Unternehmen, zuvorderst aber die Arbeitnehmer mit dem Verlust ihres Arbeitsplatzes. Insbesondere letzterer Gesichtspunkt widerspricht den Grundprinzipien einer auf Vollbeschäftigung und soziale Sicherheit ihrer Bürger angelegten Gesellschaftsordnung. Daher liegt es sowohl im Interesse der Beteiligten wie der Öffentlichkeit, das Auftreten von Unternehmenszusammenbrüchen mit nachfolgendem Insolvenzverfahren soweit wie möglich zu vermeiden, was momentan nur durch eine Sanierung des Unternehmens geschehen kann.

---

64 Hess / Kropshofer, Einleitung Rn. 6; Müller-Freienfels in FS für Dölle, Bd. 2, S. 365.

65 Uhlenbruck, ZIP 80, 74 m. w. N.; Rohde, C., S. 3 f., 40-42, 108 ff. m. w. N.; Schimke / Töpfer, S. 7.

66 So bereits Ernst Jaeger 1932 in seinem Lehrbuch des deutschen Konkursrechts, S. 216 und ihm folgend heute: Henckel, ZIP 81, 1296; Berges in 100 Jahre KO, S. 363 ff. (365); Uhlenbruck, S. 4; Stüdemann in 100 Jahre KO, S. 401 ff. (402); Weber in 100 Jahre KO, S. 321 ff. (328 ff.).

67 Jaeger, Lehrbuch, S. 169; BGH NJW 79, 1823 (1826); Jaeger / Weber, § 103 Anm. 11.

2. Statistische Nachweise

Darüber hinaus ging die praktische Bedeutung des förmlichen Insolvenzverfahrens infolge veränderter wirtschaftlicher Rahmenbedingungen wie hoher Löhne — die vorweg aus der Masse zu befriedigen sind — und sonstigen Konkursvorrechten aus Sicherungsübereignungen, Eigentumsvorbehalten etc. stark zurück, weil diese Umstände bewirkten, daß für „normale" Gläubiger nichts mehr übrig blieb. Daher ist die Insolvenzsituation in der Bundesrepublik zunehmend durch außergerichtliche Sanierungskonzepte gekennzeichnet[68]. Dies war auch der Anlaß, über die Reform des Insolvenzrechts nachzudenken[69], was bisher jedoch noch zu keinen greifbaren Ergebnissen geführt hat.

a) Daten hinsichtlich der Gesamtinsolvenzen

Während die Zahl der Insolvenzen in den Jahren 1981 - 1985 unaufhörlich anschwoll, sich bis 1985 gegenüber derjenigen aus 1980 sogar mehr als verdoppelte und erstmals in den Jahren von 1986 bis 1988 wieder zurückging[70], fiel die Anzahl der tatsächlich durchgeführten und abgeschlossenen Insolvenzverfahren ins Bodenlose. Mangels Masse abgelehnt wurden seit 1983 jedes Jahr mehr als 3 / 4 aller beantragten Konkursverfahren, 1988 waren es 76,79 %[71]. Demgegenüber lagen diese Zahlen 1960 und 1970 noch bei relativ bescheidenen 32,01 % bzw. 44,32 %[72]. Noch düsterer sieht die Lage hinsichtlich des gerichtlichen Vergleichsverfahrens aus. Seit 1981 wurde in weniger als 1 % der Insolvenzen ein Vergleichsverfahren eröffnet, seit 1986 sogar in weniger als 0,5 % der Fälle, wohingegen die entsprechenden Sätze 1960 und 1970 immerhin noch bei 11,6 % bzw. 7,71 % lagen.

Bereits diese wenigen Zahlen verdeutlichen die sinkende Bedeutung des gesetzlichen Insolvenzverfahrens und damit die Notwendigkeit und Aktualität von Bemühungen der freien Sanierung. Noch eindrucksvoller wird dieses Bild, wenn man sich zusätzlich einige Fakten aus dem Bereich der Unternehmensinsolvenzen, insbesondere aus dem Gebiet der GmbH, vergegenwärtigt.

---

68 Uhlenbruck, GmbHR 82, 141.

69 Bundesministerium der Justiz, Erster Bericht der Kommission für Insolvenzrecht (1985), insbesondere S. 14 ff. und Diskussionsentwurf eines Gesetzes zur Reform des Insolvenzrechts (1988), insbesondere S. A 31 ff. und I. 2. dieses Kapitels.

70 Vgl. Schaubild 1 (Quelle: Statistisches Jahrbuch für die Bundesrepublik Deutschland 1988, S. 123) und Schaubild 2 (Statistisches Jahrbuch für die Bundesrepublik Deutschland 1989, S. 125).

71 Vgl. Schaubild 2 — Prozentzahlen befinden sich in Klammer.

72 Vgl. Schaubild 2.

73 Siehe die Tabelle 1 bei Schimke / Töpfer, S. 9.

Schaubild 1

Entwicklung der Insolvenzen

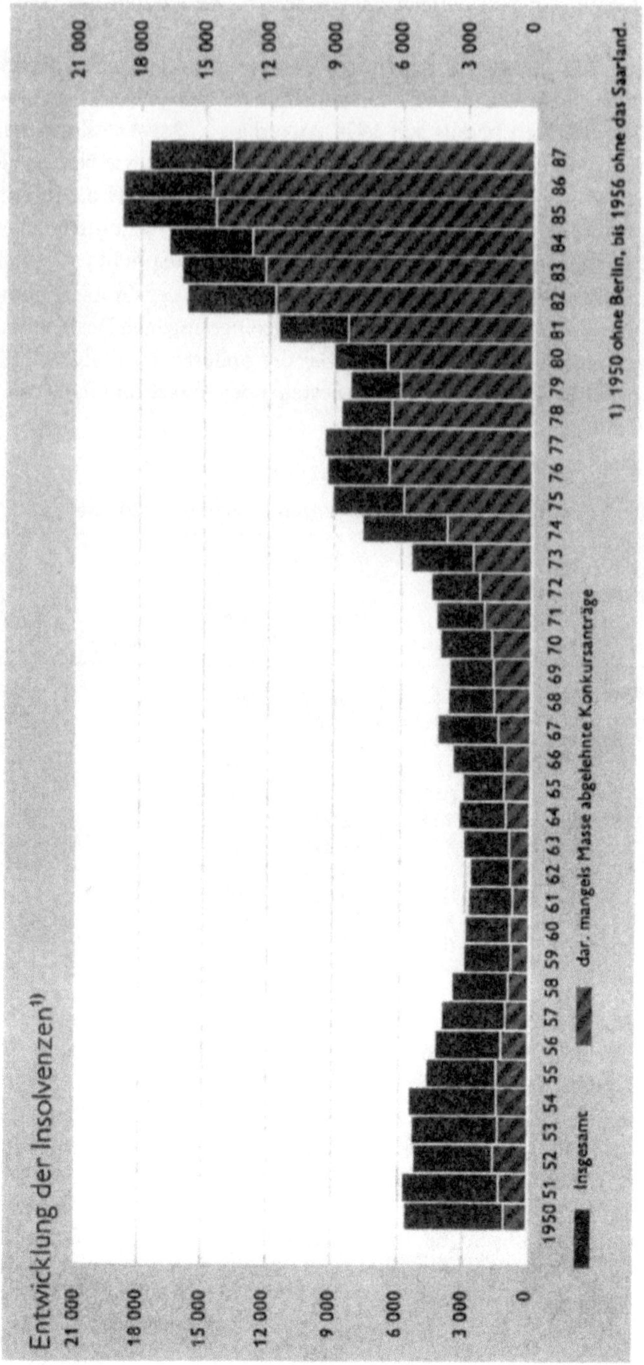

Statistisches Bundesamt 88 0245

StBA, Statistisches Jahrbuch 1988

b) Daten aus dem Unternehmensbereich und speziell der GmbH

1987 und 1988 betrug der Anteil der Unternehmen und freien Berufe an der Gesamtzahl der Insolvenzen 68,78 % und 66,28 %, also jeweils circa zwei Drittel oder darüber, was sich bereits seit 1977 so verhält[73]. Der Anteil nicht eröffneter Konkurs- und Vergleichsverfahren lag dabei in etwa gleich wie bei den Gesamtinsolvenzen bzw. sogar geringfügig darunter[74]. Auf die GmbH allein entfielen in diesen beiden Jahren jeweils mehr als die Hälfte aller (!) Unternehmensinsolvenzen, und zwar genau 53,01 % bzw. 54,30 %[74]. Dies entspricht einem jährlichen. insolvenzbedingten Abgang von 1,85 % bzw. 1,59 % der GmbHs, gemessen an den jeweils zu Anfang der Jahre 1987 und 1988 eingetragenen Beständen. Demgegenüber lag dieser jährliche Schwund bei der anderen Kapitalgesellschaft, der AG, nur bei 0,82 % bzw. 0,57 % der bestehenden Gesellschaften, war also um über die Hälfte geringer[75].

Schaubild 2

Entwicklung der Insolvenzen in genauen Zahlen

Jahr	Insolvenzen insgesamt	Konkurse			Eröffnete Vergleichs-verfahren
		eröffnet	mangels Masse abgelehnt	zusammen	
1960	2 958	1 742	947 (32,01)	2 689	343 (11,60)
1970	4 201	2 081	1 862 (44,32)	3 943	324 (7,71)
1980	9 140	2 420	6 639 (72,64)	9 059	94 (1,08)
1981	11 653	3 162	8 418 (72,24)	11 580	107 (0,92)
1982	15 876	4 043	11 764 (74,10)	15 807	152 (0,96)
1983	16 114	3 747	12 252 (76,03)	15 999	145 (0,90)
1984	16 760	3 872	12 826 (76,53)	16 698	91 (0,54)
1985	18 876	4 292	14 512 (76,88)	18 804	105 (0,56)
1986	18 842	4 098	14 695 (77,99)	18 793	82 (0,44)
1987	17 589	3 800	13 743 (78,13)	17 543	84 (0,48)
1988	15 936	3 649	12 238 (76,79)	15 887	57 (0,36)

Aus diesen Quoten läßt sich eine auffallend starke Insolvenzanfälligkeit der GmbH erkennen. Sie sind besonders alarmierend — bis zu einem gewissen Grad erklären sie sich auch mit daraus —, wenn man bedenkt, daß die GmbH seit vielen Jahren Deutschlands beliebteste Gesellschaftsform ist[76]. Sie erzielte infolgedessen seit 1970 — von den Neueintragungen Ende der siebziger Jahre entfielen mehr als 4 / 5 auf die GmbH[77] — alljährlich die meisten Zuwachsraten. Ihr

74 Statistisches Jahrbuch für die Bundesrepublik Deutschland 1989, S. 125, Tab. 7.13.2; ZIP-Report, ZIP 88, 271.

75 Statistisches Jahrbuch für die Bundesrepublik Deutschland 1989, S. 113, Tab. 7.2; S. 125, Tab. 7.13.2.

76 Uhlenbruck, S. 21; Kornblum / Kleinle / Baumann / Steffan, GmbHR 85, 14 f. u. 50; Kornblum, GmbHR 83, 62; Hansen, GmbHR 85, 209 u. GmbHR 89, 365.

Bestand steigerte sich von 255 940 Gesellschaften zum 31. 12. 1980[78] auf 376 429 am 31. 12. 1988[79], also um etwa 47 %. Die GmbH ist damit mehr verbreitet als alle in Abt. A des Handelsregisters eingetragenen, vollkaufmännischen Einzelunternehmen und Personenhandelsgesellschaften zusammen[80]. Gleichzeitig wird ihre gesamtwirtschaftliche Bedeutung noch dadurch erhöht, daß sie mit einem Anteil von 24,8 % an den steuerbaren Gesamtumsätzen auch die umsatzstärkste Unternehmensgruppe darstellt[81].

Auffällig an den Unternehmensinsolvenzen ist weiterhin, daß etwa 3 / 4 der betroffenen Unternehmungen im Zeitpunkt ihres Zusammenbruchs jünger als 8 Jahre waren[82]. Auch hinsichtlich dieses Merkmals ragt die GmbH unter den übrigen Gesellschaftsformen heraus. Nach der letzten Untersuchung von *Kornblum* im Stuttgarter Umland[83], die zwar nicht repräsentativ ist, jedoch zumindest den Trend mit geringen Abweichungen richtig wiedergibt, waren rund 50 % der GmbHs sogar jünger als 5 Jahre, gegenüber nur 10 % bei den „Personenunternehmen" der Abt. A des Handelsregisters, weshalb nicht umsonst von der sog. „Säuglingssterblichkeit" der GmbH[84] gesprochen wird. Weitere 28 % der GmbHs waren im Alter zwischen 6 und 10 Jahren, so daß die GmbH den „Löwenanteil" dieser altersmäßig besonders gefährdeten Unternehmensgruppe ausmacht.

c) Ursachen für die auffällige Gefährdung insbesondere auch junger GmbHs

Gründe hierfür dürften sein, daß die GmbH erst in den letzten zwei Jahrzehnten wirklich zur beliebtesten Unternehmensform gereift ist, und sie auch und gerade eine geeignete Rechtsform für kleine und mittlere Unternehmen darstellt. Deshalb ist bei ihr eine anhaltend große Gründungsbereitschaft gegeben[85], die sich nicht immer auf die erforderlichen finanziellen Mittel stützen kann, woraus die häufig nur kurze Lebensdauer resultiert. Ohnehin stellt dieser Faktor der zu geringen Eigenmittel die Insolvenzursache Nr. 1 dar[86], da vor allem bei insolventen GmbHs

---

77 Kornblum / Kleinle / Baumann / Steffan, GmbHR 85, 8 f., 15, 50.

78 Frankfurter Allgemeine Zeitung vom 1. 7. 1981, S. 13; Kornblum, GmbHR 81, 228; Hansen, GmbHR 89, 363.

79 Statistisches Jahrbuch für die Bundesrepublik Deutschland 1989, S. 113, Tab. 7.2; Hansen, GmbHR 89, 363.

80 Kornblum, GmbHR 81, 231; ders., GmbHR 83, 62; ders. / Kleinle / Baumann / Steffan, GmbHR 85, 14.

81 Hansen, GmbHR 87, 50.

82 Statistisches Jahrbuch für die Bundesrepublik Deutschland 1989, S. 125, Tab. 7.13.2; Uhlenbruck, S. 4, 22; Schimke / Töpfer, S. 7; Hansen, AG 87, R 193.

83 Kornblum / Kleinle / Baumann / Steffan, GmbHR 85, 10 Tab. 7.

84 Scholz / Westermann, Einleitung Rn. 45.

85 Uhlenbruck, S. 4; Hansen, GmbHR 89, 365.

86 Uhlenbruck, S. 13 ff., Tab. 1 - 6, wo die wichtigsten Konkursgründe der einzelnen Wirtschaftsbereiche in der Reihenfolge ihrer Bedeutung dargestellt sind; Hansen, AG 87, R 193.

oft ein krasses Mißverhältnis zwischen Kapital und Verbindlichkeiten i. S. einer materiellen Unterkapitalisierung offenbar wird, d. h. die GmbH wurde gegründet und betrieben mit einem Stammkapital, das zu ihrer nach dem Satzungszweck angestrebten oder tatsächlich ausgeübten Tätigkeit in keinem wirtschaftlich vertretbaren Verhältnis steht[87]. Dieses Problem stellt sich vor allem deshalb, weil im Kapitalgesellschaftsrecht eine generelle Verpflichtung zur angemessenen Eigenkapitalausstattung nicht besteht[88]. Die Tendenz der GmbH zur Unterkapitalisierung bzw. zur geringsten, gesetzlich möglichen Kapitalausstattung zeigt sich auch darin, daß Ende 1988 rund 70 % aller GmbHs nur über das Mindeststammkapital gem. § 5 I GmbHG von DM 50 000,– verfügten, und ein weiteres Fünftel im Bereich bis zu 1 Mio. lag[89].

Bereits diese wenigen Zahlen verdeutlichen die sinkende Bedeutung des gesetzlichen Insolvenzverfahrens und damit die Notwendigkeit und Aktualität von Bemühungen der freien Sanierung. Noch eindrucksvoller wird dieses Bild, wenn man sich zusätzlich einige Fakten aus dem Bereich der Unternehmensinsolvenzen, insbesondere aus dem Gebiet der GmbH, vergegenwärtigt.

3. Schlußfolgerung: Dringendes praktisches Bedürfnis nach Instrumenten der Sanierung

Aufgrund der bisherigen Ausführungen ist offensichtlich, daß weder das Konkurs- noch das Vergleichsverfahren die ihm jeweils vom Gesetz zugewiesene Funktion erfüllen. Unter diesen Vorzeichen läßt sich der Schluß ziehen, daß die Frage der insolvenzverhütenden freien Sanierung und ihrer Mittel von geradezu brennender Aktualität ist. Das gilt aufgrund der weiten Verbreitung, der daraus resultierenden großen Bedeutung und der miserablen Konkursstatistik in besonderem Maße für die Gesellschaftsform der GmbH. Für sie besteht trotz diesbezüglich vergleichbarer Rechtslage (dazu unten im 3. Kap.) ein ungleich höherer Sanierungsbedarf als für die andere Kapitalgesellschaft, die AG.

Das Insolvenzproblem der GmbH bzw. seine Beseitigung im Einzelfall wird zusätzlich zu der ohnehin meist dünnen Kapitaldecke der GmbHs noch dadurch erschwert, daß die Praxis in gut 90 % der Fälle von der ihr in § 26 I GmbHG eingeräumten Möglichkeit, im Gesellschaftsvertrag eine Nachschußpflicht der Gesellschafter zu vereinbaren, entweder keinen Gebrauch macht oder diese Pflicht ausdrücklich ausschließt[90]. Deshalb muß die Gesellschaft sich im Krisenfalle auf

87 Scholz / Westermann, Einleitung Rn. 63 f.; ähnlich: Hachenburg / Ulmer, Anh. § 30 Rn. 17.

88 BGHZ 68, 312 (316 ff.); Uhlenbruck, S. 39; Scholz / Westermann, Einleitung Rn. 64; Ulmer in FS für Duden, S. 667.

89 Hansen, GmbHR 89, 363.

90 Kornblum / Kleinle / Baumann / Steffan, GmbHR 85, 47.

andere Weise behelfen, wofür in erster Linie eine Stammkapitaländerung in Betracht kommt.

Durch diesen Umstand erhöht sich das ohnehin schon vorhandene, große praktische Bedürfnis nach einer zügig durchführbaren sanierenden Kapitalherabsetzung im Bereich der GmbH beträchtlich, da ohne diese Kombinationsmaßnahme, wie gesehen[91], die Zuführung neuer Mittel im Wege der Kapitalerhöhung kaum erreichbar ist und sehr fraglich ist, ob es andere, ähnlich zuverlässige Mittel gibt (dazu unten im 4. Kap. II.). Das wird auch nach der geplanten Reformierung des Insolvenzverfahrens so bleiben, da die sanierende Kapitalherabsetzung als gesellschaftsrechtliche Maßnahme nicht durch einen etwaigen, jeweils individuell aufzustellenden Reorganisationsplan bewirkt werden kann, sondern nach den einschlägigen gesellschaftsrechtlichen Bestimmungen durchzuführen ist[92].

Demgegenüber genießt die nicht der Sanierung dienende, ordentliche Kapitalherabsetzung weder für die AG[93] noch für die GmbH größere praktische Bedeutung, was durch Auskunft des Handelsregisters der Stadt Stuttgart bestätigt wurde[94]. Danach erfolgen Kapitalherabsetzungen nach dem GmbH-Gesetz zwar seltener als im Aktienrecht, dann aber in Form einer Kombination von Kapitalherabsetzung und -erhöhung. Auch die zwei letzten großen Sanierungsfälle — in beiden wurde diese Kombinationsmaßnahme verwendet — spielten im Bereich des Aktienrechts. Es handelte sich zum einen um die Sanierung des Duisburger Handelshauses Klöckner & Co. KGaA im Herbst 1988. Dort erfolgte entsprechend dem der Öffentlichkeit präsentierten Sanierungskonzept in geradezu klassischer Weise zuerst ein Kapitalschnitt bis auf Null, und anschließend wurde das Kapital durch die Deutsche Bank als neuer Gesellschafterin wieder um DM 400 Millionen erhöht[95]. Im anderen Fall der Co op Handelskonzern AG kam die Kombination dieser Kapitaländerungen nach der zweiten schweren Krise im Herbst 1989 ebenfalls zum Tragen. Allerdings wurde hier, nachdem das Kapital von DM 450 Mio. auf DM 14 000,–, also weit unter den Mindestnennbetrag des § 7 AktG, herabgesetzt worden war, „nur" eine gleichzeitige Erhöhung auf DM 70,014 Mio. durchgeführt[96].

---

[91] Vgl. oben, 2. Kap. II. 2.

[92] Erster Bericht der Kommission für Insolvenzrecht (1985), S. 281; Begründung zu Leitsatz 2.4.9.4.

[93] Kölner Kommentar / Lutter, vor § 222 Rn. 6 f.; § 225 Rn. 3 und vor § 229 Rn. 5.

[94] Im April 1989 — sie konnte leider nicht durch statistisches Material belegt werden, da das Handelsregister trotz der Umstellung auf EDV keinerlei Statistiken der hier benötigten und bereits verwendeten Art führt.

[95] Vgl. Frankfurter Allgemeine Zeitung vom 29. 10. 88, S. 13 und vom 28. 10. 88, S. 15; Stuttgarter Zeitung vom 26. 10. 88, S. 13.

[96] Frankfurter Allgemeine Zeitung vom 1. 12. 89, S. 17 f.; Stuttgarter Zeitung vom 1. 12. 89, S. 13.

Zweiter Teil

Entwicklung und Darstellung des Problems im einzelnen

Drittes Kapitel

Mißverhältnis der Regelung der Kapitalherabsetzung im GmbH-Gesetz zum dringenden Bedarf der Praxis

In nahezu umgekehrt proportionalem Verhältnis zum großen Bedürfnis der aktuellen Sanierungspraxis nach zügig durchführbaren Sanierungsmitteln steht die dürftige, ja geradezu rudimentäre Regelung der Kapitalherabsetzung in § 58 GmbHG. Dieser krasse Gegensatz wird unverständlich, wenn man sich demgegenüber die, wie noch zu zeigen sein wird, von der rechtlichen Problematik her nahezu gleichgelagerte Regelung der Kapitalherabsetzung in §§ 222 ff. AktG vergegenwärtigt. Diese behandelt zwar die Maßnahme der sanierenden Kapitalherabsetzung auch nicht ausdrücklich — lediglich in §§ 228 I, 235 I AktG wird die Kombination von Herabsetzung und Erhöhung vorausgesetzt —, sie bietet aber in Gestalt der vereinfachten Kapitalherabsetzung gem. §§ 229 ff. AktG ausgezeichnete Voraussetzungen für ihre Durchführung und ist insofern wohldurchdacht an eventuellen Belangen der Praxis ausgerichtet. Das Unverständnis entsteht vor allem aber auch deshalb, weil die GmbH infolge ihrer großen Beliebtheit im Wirtschaftsleben mindestens eine so große Rolle spielt wie die AG, im Insolvenzbereich traurigerweise sogar die größte. Gänzlich unverständlich wird besagter Gegensatz jedoch, wenn man zunächst die sehr ähnliche geschichtliche Entwicklung der Kapitalherabsetzung bei beiden Rechtsformen vergleicht.

I. Die historische Entwicklung dieses Mißverhältnisses

1. Konsequente Lösung im Recht der Aktiengesellschaft

Ursprünglich enthielt auch das Aktienrecht, wie sich aus Art. 248 ADHGB, geändert durch die Rechtsverordnungen vom 11. 6. 1870 und vom 18. 7. 1884[1], ergibt, nur eine einheitliche Regelung der Kapitalherabsetzung. Dieser Zustand

---

1 BGBl. des Norddeutschen Bundes 1870, S. 375 (384); RGBl. 1884, S. 123.

setzte sich zunächst im HGB von 1897 in den §§ 288 ff. HGB fort. Unter dem Eindruck der Auswirkungen der großen Wirtschaftskrise anfangs der dreißiger Jahre mit einer Reihe spektakulärer Unternehmenszusammenbrüche wurde per Notverordnung vom 6. 10. 1931[2] — zuerst zeitlich bis zum 30. 6. 1932 begrenzt, dann aber mehrfach verlängert — das Institut einer vereinfachten Kapitalherabsetzung als vorübergehender Ausnahmetatbestand zur „normalen" Kapitalherabsetzung der §§ 288 ff. HGB geschaffen. Allerdings hatte es diese Regelung, wie die Umschreibung ihres Zweckes — Anpassung des Grundkapitals einer AG an den insbesondere aus Anlaß der Wirtschaftsentwicklung veränderten Vermögensstand — im 5. Teil, Kap. II, zeigt[3], anfänglich nur auf die zügige Beseitigung von Unterbilanzen abgesehen, die durch die damalige gesamtwirtschaftliche und monetäre Lage zur Massenerscheinung geworden waren und zahlreiche Gesellschaften manövrierunfähig gemacht hatten[4]. Erst im Verlaufe ihrer Anwendung entwickelte sich die Kapitalherabsetzung in erleichterter Form, abweichend von ihrem ursprünglichen Zweck, dem deshalb schon 1933 „im wesentlichen nur noch rechtshistorische Bedeutung" zugemessen wurde[5], zu einem Instrument der Überwindung individueller Unternehmenskrisen.

Aufgrund der dabei erzielten Erfolge wurde die vereinfachte Kapitalherabsetzung im Rahmen der grundlegenden Reform des Aktienrechts durch das Aktiengesetz vom 30. 1. 1937 mit dauernder Wirkung in den §§ 182 ff. AktG übernommen[6] und auch durch das Aktiengesetz vom 6. 9. 1965[7] in den §§ 229 ff. AktG beibehalten.

2. Fehlentwicklung im Recht der GmbH

Dagegen befindet sich die Regelung im GmbH-Gesetz nach wie vor auf dem Stand der Aktiengesetzgebung aus den Jahren 1861, 1870 und 1884, da der Gesetzgeber von 1892 diesbezüglich das Konzept des damaligen Aktienrechts übernommen hat[8]. Dies zeigt sich nur deshalb nicht auf den ersten Blick, weil der Gesetzgeber nicht wie in Art. 248 ADHGB allgemein auf die Bestimmungen über die Liquidation Bezug genommen hat, sondern die Voraussetzungen für die Kapitalherabsetzung speziell im Zusammenhang geregelt hat[9].

---

[2] 3. Verordnung des Reichspräsidenten zur Sicherung von Wirtschaft und Finanzen und zur Bekämpfung von politischen Ausschreitungen, RGBl. 1931 I, 537 (556 f.).

[3] RGBl. 1931 I, 556; Klausing, S. 81.

[4] Hachenburg / Pinner, JW 1931, 3037 f.; Schmidt, ZGR 82, 532.

[5] Klausing, S. 82.

[6] RGBl. 1937 I, 107 (144 f.).

[7] BGBl. 1965 I, 1089 (1144).

[8] Siehe Art. 248 ADHGB in der Fassung vom 11. 6. 1870: BGBl. des Norddeutschen Bundes 1870, S. 375 (384) und in der Fassung vom 18. 7. 1884: RGBl. 1884, S. 123, sowie die nachfolgende Fußn. 9.

Zwar wurde auch für die Rechtsform der GmbH in den Krisenzeiten um 1930 durch Verordnung vom 18. 2. 1932[10], die mehrfach, und schließlich auf unbestimmte Zeit, verlängert wurde[11], die Möglichkeit der vereinfachten Kapitalherabsetzung zugelassen. Doch wurde dieser die Praxis vorerst befriedigende Zustand aus unerfindlichen Gründen im Jahre 1950 durch das sog. „Handelsrechtliche Bereinigungsgesetz" beendet[12], indem die oben genannte Verordnung von 1939 aufgehoben wurde. Als Begründung führte der Bundesgesetzgeber nur lapidar an, das DM-Bilanz-Gesetz von 1949 mache die auf der monetären Krise anfangs der dreißiger Jahre beruhende Regelung entbehrlich[13]. Diese Erklärung verkannte den grundlegenden Funktionswandel der vereinfachten Kapitalherabsetzung von der provisorischen Notmaßnahme zur maßgeblichen Grundlage von Sanierungen auch im GmbH-Recht[14].

Dennoch, oder gerade weil man die Fehlerhaftigkeit dieses Vorgehens erkannt hatte, war die vereinfachte Kapitalherabsetzung im Referentenentwurf von 1969[15] und den Regierungsentwürfen von 1971 / 73[16] zum GmbHG wiederum enthalten. Diese Tatsache unterstreicht zwar die große Bedeutung dieses Sanierungsmittels für das Recht der GmbH, sie konnte jedoch nicht verhindern, daß die vereinfachte Kapitalherabsetzung beim Scheitern der großen GmbH-Reform bzw. bei der Beratung der an ihrer Stelle durchgeführten GmbH-Novelle von 1980[17], auf der Strecke blieb. Seit einiger Zeit ist das Instrument erneut Teil eines Diskussionsentwurfs des Bundesjustizministeriums zur Reform des Insolvenzrechts[18], in dem es allerdings nur eine Randstellung einnimmt.

Als Fazit bleibt festzuhalten, daß die mit einer geradezu logischen Konsequenz im Aktienrecht vor sich gegangene Entwicklung der Kapitalherabsetzung, die von einer vorübergehenden Notlösung zu einer gesetzlichen Sanierungsgrundlage führte, durch ein unerklärliches Malheur des Gesetzgebers an der heutzutage so wichtigen Rechtsform der GmbH letztendlich spurlos vorübergegangen ist. Andererseits zeigt sich in der bis 1950 gemeinsamen Historie hinsichtlich der verein-

---

9 Begründung GmbHG 1892 in Stenographische Berichte über die Verhandlungen des Deutschen Reichstages 1890 / 92, Anlagen Bd. 5, Reichstag-Aktenstück Nr. 660, S. 3724 ff., insbesondere S. 3730 und S. 3755.

10 RGBl. 1932 I, 75 ff. (77).

11 RGBl. 1939 I, 1694 f.

12 BGBl. 1950, 90, Art. I, § 1 I a.

13 Amtliche Begründung: Bundesanzeiger Nr. 82 vom 28. 4. 1950, S. 3, Artikel I zu § 12.

14 Schmidt, ZGR 82, 534.

15 Referentenentwurf GmbHG, 1969, §§ 185 ff. mit Begründung S. 332 (336 ff.).

16 BR-Drucksache 595 / 71, §§ 181 ff. mit Begründung S. 186 ff.

17 BGBl. 1980 I, 836 ff.; dazu insgesamt: Lutter, DB 80, 1317 u. Scholz / Westermann, Einleitung Rn. 45 ff.

18 Bundesministerium der Justiz, Diskussionsentwurf eines Gesetzes zur Reform des Insolvenzrechts (1988), §§ 58 a ff. auf S. 190 ff. mit Begründung S. B 329 ff. — die Frist zur Stellungnahme lief am 1. 2. 1989 ab.

fachten Kapitalherabsetzung dennoch eine relativ enge, innere Verbindung der beiden Gesetze in dieser Hinsicht.

Welche Nachteile gegenüber dem Aktienrecht diese historisch begründete Fehlentwicklung im Hinblick auf die sanierende Kapitalherabsetzung bei der GmbH mit sich bringt, wird nachfolgend untersucht.

II. Ungerechtfertigte Nachteile der GmbH-gesetzlichen Regelung zur Kapitalherabsetzung gegenüber derjenigen des Aktienrechts

1. Grundlegende Elemente der praxisgerechten Normierung im Aktiengesetz

a) Berücksichtigung der Interessenlage

Das Kapital ist als Ausgleich der fehlenden persönlichen Haftung der Gesellschafter der zentrale und elementare Baustein der AG als Kapitalgesellschaft, was auch darin zum Ausdruck kommt, daß es gem. § 23 III Nr. 3 AktG notwendiger Bestandteil der Satzung ist. Seine Veränderung im Wege der Kapitalherabsetzung berührt sowohl die Interessen der Aktionäre als auch der Gläubiger, weshalb die Kapitalherabsetzung vom Gesetz als eine der einschneidendsten Satzungsänderungen normiert ist.

aa) Schutz der Aktionäre

Die Belange der Aktionäre, denen zumindest eine Reduzierung ihrer Mitgliedschaftsrechte oder gar deren völlige Beseitigung droht, werden, neben der Voraussetzung einer qualifizierten Mehrheit von mindestens drei Vierteln des bei der Beschlußfassung in der Hauptversammlung vertretenen Grundkapitals gem. §§ 179 II, 222 I AktG und dem separaten Zustimmungserfordernis jeder Aktionärsgattung gem. § 222 II AktG, insbesondere durch die Regelung der Subsidiarität der Zusammenlegung von Aktien gegenüber der Herabsetzung des Nennbetrags in § 222 IV AktG geschützt [19]. Daneben gelten zu ihren Gunsten die allgemeinen Prinzipien des Minderheitenschutzes, also insbesondere das Gebot der Gleichbehandlung der Gesellschafter, das Gebot der Treupflicht der Mehrheit gegenüber der Minderheit und der Maßstab der Erforderlichkeit und Verhältnismäßigkeit für Abweichungen von diesen Grundsätzen [20]. Weitere Vorschriften zum Schutz der Aktionäre befinden sich bei der Kapitalherabsetzung durch Einziehung von Aktien gem. §§ 237-239 AktG, die die Aktionäre besonders hart trifft. Da aber diese Art der Durchführung einer Kapitalherabsetzung für die vorliegende Untersuchung keine Rolle spielt, weil die hier interessierende, vereinfachte Kapitalher-

---

19 Kölner Kommentar / Lutter, vor § 222 Rn. 11; Großkommentar / Schilling, § 222 Anm. 4.

20 Zöllner, S. 301 ff. und S. 335 ff.; Schmidt, § 16 II. 4. b) und c); BGHZ 71, 40 (44 ff.).

absetzung nicht durch Einziehung von Aktien vorgenommen werden kann[21], und andererseits bei der zu untersuchenden gesetzlichen Regelung allein der Gläubigerschutz im Vordergrund steht, erübrigen sich weitere Ausführungen zu diesem Thema.

bb) Gefährdung der Gläubiger

Der Grund für die vorrangige Behandlung des Gläubigerschutzes liegt darin begründet, daß *jede* — auch das Aktiengesetz geht grundsätzlich von der isolierten Form der Herabsetzung aus — Kapitalherabsetzung die Grenze des als Garantiefonds zugunsten der Gläubiger gem. § 57 I 1 AktG gebundenen Aktivvermögens der Gesellschaft[22] herabsenkt. Dadurch erfolgt in jedem Falle eine Gefährdung der Gläubigerinteressen, wobei 2 Alternativen denkbar sind:

(1) Übersteigt das Aktivvermögen der AG abzüglich der Verbindlichkeiten den nach der Kapitalherabsetzung neu ausgewiesenen Betrag des Grundkapitals, so steht der Überschuß der Gesellschaft zur freien Verfügung, d. h. sie könnte ihn z. B. an die Aktionäre zurückzahlen.

(2) Bleibt das Nettoaktivvermögen auch nach der Kapitalherabsetzung noch unterhalb des neuen Grundkapitals oder erreicht es gerade dessen Betrag, so muß das Vermögen entweder gar nicht mehr oder nur bis zu dieser neuen, also niedrigeren Grenze wieder aufgefüllt werden. Das bedeutet, daß ein Bilanzgewinn — und nur dieser darf grundsätzlich gem. §§ 58 V, 59 AktG in Form einer Dividende an die Aktionäre verteilt werden — wesentlich früher entstehen kann als ohne die Kapitalherabsetzung, weil die erwirtschafteten Überschüsse nicht so lange zur Neubildung des Vermögens verwendet werden müssen.

Offensichtlich ist, daß die Gefährdung der Gläubiger in der ersten dieser beiden möglichen Alternativen der Kapitalherabsetzung wesentlich größer ist als in der zweiten, da hier in Ausnahme vom Grundsatz der Kapitalerhaltung effektiv ein Teil des ansonsten gem. §§ 57 I 1, 58 V AktG streng gebundenen Gesellschaftsvermögens an die Aktionäre zurückgeleistet werden kann. Dagegen ist in der 2. Alternative das Vermögen der Gesellschaft aufgrund anderer Umstände ohnehin schon derart herabgewirtschaftet, daß es teilweise trotz einer Kapitalherabsetzung nicht zur Deckung der Grundkapitalziffer ausreicht, somit also die Kapitalherabsetzung die Haftungsgrundlage nicht mehr verändern kann. Folglich ist nur eine wesentlich geringere, künftige Beeinträchtigung der Gläubiger dadurch denkbar, daß das Gesellschaftsvermögen lediglich bis zu der herabgesetzten Grundkapitalgrenze aufgefüllt werden muß, bevor ausschüttbare Gewinne entstehen.

---

21 Großkommentar / Schilling, § 222 Anm. 1, § 229 Anm. 1; Kölner Kommentar / Lutter, § 229 Rn. 7, 32.

22 Kölner Kommentar / Lutter, § 57 Rn. 5; OLG Hamburg AG 80, 275 (278).

Diesem unterschiedlichen Schutzbedürfnis der Gläubiger trägt das Aktiengesetz dadurch Rechnung, daß es in den §§ 222-236 AktG zwischen der ordentlichen und der vereinfachten Form der Kapitalherabsetzung unterscheidet, worin zugleich das wichtigste Merkmal dieses Regelungskomplexes im Aktiengesetz besteht.

b) Die ordentliche Kapitalherabsetzung (§§ 222-228 AktG)

Indem das Gesetz nach dem oben erkennbar gewordenen unterschiedlichen Maß der Gläubigergefährdung und dem dadurch erforderlichen Gläubigerschutz unterscheidet, entspricht es zugleich den möglichen differenzierenden Zwecksetzungen der beiden Formen von Kapitalherabsetzungen. Denn das Ausmaß der Gläubigergefährdung beruht auf dem jeweiligen Zweck, den die Gesellschaft bzw. die Hauptversammlung mit der Kapitalherabsetzung verfolgt. Daher ist der wirtschaftliche Zweck der Herabsetzung für die Frage der anzuwendenden Vorschriften von größter Bedeutung, und er ist deshalb gem. § 222 III AktG in dem Beschluß nicht nur allgemein, sondern dezidiert anzugeben[23]. Beim nicht seltenen Bestehen mehrerer Zwecke sind alle aufzuführen[24]. Dadurch werden die Hintergründe der Herabsetzung zugunsten der Gläubiger transparent gemacht.

Die ordentliche Kapitalherabsetzung, die der obigen Alternative (1) entspricht, kann an sich jedem beliebigen Zweck der Kapitalherabsetzung dienen, z. B. der in § 222 III AktG angeführten Rückzahlung von Teilen des Grundkapitals an die Aktionäre[25] oder der in § 225 II 2 AktG genannten Befreiung der Aktionäre von der Verpflichtung zur restlichen Einlageleistung, da sie entsprechend ihrem ursprünglichen Charakter als Teilliquidation des Unternehmens[26] in § 225 AktG einen umfassenden und scharfen Gläubigerschutz besitzt. Dieser besteht darin, daß den Gläubigern, deren Forderungen vor Bekanntmachung der Eintragung gem. § 10 I HGB entstanden sind[27], gem. § 225 I 1 AktG ein klagbarer Anspruch auf Sicherheitsleistung zusteht, soweit sie nicht ohnehin aus dem ihrer Forderung zugrundeliegenden Recht sofortige Befriedigung verlangen können. Dazu ist weiterhin erforderlich, daß die Gläubiger sich innerhalb des Sperrhalbjahres, das im Interesse der Gesellschaft eine absolute Ausschlußfrist darstellt[28], bei der

---

[23] Kölner Kommentar / Lutter, § 222 Rn. 10.

[24] Schlegelberger / Quassowski, § 175 Anm. 7; Großkommentar / Schilling, § 222 Anm. 9; Kölner Kommentar / Lutter, § 222 Rn. 10.

[25] Ob dazu auch die Rückgewähr von Sacheinlagen gehört (so: Großkommentar / Schilling, § 222 Rn. 9; Giewald, S. 105 und 107; Kölner Kommentar / Lutter, § 222 Rn. 10) erscheint allerdings im Hinblick auf die Gleichbehandlung der Aktionäre als zweifelhaft (vgl. Godin, § 222 Anm. 7).

[26] Kölner Kommentar / Lutter, vor § 222 Rn. 2; Giewald, S. 81.

[27] Ritter, § 179 Anm. 3; Schlegelberger / Quassowski, § 178 Anm. 2; Kölner Kommentar / Lutter, § 225 Rn. 7.

[28] Kölner Kommentar / Lutter, § 225 Rn. 9; Großkommentar / Schilling, § 225 Anm. 9; Schlegelberger / Quassowski, § 178 Anm. 3.

Gesellschaft melden und Sicherheit begehren. Das „wie" der Sicherheitsleistung richtet sich nach den §§ 232 ff. BGB, wobei die Gesellschaft, für die diese Pflicht einen immensen zeitlichen und materiellen Aufwand darstellt, hinsichtlich der Art der Sicherheit unter den vom BGB vorgesehenen Möglichkeiten die Wahl hat[29], da nur sie einen Überblick über die ihr zur Verfügung stehenden Mittel besitzt.

Dennoch bzw. gerade wegen dieses zwar sicheren, aber nicht zuletzt auch umständlichen Gläubigerschutzes, kommt diese Form der Herabsetzung in der Praxis allenfalls dann zur Anwendung, wenn eine vereinfachte Kapitalherabsetzung dem Zweck nach gem. § 229 I AktG nicht zulässig ist. Sie ist daher im Gegensatz zur vereinfachten Kapitalherabsetzung in der aktiengesellschaftlichen Praxis nur sehr selten vorzufinden[30], obwohl auch dieser strenge Schutz ein schnelles Wirksamwerden der Herabsetzung nicht beeinträchtigt.

c) Die vereinfachte Kapitalherabsetzung (§§ 229-236 AktG)

Die Vereinfachung besteht bei dieser Form der Kapitalherabsetzung darin, daß sie nur einen verminderten und anders geregelten Gläubigerschutz erfordert und besitzt. § 225 AktG findet daher gem. § 229 III AktG keine Anwendung, wohingegen die meisten anderen Vorschriften der ordentlichen Kapitalherabsetzung — bis auf § 222 III AktG, der aber durch § 229 I 2 AktG ersetzt wird — entsprechend gelten. Diese Erleichterung wird dadurch möglich, daß die vereinfachte Kapitalherabsetzung entsprechend ihrer historischen Entwicklung ausschließlich der Sanierung notleidender Gesellschaften dient und deshalb nur zur Verfolgung ganz bestimmter, in §§ 229 I 1, 230 S2 AktG gesetzlich fixierter Zwecke angewendet werden darf, die ausschließlich nomineller Natur sind. Diese Form der Kapitalherabsetzung bildet daher neben der Kapitalerhöhung stets den anderen Bestandteil im Rahmen der sanierenden Kombination beider Kapitaländerungsmaßnahmen.

aa) Nur beschränkt mögliche Zwecksetzungen

Das Aktiengesetz nennt in § 229 I 1 AktG 3 mögliche Zwecke, die eine vereinfachte Kapitalherabsetzung erlauben. Hierbei sind der Ausgleich von Wertminderungen und die Deckung sonstiger Verluste als eine einheitliche Zwecksetzungsart anzusehen, die die bilanzielle Beseitigung von Verlusten bezweckt, da das Gesetz durch die Formulierung „sonstige Verluste" zum Ausdruck bringt, daß der oder die Entstehungsgründe des Verlustes, wie etwa Wertminderungen des Anlage- oder Umlaufvermögens, für die Frage der Anwendung der vereinfachten Herabsetzung unter diesem Gesichtspunkt ohne Bedeutung sind[31]. Ent-

---

29 Großkommentar / Schilling, § 225 Anm. 14.

30 Vgl. oben 2. Kap. III. 3. auf S. 38 mit Fn. 89 ff.

31 Kölner Kommentar / Lutter, § 229 Rn. 9.

scheidend ist allein, daß überhaupt ein Verlust besteht, angesichts dessen die Anwendung dieser Maßnahme — gemessen an den Vor- und Nachteilen für die Aktionäre — verhältnismäßig und erforderlich erscheint[32].

Die weitere mögliche Zwecksetzung der Einstellung des durch die Herabsetzung freiwerdenden Betrages in die Kapitalrücklage gem. §§ 266 III A. II, 272 II HGB ist für diese Untersuchung nicht von Bedeutung, da die sanierende Kapitalherabsetzung nur der Überwindung bereits eingetretener, zu einer Unterbilanz führender Verluste dient. Relevant ist in diesem Zusammenhang ausschließlich der Zweck der Verlustdeckung. Dieser führt nur zu einer viel geringeren Gläubigergefährdung i. S. d. oben unter II. 1 a) bb) dieses Kapitels dargelegten Alternative (2) als die ordentliche Kapitalherabsetzung, da der materielle Nachteil für die Gläubiger schon durch den Verlusteintritt entsteht und durch die Herabsetzung nur buchmäßig realisiert wird.

Infolge der daraus ersichtlichen Bedeutung des Zweckes für die Zulässigkeit der vereinfachten gegenüber der ordentlichen Kapitalherabsetzung ist gem. §§ 229 I 2, 230 S. 3 AktG einer dieser möglichen Zwecke im Beschluß der Hauptversammlung eindeutig anzugeben. Andernfalls sind bei der Herabsetzung doch die Schutzbestimmungen des § 225 AktG zu beachten[33].

bb) Der vereinfachte Schutz der Gläubiger

Der entsprechend dem sehr beschränkten Anwendungsbereich der vereinfachten Kapitalherabsetzung verminderte Gläubigerschutz wird durch ein System mehrerer Regelungen in den §§ 230, 232, 233 AktG erreicht, die, anders als § 225 AktG, nur die Ausschüttungsfähigkeit von Überschüssen über die „normalen", in §§ 57 I, 58 IV, V AktG zum Ausdruck kommenden Kapitalerhaltungsgrundsätze hinaus beschränken. Diese können es dabei bewenden lassen, die Verwendung des mit der Herabsetzung erzielbaren Buchgewinns nur auf die zugelassenen Zwecke zu begrenzen (§§ 230, 232 AktG) und die Nachteile für die Gläubiger aus der Beseitigung eines künftigen, „potentiellen" Grundkapitals durch Gewinnausschüttung zu verringern (§ 233 AktG)[34]. Dadurch trägt die vereinfachte Kapitalherabsetzung bereits von Gesetzes wegen den praktischen Erfordernissen und Gegebenheiten einer Sanierungslage Rechnung. Weitere Ausführungen zum Gläubigerschutz erübrigen sich an dieser Stelle, da die Regelung des Aktiengesetzes — bis auf die §§ 228, 235 AktG — nur die isolierte Kapitalherabsetzung behandelt, nicht aber diejenige, die mit einer sofortigen Kapitalerhöhung kombiniert ist, woraus sich diesbezüglich wesentliche Unterschiede ergeben können.

---

32 Zöllner, S. 350 ff.; Großkommentar / Schilling, § 229 Anm. 2.

33 Großkommentar / Schilling, § 229 Anm. 2; Kölner Kommentar / Lutter, § 229 Rn. 33.

34 Kölner Kommentar / Lutter, § 230 Rn. 2.

d) Zusammenfassung

Trotz der vorzugsweisen Ausrichtung auf die isolierte Kapitalherabsetzung ist festzuhalten, daß die differenzierende Regelung des Aktiengesetzes eine sach- und praxisgerechte Durchführung der Kapitalherabsetzung für *jeden* von der Gesellschaft mit dieser Maßnahme verfolgten Zweck einschließlich des jeweils erforderlichen Gläubiger- und Aktionärsschutzes gewährleistet. Das betrifft insbesondere auch die zu Sanierungszwecken mit einer Kapitalerhöhung verbundene Kapitalherabsetzung, die in Gestalt der §§ 229 ff. AktG eine gesetzliche Grundlage erhalten hat, welche ein effektives Reagieren auf Krisensituationen der Gesellschaft zum Zwecke der Insolvenzabwendung gestattet. Diese vereinfachte Form ermöglicht, da zeitraubende Bekanntmachungen und Sicherheitsleistungen an die Gläubiger entfallen, ein relativ schnelles — lediglich die Einberufungsfrist des § 123 I AktG, die aus Gründen des Aktionärsschutzes nicht verkürzt werden kann, verhindert ein Wirksamwerden der Maßnahme innerhalb der dreiwöchigen Konkursantragsfrist des § 92 II AktG — und erfolgversprechendes Vorgehen gegen die Krise, nicht zuletzt deshalb, weil die AG bei dieser Maßnahme noch auf zusätzliche Erleichterungen der Sanierung, wie die Herabsetzung unter den Mindestnennbetrag (§§ 228, 229 III AktG) oder die Rückbeziehung der Kapitalveränderungen (§§ 234, 235 AktG), zurückgreifen kann.

2. Die vergleichsweise mangelhafte Regelung des GmbH-Gesetzes

Gegenüber diesem differenzierten System des Aktiengesetzes ist die veraltete Regelung der Kapitalherabsetzung im GmbH-Gesetz, die ebenfalls Satzungsänderung i. S. d. §§ 53, 54 GmbHG ist, von geradezu erstaunlicher Kürze. Sie unterscheidet nicht nach dem jeweiligen Zweck zwischen einer ordentlichen und einer vereinfachten Form der Kapitalherabsetzung, sondern unterwirft ihrem Wortlaut nach — „kann . . . *nur* unter . . .“ — sämtliche Kapitalherabsetzungen im GmbH-Recht denselben strengen Voraussetzungen, auf die unten noch näher einzugehen sein wird. Daß diese offensichtlich unterschiedliche Normierung der Herabsetzung als des einen Elements der „sanierenden Kapitalherabsetzung“ gegenüber der aktienrechtlichen Regelung weder im Hinblick auf eine grundlegend andere Interessenlage der Betroffenen im GmbH-Recht noch durch sonstige Umstände im Zusammenhang mit der Kapitalherabsetzung gerechtfertigt ist, werden die nachfolgenden Ausführungen belegen.

a) Dem Aktienrecht vergleichbare Interessenlage

aa) Interessen der Gesellschafter

Die Belange der Gesellschafter, d. h. Schutz vor ungerechtfertigter Reduzierung oder gar völligem Verlust ihrer Mitgliedschaftsrechte, werden auch hier in erster Linie dadurch geschützt, daß die Kapitalherabsetzung gem. § 53 II GmbHG eine qualifizierte Mehrheit von mindestens drei Vierteln der abgegebenen Stimmen verlangt. Ferner greifen wie im Aktienrecht zu ihren Gunsten die allgemeinen Grundsätze des Minderheitenschutzes, insbesondere das Gleichbehandlungsgebot, wonach ein Gesellschafter, gemessen an seiner jeweiligen Beteiligung, durch die Satzungsänderung rechtlich nicht schwerer in seinen Mitgliedschaftsrechten betroffen sein darf als die übrigen Gesellschafter[35]. Allerdings ist die Gefährdung der Gesellschafter bei der GmbH regelmäßig ohnehin nicht so groß wie bei der AG, da die einzelnen Gesellschafter aufgrund der personalistischen Struktur der GmbH prozentual wesentlich größere Anteile mit entsprechend höherer Stimmrechtskraft i. S. d. § 47 II GmbHG innehaben. Zudem ist, obwohl trotz der fehlenden gesetzlichen Regelung sämtliche Arten der Durchführung einer Kapitalherabsetzung aus dem Aktienrecht möglich sind[36], die gleichmäßige Herabsetzung der Nennbeträge *aller* Geschäftsanteile — ganz i. S. d. Gleichbehandlungsgebots — der Regelfall[37], so daß letzten Endes zwar der Wert der einzelnen Anteile sinkt, nicht aber die verhältnismäßige Beteiligung an der Gesellschaft insgesamt.

bb) Gefährdung der Gläubiger

Auf der anderen Seite treten die Bemühungen der Gesellschafter, die Kapitalherabsetzung zu ihren Zwecken zu nutzen, in einen gewissen Gegensatz zu den Interessen der Gläubiger. Denn jede Herabsetzung bewirkt für sich allein wie bei der AG eine Verminderung des hier gem. §§ 30, 31 GmbHG als Haftungsgrundlage zugunsten der Gläubiger gebundenen Aktivvermögens der Gesellschaft[38], wobei die beiden Alternativen hinsichtlich der Gläubigergefährdung dieselben sind wie im Aktienrecht[39]:

(1) Übersteigt das Aktivvermögen der Gesellschaft abzüglich der Verbindlichkeiten den nach der Kapitalherabsetzung neu ausgewiesenen Betrag des Stammkapitals, so steht der Überschuß der Gesellschaft zur freien Verfügung, d. h. sie kann ihn z. B. an die Gesellschafter zurückzahlen.

---

35 Scholz / Priester, § 53 Rn. 55 ff.; Schmidt, § 16 II 4. b); Zöllner, S. 301 ff.

36 Scholz / Priester, § 58 Rn. 14; Meyer-Landrut, § 58 Rn. 9.

37 Baumbach / Hueck / Zöllner, § 58 Rn. 9.

38 Scholz / Priester, § 58 Rn. 4 f.; Hachenburg / Ulmer, § 58 Rn. 4; Meyer-Landrut, § 58 Rn. 3.

39 Vgl. dazu oben: 3. Kap. II. 1. a) bb), wobei zur Überwindung der Ausschüttungsschranke des § 30 GmbHG natürlich kein Bilanzgewinn entstehen muß.

(2) Bleibt das Nettoaktivvermögen auch nach der Kapitalherabsetzung noch unterhalb des neuen Stammkapitals oder erreicht es gerade dessen Betrag, so muß das Vermögen entweder gar nicht mehr oder nur bis zu dieser neuen, also niedrigeren Grenze wieder aufgefüllt werden.

Aufgrund der unterschiedlich formulierten Bindung dieses zum Ausgleich für die beschränkte Haftung der Gesellschafter als Haftungsfonds für die Gläubiger zu bewahrenden Vermögens — nur das zur Erhaltung des Stammkapitals erforderliche Vermögen darf gem. § 30 I GmbHG an die Gesellschafter nicht ausgeschüttet werden, während bei der AG gem. §§ 57 I, 58 V AktG das gesamte Vermögen bis auf den Bilanzgewinn zu erhalten ist — kann die Gefährdung für die Gläubiger allerdings geringfügig größer sein als bei der AG.

Davon einmal abgesehen, ist somit die grundlegende Interessenlage der Beteiligten bezüglich der Kapitalherabsetzung bei der GmbH derjenigen bei der AG sehr ähnlich, um nicht zu sagen dieselbe. Auch hier liegt daher das Hauptaugenmerk des Gesetzes auf dem Schutz der Gläubiger.

b) Mögliche Zwecksetzungen — Parallelität zum Aktienrecht

aa) Aufgabe der Zwecksetzung bei der GmbH

An sich spielt der Zweck der Kapitalherabsetzung, der anders als im Aktiengesetz — wie etwa in §§ 222 III, 225 II, 229 I AktG — in § 58 GmbHG nicht einmal ansatzweise definiert, sondern vorausgesetzt wird[40], im GmbH-Gesetz eine ebenso große Rolle wie bei der AG. Der von der Gesellschaft verfolgte und gesetzte wirtschaftliche Zweck legt fest, was mit dem durch die Herabsetzung freigewordenen Teil der Kapitalziffer geschieht[41]. Dadurch bestimmt er das Maß der Gläubigergefährdung und dieses wiederum den zur Abwehr der Gefahr erforderlichen Gläubigerschutz. Leider wird diese äußerst wichtige Funktion des Zweckes als Unterscheidungskriterium zwischen den unterschiedlichen Formen der Kapitalherabsetzung durch die getroffene Regelung im GmbH-Gesetz zu Makulatur gemacht, indem § 58 I GmbHG dem Wortlaut nach sämtliche Herabsetzungen, egal zu welchem Zweck sie erfolgen, seinen sehr strengen Anforderungen unterwirft. Dieser rechtliche Standpunkt entspricht auch der bisher herrschenden Auffassung[42] in der Literatur.

---

40 Rowedder / Zimmermann, § 58 Rn. 1 — zur AG vgl. oben3. Kap. II. 1. b).

41 Hachenburg / Ulmer, § 58 Rn. 4.

42 Scholz / Priester, § 58 Rn. 49, 81; Hachenburg / Ulmer, § 58 Rn. 80; Rowedder / Zimmermann, § 58 Rn. 6; Meyer-Landrut, § 58 Rn. 1; Feine, S. 614.

bb) Die Zwecke im einzelnen

Dennoch ist es für die vorliegende Arbeit von großer Wichtigkeit klarzustellen, welchem Zweck die Kapitalherabsetzung im Recht der GmbH dienen kann, da sie eine differenzierende Behandlung der unterschiedlichen Zwecke bzw. Formen der Kapitalherabsetzung auch für die GmbH überprüft. Es sind dies weitestgehend die gleichen Möglichkeiten der Zweckfestsetzung mit den gleichen Auswirkungen wie im Aktienrecht[43].

Zum einen gibt es diejenige Gruppe von Einzelzwecken, die eine Freisetzung von Vermögen, also eine effektive Kapitalherabsetzung, anstrebt. Dazu gehören wie bei der AG insbesondere die Rückzahlung oder der Erlaß von Stammeinlagen gem. § 19 III GmbHG sowie die Einstellung in die Rücklagen, wodurch eine erleichterte Verfügbarkeit über die Mittel ohne die Bindung des § 30 GmbHG bewirkt wird[44]. Diese Gruppe entspricht im wesentlichen den Zwecken, zu denen im Aktienrecht die ordentliche Kapitalherabsetzung stattfindet und die für die Gläubiger die größere Gefährdung bedeuten.

Andererseits kann die Kapitalherabsetzung — und darin liegt ihr Zweck bei der sanierenden Kapitalherabsetzung — auch zum Zwecke der Beseitigung von zu einer Unterbilanz führenden Verlusten[45], d. h. zur Sanierung der Gesellschaft, erfolgen, und damit nur nomineller Natur sein. Diese Zwecksetzung ist in ihren Voraussetzungen auf den ersten Blick enger als die gegenüberstehende Regelung im Aktienrecht, die gem. § 229 I 1 AktG eine Herabsetzung schon beim Vorliegen einer bloßen Verlustbilanz, die das das Stammkapital deckende Vermögen nicht anzugreifen braucht, erlaubt. Doch muß die AG im Rahmen des § 229 AktG dafür sorgen, daß die gesetzlich vorausgesetzten Verhältnisse nicht durch Manipulationen geschaffen werden[46]. Gerade die vereinfachte Form der Herabsetzung muß deshalb im Interesse der Aktionäre verhältnismäßig und erforderlich sein[47], sprich, es muß ein dringendes Bedürfnis nach ihr in Gestalt entsprechend hoher Verluste bestehen. Nicht geeignet sind Verluste, die aller Wahrscheinlichkeit nach bald wieder ausgleichbar sind oder bewußt durch willkürliche Unterbewertung der Aktiva oder Überbewertung der Passiva herbeigeführt worden sind[48]. Vielmehr ist sie gem. § 229 II 1 AktG nur zulässig bei Verlusten, die durch freie Gewinnrücklagen nicht gedeckt werden können, was aber — von eventuellen

---

43 Heuer, GmbHR 50, 36; Rowedder / Zimmermann, § 58 Rn. 1 ff.; Meyer-Landrut, § 58 Rn. 4 ff.; Hachenburg / Ulmer, § 58 Rn. 4 ff.; Scholz / Priester, § 58 Rn. 4 ff.; BayObLG GmbHR 79, 111 (112) —im übrigen dazu auch die Ausführungen oben II. 1. b) und 1. c) aa) dieses Kapitels.

44 Meyer-Landrut, § 58 Rn. 4; Scholz / Priester, § 58 Rn. 8 f., 11.

45 Scholz / Priester, § 58 Rn. 12; Rowedder / Zimmermann, § 58 Rn. 6; Baumbach / Hueck / Zöllner, § 58, Rn. 1.

46 OLG Frankfurt a. M. BB 89, 462.

47 Siehe oben 3. Kap. II. 1. c) aa).

48 OLG Frankfurt a. M. BB 89, 462 (463).

Beträgen bis zu 10 % des Grundkapitals in der gesetzlichen — oder Kapitalrücklage abgesehen — auch für die AG materiell eine Unterbilanz bedingt[49].

Folglich entspricht diese zweite und letzte Zwecksetzung der Beseitigung einer Unterbilanz weitestgehend — den weiteren Zweck der Einstellung in die Kapitalrücklage aus § 229 I AktG gibt es bei der GmbH regelmäßig nicht, da bei ihr eine § 150 II AktG entsprechende Verpflichtung zur Bildung einer gesetzlichen Rücklage, die wie das Stammkapital Garantiefunktion gegenüber den Gläubigern übernimmt[50], nicht existiert — derjenigen Zwecksetzungsart bei der AG, die der vereinfachten Kapitalherabsetzung zugrundeliegt. Dies schließt auch die minimale, nur in der früher möglichen Ausschüttung künftiger Gewinne liegende Gläubigergefährdung gem. der Alternative (2) mit ein.

cc) Angabe des Zweckes im Beschluß

Trotz dieser entscheidenden Bedeutung des Zweckes für die weitere Gestaltung der Kapitalherabsetzung ist mangels einer dem § 222 III AktG entsprechenden Vorschrift bei der GmbH streitig, ob der Zweck der Herabsetzung im Gesellschafterbeschluß anzugeben ist. Die Befürworter eines derartigen Erfordernisses — und das ist die weitaus h. M.[51] — stützen sich vor allem darauf, daß die Zweckangabe entsprechend der insoweit gleichartigen Interessenlage im Aktienrecht sowohl zugunsten der Gesellschafter als auch der Gläubiger notwendig sei: die Gesellschafter müssen den Zweck der von ihnen zu beschließenden Maßnahmen gutheißen und die Gläubiger haben ein berechtigtes Interesse daran, zu erfahren, warum ihre Haftungsgrundlage vermindert wird[52]. Im übrigen gehe auch das GmbH-Gesetz in § 58 II 2 GmbHG davon aus, daß der Zweck im Herabsetzungsbeschluß ausdrücklich genannt werde[53].

Gegen diese Auffassung könnte man einwenden, daß aus § 58 II 2 GmbHG auch das „argumentum e contrario“ dahingehend gezogen werden könnte, daß eine Zweckangabe nur im Falle der beiden dort genannten Zwecksetzungen erforderlich sei. Ebenso wird zu Recht angeführt, daß insofern ein Unterschied zum Aktienrecht bestehe, als dort auch die für die Gläubiger gefährlichere ordentliche Herabsetzung sofort, d. h. vor Anlaufen des Gläubigerschutzes gem. § 225 AktG, wirksam wird, während bei der GmbH die Wirkung der Herabsetzung

---

49 Kölner Kommentar / Lutter, § 229 Rn. 10.

50 Fabritius, ZHR 144, 640; Döllerer BB 86, 1837.

51 Zum Teil wird mit einer Analogie zu § 222 III AktG argumentiert: BayObLG GmbHR 79, 111; Scholz / Priester, § 58 Rn. 34; Meyer-Landrut, § 58 Rn. 12; Roth, § 58 Anm. 3.1.; Fischer / Lutter / Hommelhoff, § 58 Rn. 5; Rowedder / Zimmermann, § 58 Rn. 16; Hachenburg / Ulmer, § 58 Rn. 31; Bartl / Henkes, Rn. 814.

52 BayObLG GmbHR 79, 111 (112); Hachenburg / Ulmer, § 58 Rn. 31; Scholz / Priester, § 58 Rn. 34.

53 Meyer-Landrut, § 58 Rn. 12.

erst nach voller Gläubigersicherung eintritt[54]. Daraus ergebe sich ein geringeres Schutzbedürfnis der Öffentlichkeit bzw. der Gläubiger der GmbH, so daß ein solches Erfordernis letztendlich nicht gerechtfertigt sei.

Die Gegenmeinung erscheint zwar im Hinblick auf die fehlende Differenzierung des Gesetzes nach dem Herabsetzungszweck konsequent, doch ist letzterem Argument wiederum entgegenzuhalten, daß die Gläubiger trotz ihrer günstigeren Sicherungsmöglichkeiten gem. § 58 I GmbHG in der Praxis ein sehr berechtigtes Interesse daran haben, bereits im Zeitpunkt des Herabsetzungsbeschlusses den Zweck dieser Maßnahme zu erfahren, weil dieser ihre Haltung bezüglich der Sicherheitsleistung beeinflussen kann[55]. Im Falle einer Herabsetzung zu Sanierungszwecken werden die Gläubiger eher zum Stillhalten bereit sein, da eine regenerierte Gesellschaft auch ihren Interessen dient, als wenn die Herabsetzung nur zugunsten der Gesellschafter erfolgt. Deshalb, und weil die Zweckangabe die genaue praxisgerechte Differenzierung nach den an sich auch im GmbH-Recht möglichen, verschiedenen Formen der Kapitalherabsetzung erlaubt, was gerade ein Anliegen dieser Arbeit darstellt, ist der h. M. zu folgen.

c) Der Gläubigerschutz als Haupthindernis einer sanierenden Kapitalherabsetzung im Vergleich zur AG

Obwohl die Interessenlage der Beteiligten und die möglichen Zwecke der Herabsetzung, wie gesehen, dem Aktienrecht entsprechen, ist die Regelung des Gläubigerschutzes, die den Kern des § 58 GmbHG ausmacht, wesentlich anders aufgebaut als bei der AG. Das beginnt bei der schon erwähnten fehlenden Differenzierung des Schutzes nach der jeweiligen Zwecksetzung und setzt sich bei den einzelnen Bestimmungen fort.

aa) Die Gläubigerschutzbestimmungen im einzelnen (§ 58 I Nr. 1-4 GmbHG)

aaa) Das Bekanntmachungserfordernis (§ 58 I Nr. 1 GmbHG)

§ 58 I Nr. 1 GmbHG verlangt als Wirksamkeitsvoraussetzung für die Herabsetzung zunächst die dreimalige, verschiedentliche Bekanntmachung des Gesellschafterbeschlusses in öffentlichen Blättern, wobei die Gläubiger aufzufordern sind, sich bei der Gesellschaft zu melden. Die Bestimmung beinhaltet eine Informations- und Warnfunktion für die Gläubiger vor der möglichen Schädigung ihrer Interessen infolge der Herabsetzung. *Zöllner* sieht diese Information der Gläubiger sogar als die wichtigste Schutzmaßnahme im Rahmen der Herabsetzung überhaupt an[56], vermutlich weil der einzelne Gläubiger im Bedarfsfall ohne

---

54 Baumbach / Hueck / Zöllner, § 58 Rn. 14.

55 BayObLG GmbHR 79, 111 (112); Scholz / Priester, § 58 Rn. 34; Hachenburg / Ulmer, § 58 Rn. 31.

56 Baumbach / Hueck / Zöllner, § 58 Rn. 16.

diese Kenntnis, die bei der GmbH als personalistischem Gebilde und i. d. R. kleinerem Unternehmen mit nur geringer Publizität schwieriger zu erlangen ist als bei der AG, seine diesbezüglichen Interessen nicht rechtzeitig wahrnehmen kann. 2 Originalbeispiele einer Herabsetzungsbekanntmachung aus dem Staatsanzeiger für Baden-Württemberg vom 13. 1. 1988 zeigt das folgende *Schaubild:*

Schaubild 3

Kapitalherabsetzung und Gläubigeraufgebot

Mit Gesellschafterbeschluß vom 12. November 1987 wurde das Stammkapital der Gesellschaft zur Beseitigung von Sonderabfällen in Baden-Württemberg mbH, Welfenstraße 15, 7012 Fellbach 4, von 3 000 000 DM um 2 000 000 DM auf 1 000 000 DM herabgesetzt. Die Gläubiger der Gesellschaft werden aufgefordert, sich bei ihr zu melden. — Fellbach-Schmiden, 18. Dezember 1987. Der Geschäftsführer: Klaus Mangold.

Kapitalherabsetzung

Firma Pol International Möbel GmbH mit dem Sitz in Sinsheim, HRB 118, SNH. Die Gesellschafterversammlung vom 29. Dezember 1987 hat die Herabsetzung des Stammkapitals der Gesellschaft von 800 000 DM auf 600 000 DM beschlossen. Die Gläubiger der Gesellschaft werden hiermit aufgefordert, sich bei ihr zu melden.

Sinsheim, 29. Dezember 1987.

Roland *Wagner* Geschäftsführer

Anton Hahn Geschäftsführer

Diese Voraussetzung entspricht, abgesehen davon, daß hier nicht erst die Eintragung, sondern bereits der Beschluß selbst zu verlautbaren ist, in etwa dem Bekanntmachungserfordernis des § 225 I 1 AktG im Rahmen der dortigen ordentlichen Kapitalherabsetzung[57]. Bei der vereinfachten Kapitalherabsetzung gem. §§ 229 ff. AktG zur Sanierung findet sich eine vergleichbare Bestimmung nicht, ist aber auch nicht erforderlich, da eine direkte Gefährdung der Gläubigerinteressen durch eine Herabsetzung zu derartigen Zwecken — wie bereits erwähnt — nicht besteht.

Zusätzlich zu dem eben genannten Erfordernis besteht für die GmbH gem. § 58 I Nr. 1 GmbHG noch die im Aktienrecht nicht einmal bei der ordentlichen Herabsetzung existente Anforderung, an die der Gesellschaft aus den Büchern oder anderweitig bekannten Gläubiger jeweils eine besondere Mitteilung mit dem Inhalt der öffentlichen Bekanntmachung zu richten. Diese Bestimmung ist zwar angesichts der oben angeführten geringeren Publizität von Maßnahmen bei

57 Vgl. oben 3. Kap. II. 1. b).

der GmbH für die der ordentlichen Form entsprechenden Zwecke durchaus verständlich, aber für den praktisch weitaus häufigeren Fall der nominellen Herabsetzung zu Sanierungszwecken völlig überzogen, da auf diese Weise die Gläubiger mangels einer dementsprechenden Gefährdung ihrer Interessen nur unnötig erschreckt werden. Sie bewirkt eine gesteigerte negative Publizität bzw. Verminderung des Ansehens der Gesellschaft, die im Verein mit den folgenden Schutzvorschriften eine ansonsten durchaus erfolgversprechende Sanierung verhindern kann[58].

bbb) Die Sicherung der Gläubiger (§ 58 I Nr. 2 GmbHG)

Weitere Wirksamkeitsvoraussetzung einer Kapitalherabsetzung ist nach Nr. 2, daß die Gläubiger, die sich im Hinblick auf den bekanntgemachten Herabsetzungsbeschluß — ein ausdrückliches Verlangen nach Absicherung ist nicht erforderlich — bei der Gesellschaft melden, befriedigt oder sichergestellt werden. Anders als im Aktienrecht gem. § 225 I AktG haben diese Gläubiger jedoch keinen klagbaren Anspruch auf Befriedigung oder Sicherstellung[59]. Stattdessen können sie die Eintragung der Herabsetzung, und damit wegen § 54 III GmbHG ihr Wirksamwerden insgesamt, verhindern, sofern sie wegen ihrer Forderungen nicht zumindest gem. §§ 232 ff. BGB sichergestellt werden, was zur Abwendung des Anmeldungshindernisses genügt[60]. Die Gesellschaft hat bei dieser, dem Sicherstellungserfordernis des § 225 I 1 AktG nur äußerlich ähnelnden Vorschrift die Wahl, entweder die nicht zustimmenden Gläubiger mindestens sicherzustellen, was einen zusätzlichen, enorm belastenden Finanzaufwand gerade für sanierungsbedürftige GmbHs bedeutet, oder aber von ihrem Herabsetzungsvorhaben wieder ganz abzulassen. Auch aus der Sicht der Gesellschaft handelt es sich daher nicht um eine Rechtspflicht, sondern um eine registerverfahrensrechtliche Obliegenheit[61]. Praktisch gibt diese Bestimmung jedoch dem einzelnen Gläubiger die Möglichkeit zur Erzwingung seiner Sicherstellung bzw. Befriedigung[62] und kommt daher in ihrer tatsächlichen Bedeutung einem Rechtsanspruch nahezu gleich.

Allerdings ist der Kreis der i. S. d. § 58 I Nr. 2 GmbHG berechtigten Gläubiger umstritten, da anders als in § 225 I 1 AktG weder angegeben ist, bis zu welchem Zeitpunkt die Forderungen der Gläubiger entstanden sein müssen, noch bis wann letztere sich zu melden haben. Nach h. M. muß entgegen dem Wortlaut des § 58 I Nr. 2 GmbHG in ähnlicher Weise wie in § 225 I AktG die jeweilige Forderung

---

58 Fischer, JW 1930, 2718; Lutter, Kapital, S. 409; Eder, Rn. 534.

59 Baumbach / Hueck / Zöllner, § 58 Rn. 18; Scholz / Priester, § 58 Rn. 49; Hachenburg / Ulmer, § 58 Rn. 47 f.; Rowedder / Zimmermann, § 58 Rn. 28.

60 Scholz / Priester, § 58 Rn. 53; Rowedder / Zimmermann, § 58 Rn. 30; Baumbach / Hueck / Zöllner, § 58 Rn. 22.

61 Baumbach / Hueck / Zöllner, § 58, Rn. 18.

62 Scholz / Priester, § 58 Rn. 56.

spätestens im Zeitpunkt der 3. Bekanntmachung begründet, d. h. entstanden sein[63]. Nach anderer Auffassung sind alle diejenigen Gläubiger geschützt, deren Forderungen bis zur Anmeldung der Herabsetzung begründet wurden[64]. Diese Meinung ist vorzuziehen, da im Gegensatz zur AG, bei der die Herabsetzung gem. §§ 223, 224, 229 III AktG sofort angemeldet und eingetragen werden kann, die Herabsetzung bei der GmbH nach der letzten Bekanntmachung mindestens 1 Jahr lang weder aus dem Handelsregister noch aus den Registerakten für die Gläubiger erkennbar ist. Daher dürfen auch nach der letzten Bekanntmachung mit der Gesellschaft kontrahierende Gläubiger vom Bestand des ursprünglichen Stammkapitals ausgehen, sofern sie nicht zum Zeitpunkt des Vertragsschlusses Kenntnis von der Herabsetzung hatten[64], wodurch die Sicherungsmöglichkeit des § 58 I Nr. 2 GmbHG gleichsam „verwirkt" wäre. Außerdem wäre, wenn man bereits die öffentliche Bekanntmachung als ausreichende, endgültige Information ansehen würde, die besondere Mitteilung i. S. d. Nr. 1 überflüssig.

Abschließend ist somit festzustellen, daß die Vorschrift des § 58 I Nr. 2 GmbHG, obwohl sie nur eine Obliegenheit der GmbH darstellt, sogar in zweifacher Hinsicht strenger ist als das Sicherstellungserfordernis bei der ordentlichen Kapitalherabsetzung des Aktiengesetzes. Zum einen bedroht sie direkt das Wirksamwerden der Herabsetzung, zum anderen ist der Kreis der geschätzten Gläubiger nach der vorzuziehenden Auslegung wesentlich weiter gezogen als bei der AG. Sie mag im Hinblick auf die schon erwähnte andere Struktur und geringere Publizität der GmbH bei ordentlichen Kapitalherabsetzungen begründet sein, ist jedoch für eine Herabsetzung im Rahmen einer Sanierung untragbar und — da eine die Sicherstellung oder gar Befriedigung rechtfertigende Gefährdung der Gläubiger insoweit nicht vorliegt — auch überflüssig. Dies zeigt auch das Fehlen einer entsprechenden Bestimmung bei der vereinfachten Kapitalherabsetzung gem. §§ 229 ff. AktG.

ccc) Das Sperrjahr bis zur Anmeldung (§ 58 I Nr. 3 GmbHG)

Augenfälligster Unterschied zum Aktienrecht und wegen ihrer buchstäblichen Sanierungsfeindlichkeit zu Recht am meisten kritisierte Bestimmung[65] des § 58 I GmbHG ist die in Nr. 3 enthaltene einjährige Sperrfrist für die Anmeldung der Herabsetzung zum Handelsregister, die mit der letztmöglichen Bekanntmachung des Beschlusses zu laufen beginnt.

Das große Übel dieser Vorschrift liegt im enormen Zeitverlust von mindestens 1 Jahr durch die lange Hinauszögerung der Anmeldung. Sie wäre ausgesprochen

---

63 Hachenburg / Ulmer, § 58 Rn. 51; Scholz / Priester, § 58 Rn. 51 f.; Rowedder / Zimmermann, § 58 Rn. 26.

64 Baumbach / Hueck / Zöllner, § 58 Rn. 17, 21.

65 Hachenburg / Ulmer, § 58 Rn. 59; Scholz / Priester, § 58 Rn. 59; Baumbach / Hueck / Zöllner, § 58 Rn. 7; Hachenburg / Schilling (6. Aufl.), § 58 Rn. 27.

unproblematisch, wenn das Sperrjahr, wie im Aktienrecht seit jeher üblich, nur für Zahlungen an die Gesellschafter gelten würde, nicht aber für die Anmeldung, da dann das Wirksamwerden der Herabsetzung nicht tangiert wäre. Der Sinn dieses Hinausschiebens der Anmeldung liegt laut der lapidaren Begründung des GmbH-Gesetzgebers von 1892 darin, daß dadurch die ordnungsgemäße Einhaltung des Sperrjahres am besten gewährleistet sei[66].

Dadurch entstehen weitere Probleme. Genannt seien zunächst nur die Tatsache, daß — wie soeben gesehen — durch den langen Zeitraum die Anzahl der nach Nr. 2 zu befriedigenden oder sicherzustellenden Gläubiger zu Lasten der Gesellschaft unnötig aufgebläht wird, sowie die eingangs der Arbeit bereits erörterte Frage der Tilgungswirkung von Voreinzahlungen auf das Stammkapital[67], die sich bei der sanierenden, mit einer *gleichzeitigen* Kapitalerhöhung verbundenen Herabsetzung aufgrund des im Hinblick auf § 64 I GmbHG zumeist sofortigen Kapitalbedarfs der Gesellschaft ergibt. Aber auch die Kapitalherabsetzung in Verbindung mit einer *vorangehenden* Kapitalerhöhung wirft infolge dieser Regelung Probleme auf, die im nächsten Kapitel näher dargestellt werden.

Die Funktion dieser Bestimmung, die einer vergleichbar ausgestalteten Vorschrift im Rahmen der aktienrechtlichen Kapitalherabsetzung entbehrt, besteht ähnlich § 225 II AktG darin, die Ausschüttung eines durch die Herabsetzung eventuell freiwerdenden Kapitalbetrages an die Gesellschafter solange zu verhindern, bis widersprechende Gläubiger mindestens sichergestellt sind[68]. Dieser Zweck ist jedoch nur bei einer ordentlichen Kapitalherabsetzung erreichbar. Bei einer Herabsetzung zur Beseitigung einer Unterbilanz, also zu Sanierungszwekken, ist seine Erreichung dagegen völlig ausgeschlossen, da diese, sofern sich die Gesellschaft an ihre Zwecksetzung hält, rein nomineller Natur ist, und keinerlei zur Rückzahlung an die Gesellschafter bestimmtes, freies Vermögen entsteht, weil nur bereits eingetretene Verluste buchtechnisch ausgeglichen werden[69]. Es besteht also insoweit mangels einer entsprechenden Gefährdung der Gläubiger an sich kein Bedürfnis nach einer derartigen Sicherung. Deshalb drängt sich schon hier der Schluß auf, daß das Sperrjahr, ebenso wie die bereits erörterten Erfordernisse der Nummern 1 und 2, auf Kapitalherabsetzungen zur Beseitigung einer Unterbilanz, insbesondere wenn diese mit einer sofortigen, effektiven Kapitalerhöhung verbunden sind, nicht anwendbar sein könnte bzw. dürfte.

---

[66] Begründung GmbHG 1892 in Stenographische Berichte über die Verhandlungen des Deutschen Reichstags 1890/92, Anlagen Band 5, Reichstag-Aktenstück Nr. 660, S. 3755.

[67] Vgl. oben 2. Kap. II. 3. b) bb), cc).

[68] Baumbach / Hueck / Zöllner, § 58 Rn. 23; Raiser, S. 279; aufschlußreich dazu auch der Wortlaut von § 289 IV 1 HGB (1897) zur AG, wo dieser Zweck deutlich zum Ausdruck kommt.

[69] Vgl. dazu die näheren Ausführungen unter II. 1. a) bb), II. 1. c) aa) und II. 2. a) bb) dieses Kapitels.

ddd) Besondere Angaben bei der Anmeldung (§ 58 I Nr. 4 GmbHG)

Schließlich verlangt die Nr. 4 bei Anmeldung der Herabsetzung die Einreichung von Belegexemplaren über die erfolgten Bekanntmachungen i. S. d. Nr. 1, sowie eine gem. § 82 II Nr. 1 GmbHG strafbewehrte Versicherung der Geschäftsführer, daß die nach Nr. 2 erforderliche Befriedigung oder Sicherstellung der Gläubiger ordnungsgemäß erfolgt ist. Die Vorschrift bezweckt eine Kontrolle des Registergerichts und die Sicherstellung der Einhaltung der in Nr. 1 - 3 enthaltenen Schutzvorschriften[70]. Sie ist folglich hinsichtlich der Frage ihrer Existenzberechtigung für die sanierende Kapitalherabsetzung von der diesbezüglichen Anwendbarkeit der vorangehenden Bestimmungen abhängig, die nach den bisherigen Feststellungen zweifelhaft ist und daher noch eingehend zu prüfen sein wird.

bb) Fazit aus der Untersuchung der Einzelbestimmungen

Trotz umfangreicher Parallelen zum Aktienrecht im Hinblick auf die Interessenlage der Beteiligten sowie die möglichen Zwecksetzungen ist das System des Gläubigerschutzes in § 58 I Nr. 1-4 GmbHG, das eigentlich nur Vorschriften zur ordentlichen Kapitalherabsetzung beinhaltet und dementsprechend sanierungsfeindlich ist, noch strenger ausgestaltet als die entsprechenden Bestimmungen zur ordentlichen Kapitalherabsetzung in § 225 AktG. Insbesondere besitzt das Aktienrecht ein zweimaliges Anmeldungs- und Eintragungserfordernis, zum einen für den Herabsetzungsbeschluß gem. § 223 AktG, zum anderen für die Durchführung der Herabsetzung gem. § 227 I AktG. Doch wird die Herabsetzung nach der stets sofort möglichen Anmeldung ohne weitere Bedingungen gem. § 224 AktG schon durch die erste Eintragung ipso iure voll wirksam[71]. D. h. der Gläubigerschutz des Aktienrechts beschränkt bei beiden Formen der Herabsetzung nur ihre *Folgen* bzw. ihre monetären Auswirkungen, indem entweder Zahlungen an die Aktionäre nur nach der Erfüllung bestimmter Voraussetzungen geleistet werden dürfen (§ 225 AktG), oder aber die Ausschüttung des Buchgewinns an die Aktionäre gänzlich verboten (§§ 230, 232 AktG) und die spätere Gewinnausschüttung beschränkt ist (§ 233 AktG).

Demgegenüber verlangt das GmbH-Gesetz zwar nur eine Anmeldung und Eintragung (§ 54 GmbHG), doch sind diese an die Erfüllung der Voraussetzungen des § 58 I Nr. 1, 2 GmbHG geknüpft und erst nach Ablauf des Sperrjahres möglich. Folglich setzt der Gläubigerschutz hier bereits eine Stufe früher an als bei der AG: er betrifft nicht erst die Folgen der Herabsetzung, sondern bereits ihr Wirksamwerden. In letzter Konsequenz könnten die Gläubiger hier infolge

---

70 Begründung GmbHG 1892 in Stenographische Berichte über die Verhandlungen des Deutschen Reichtags 1890 / 92, Anlagen Band 5, Reichstag-Aktenstück Nr. 660, S. 3755; Baumbach / Hueck / Zöllner, § 58 Rn. 23.

71 Beck'scher Bilanzkommentar / Sarx, § 272 Rn. 29; Großkommentar / Schilling, § 222 Anm. 3; Kölner Kommentar / Lutter, § 224 Rn. 9.

der Sicherstellungsgarantie des § 58 I Nr. 2 GmbHG sogar die von der Gesellschaft schon beschlossene Sanierung durch Herabsetzung verhindern, was einen gewichtigen Eingriff von außen in die Interessen der Gesellschaft darstellen würde.

Ein derart weitgehendes und strenges Schutzsystem zugunsten der Gläubiger erscheint im Hinblick auf die geringe Publizität der GmbH sowie ihre schwächere interne Kontrolle durch verschiedene konkurrierende Gesellschaftsorgane gegenüber der AG für die *ordentliche Kapitalherabsetzung* noch interessengerecht, da bei ihr aufgrund der teilweisen *Kapitalrückzahlung* an die Gesellschafter eine echte, der Teilliquidation[72] vergleichbare Gefährdung der Gläubiger besteht. Für Herabsetzungen zur Sanierung der Gesellschaft ist das System zum einen wegen des Fehlens einer solchen Gefahr völlig unangemessen. Zum anderen bewirkt es in diesem Fall eine regelrechte „Übersicherung" der Gläubiger, die schließlich sogar in deren Nachteil umschlagen kann, indem sie ansonsten aussichtsreiche, letztlich auch den Interessen der Gläubiger dienliche Sanierungen vereitelt oder zumindest praktisch bis zur Grenze der Undurchführbarkeit erschwert[73]. Am Platze wäre vielmehr im Interesse aller Beteiligten auch hier — zumindest für den Sanierungsfall — die Möglichkeit eines abgemilderten Gläubigerschutzes, wie er im Aktienrecht aufgrund der vereinfachten Kapitalherabsetzung bereits existiert.

d) Keine Erleichterungen für die sanierende Kombination von Kapitalherabsetzung und -erhöhung

Nach den bisherigen Feststellungen verwundert es nicht, daß das GmbH-Gesetz für die sanierende Kombination beider Maßnahmen anders als das Aktiengesetz keine Ausnahmevorschriften bereitstellt. So findet sich kein Ansatz für eine Rückbeziehbarkeit der Kapitaländerungsmaßnahmen, der den §§ 234, 235 AktG vergleichbar wäre. Selbst die Zulässigkeit einer Herabsetzung unter den Mindestnennbetrag des § 5 I GmbHG wird von der h. M. auch für diesen Fall — bei sonstigen Herabsetzungen ist dies unstreitig — unter Hinweis auf § 58 II 1 GmbHG kategorisch abgelehnt[74]. Anderer Auffassung ist bisher ausschließlich *Zöllner*[75], der eine derartige Herabsetzung dann zulassen will, wenn gesichert ist, daß wenigstens der Mindestbetrag durch eine mit der Herabsetzung gleichzeitig wirksam werdende Kapitalerhöhung wieder erreicht wird. Auch hier sprechen die geschilderte Interessenlage der Beteiligten und die aufgrund der gleichzeitigen

---

72 Schmidt, AG 85, 151; ders., ZGR 82, 533; Meyer-Landrut, § 58 Rn. 2; Rowedder / Zimmermann, § 58 Rn. 1; Giewald, S. 81.

73 Ähnlich schon Fischer in JW 1930, 2718.

74 Scholz / Priester, § 58 Rn. 30; Hachenburg / Ulmer, § 58 Rn. 29; Meyer-Landrut, § 58 Rn. 11; Rowedder / Zimmermann, § 58 Rn. 14; Fischer / Lutter / Hommelhoff, § 58 Rn. 4; Raiser, S. 279.

75 Baumbach / Hueck / Zöllner, § 58 Rn. 3.

Kapitalerhöhung gegenüber sonstigen Herabsetzungen zu Sanierungszwecken nicht ansteigende, also minimale Gefährdung der Gläubiger gegen die auf den Gesetzeswortlaut pochende h. M. Deshalb wird nachfolgend noch eingehend zu prüfen sein, welcher Auffassung bezüglich der sanierenden Kapitalherabsetzung der Vorzug zu geben ist.

Viertes Kapitel

Denkbare Versuche von Alternativlösungen zur sanierenden Kapitalherabsetzung

Aufgrund der im letzten Kapitel aufgezeigten Mängel der GmbH-gesetzlichen Regelung zur Kapitalherabsetzung, die sich im Rahmen der sanierenden Kapitalherabsetzung als Kombination von Herabsetzung und gleichzeitiger Kapitalerhöhung gleichermaßen als Hindernisse für die Gesamtmaßnahme auswirken und die die Sanierungsfeindlichkeit dieser Regelung offenbart haben, werden in Krisensituationen von Unternehmen regelmäßig andere Lösungen angestrebt, um derartige Probleme zu vermeiden und dennoch zu einer schnellstmöglichen Beseitigung der Konkursgefahr zu kommen. Nachfolgend werden daher naheliegende Alternativen zur sanierenden Kapitalherabsetzung erörtert und im Hinblick auf ihre Tauglichkeit als vollwertiger Ersatz dieser Maßnahme überprüft, wobei im Gegensatz zur gegenwärtigen Rechtslage die Funktionsfähigkeit bzw. praxisgerechte Durchführbarkeit der sanierenden Kapitalherabsetzung ähnlich dem Aktienrecht unterstellt wird.

I. Die Möglichkeit einer Modifikation innerhalb der Kombination selbst: Vorziehen der Kapitalerhöhung

Insgesamt kommen 3 zeitliche Varianten einer Kombination in Frage[1]: das *gleichzeitige* Wirksamwerden von Kapitalherabsetzung und -erhöhung sowie die der Herabsetzung *vorausgehende* oder ihr *nachfolgende* Wirksamkeit der Erhöhung. Hinsichtlich der letzteren Variante erübrigt sich jedoch eine nähere Untersuchung, da sie zum einen zur Erreichung des Sanierungszweckes äußerst ungeeignet ist, und zum anderen rechtlich die gleiche Problematik aufweist wie die gleichzeitige Kombination beider Maßnahmen. Diese Möglichkeit wiederum wird von manchen Autoren ebenfalls als „nachfolgende Kapitalerhöhung" bezeichnet[2], was jedoch aufgrund der möglichen Verwechslungsgefahr und dem anders lautenden Willen der Beteiligten, der auf eine gleichzeitige Eintragung und auf die Zusammenfassung beider Maßnahmen gerichtet ist[3], abzulehnen ist. Das Hauptproblem dieser einheitlichen Variante besteht, wie schon gesehen, in der Frage

---

[1] Baumbach / Hueck / Zöllner, § 58 Rn. 5 ff.

[2] Hachenburg / Ulmer, § 58 Rn. 81; Rowedder / Zimmermann, § 58 Rn. 43.

[3] Scholz / Priester, § 58 Rn. 84; Baumbach / Hueck / Zöllner, § 58 Rn. 7 — vgl. dazu schon oben 2. Kap. II. 3. b) bb).

der Tilgungswirkung von Vorauszahlungen auf das erhöhte Stammkapital, die von der Rechtsprechung neuerdings bejaht, von Teilen der Literatur aber abschlägig beantwortet wird[4], sowie in der Frage eines angemessenen Ausgleichs für die Übernehmer während des Sperrjahres.

Stellt man dagegen die Kapitalerhöhung der Herabsetzung voran, so kann die soeben genannte Problematik völlig vermieden werden: der Gesellschaft können unverzüglich die notwendigen Eigenmittel zugeführt werden, die Übernehmer der neuen Einlagen gehen dabei nie das Risiko der Doppelzahlung ein, und sie erhalten innerhalb kürzester Zeit ihre Geschäftsanteile. Dennoch birgt auch diese Lösung erhebliche Nachteile in sich. Im Hinblick darauf, daß die Kapitalerhöhung wirtschaftlich gesehen auf der erfolgten Herabsetzung beruht[5], wurden die diesbezüglichen Beschlüsse bei einer Sanierung als untrennbar angesehen, und es wurde zunächst bereits die Eintragungsfähigkeit eines vorangehenden Erhöhungsbeschlusses bestritten[6]. Mittlerweile hat sich allerdings die Gegenauffassung durchgesetzt[7]. Davon abgesehen erfolgt auch hier von Gesetzes wegen fürs erste eine direkte Benachteiligung der Übernehmer der neuen Anteile. Diese besteht darin, daß die alten Geschäftsanteile infolge der frühestens nach einem Jahr wirksam werdenden Kapitalherabsetzung während dieser Zeit gem. §§ 29 III, 47 II GmbHG im Verhältnis zu den neuen Anteilen ein Zuviel an Gewinn- und Stimmrechten gewähren, das ihnen aufgrund ihres durch die Unterbilanz gesunkenen, tatsächlichen Wertes nicht zusteht[8]. Dem kann auch an dieser Stelle durch freiwillige, mehrheitlich getroffene Vereinbarungen zwischen Alt- und Neugesellschaftern abgeholfen werden, indem den neuen Anteilen als befristete Übergangsregelung bis zur Wirksamkeit der Herabsetzung gewisse Vorrechte, z. B. erhöhte Gewinnrechte, zuerkannt werden, die die Situation nach Wirksamkeit auch der Herabsetzung quasi vorwegnehmen. Diese beseitigen jedoch nicht das Restrisiko des Übernehmers, schon vor der wirksamen Kapitalherabsetzung an einer GmbH beteiligt zu sein, bei der noch nicht endgültig sicher ist, ob die Herabsetzung überhaupt noch durchgeführt werden wird[9].

Schwerer als obige Bevorzugung der Altgesellschafter wiegt dagegen die unabänderliche Tatsache, daß trotz der Kapitalerhöhung die Unterbilanz der Gesellschaft nicht beseitigt wird[10], die damit verbundene negative Publizität sowie die Auszahlungssperre gem. § 30 GmbHG also während des Sperrjahres

---

4 Vgl. oben 2. Kap. II. 3. b) bb), cc) mit weiteren Fundstellen zu den unterschiedlichen Auffassungen zu dieser Problematik.

5 Vgl. oben 1. Kap. II. 2.

6 KG Berlin JW 1930, 2718 mit zustimmender Anmerkung von Fischer.

7 Hachenburg / Ulmer, § 58 Rn. 84; Scholz / Priester, § 58 Rn. 83; Baumbach / Hueck / Zöllner, § 58 Rn. 5; Fischer / Lutter / Hommelhoff, § 58 Rn. 20.

8 Rowedder / Zimmermann, § 58 Rn. 44; Hachenburg / Ulmer, § 58 Rn. 85; Baumbach / Hueck / Zöllner, § 58 Rn. 5; Scholz / Priester, § 58 Rn. 83.

9 Meyer-Landrut, § 58 Rn. 8.

10 Hachenburg / Ulmer, § 58 Rn. 85.

dennoch fortbestehen. In diesem Zusammenhang ist ferner zu beachten, daß infolge der Regelung des § 58 I Nr. 3 GmbHG zunächst — zumeist gegen den Willen der beschließenden Gesellschafter, die eine Erhöhung des schon *herabgesetzten* Kapitals wünschen [11] — das *ursprüngliche,* durch Verluste schon angegriffene Stammkapital erhöht werden muß [12], wodurch sowohl das Handelsregister für den Lauf des Sperrjahres als auch eine in dieser Zeit erstellte Bilanz diesbezüglich geradezu verfälscht werden, weil sie ein viel zu hohes Stammkapital als Haftungsfonds für die Gläubiger ausweisen. Damit erweist sich diese zeitliche Anordnung im Ergebnis als ähnlich problembehaftet wie die bisherige Konstruktion der gleichzeitigen Kombination von Kapitalherabsetzung und -erhöhung. Sie stellt daher keine ernsthafte Konkurrenz für eine funktionsfähige, sanierende Kapitalherabsetzung dar.

II. Die Frage des Bestehens von sonstigen, gleichwertigen Ersatzlösungen

1. Forderungsverzichte der Gläubiger

Ebenfalls eine Möglichkeit zur Beseitigung einer Unterbilanz oder Überschuldung würde ein in Gesprächen mit den jeweiligen Gläubigern zu verhandelnder Erlaß oder Teilerlaß der Forderungen einzelner oder aller Gläubiger darstellen [13]. Diese rechtlich sehr einfache und schnell wirksame Maßnahme, die zu einer vorbehaltlosen Verminderung der Verbindlichkeiten in entsprechender Höhe bzw. der Passiva führt, ohne daß aus dem Aktivvermögen irgendwelche Werte abfließen, wird allerdings in tatsächlicher Hinsicht nur schwer, d. h. nur in spektakulären Fällen von Großinsolvenzen, bei denen weitere Interessen wie z. B. die Erhaltung von Arbeitsplätzen oder des Vertrauens in ein ganzes Gewerbe hineinspielen, zu realisieren sein. Der Grund hierfür ist unschwer darin zu finden, daß die Gläubiger sich nicht von vornherein sämtlicher Möglichkeiten einer späteren Befriedigung begeben wollen [14]. Somit stellt diese Maßnahme, abgesehen von dem weiteren Nachteil gegenüber der sanierenden Kapitalherabsetzung, daß sie der Gesellschaft kein neues Kapital zur Verbesserung ihrer Liquidität zur Verfügung stellt [15], schon infolge der Unsicherheit und Seltenheit ihres Zustandekommens keine Konkurrenz für die sanierende Kombination der Kapitaländerungen dar.

---

[11] Eder, Rn. 540.

[12] OLG Darmstadt GmbH in der Rspr., Bd. II, § 58 Rn. 5.

[13] BGH NJW 79, 1823 (1827); Lutter / Hommelhoff / Timm, BB 80, 740; Menger, GmbHR 82, 226.

[14] Lutter / Hommelhoff / Timm, BB 80, 740.

[15] Die Bedeutung der Liquidität darf nicht unterschätzt werden, was sich schon daraus ergibt, daß die Verbesserung des Einblickes in die Liquiditätslage des Unternehmens eines der wesentlichen Anliegen des Aktiengesetzes 1965 war.

2. Die Umwandlung von Forderungen in Gesellschaftskapital

Eine weitere externe Maßnahme zur Überwindung einer Überschuldung liegt in der Umwandlung von Forderungen gegen das Krisenunternehmen — meist derjenigen von Großgläubigern und Kreditunternehmen — in Gesellschaftskapital auf dem Wege einer Kapitalerhöhung gem. §§ 55 ff. GmbHG[16]. Diese bedarf ähnlich dem Forderungsverzicht der Mithilfe der Gläubiger, ist für jene aber insofern um einiges lukrativer, als sie ihnen durch die Beteiligung an der Gesellschaft die Möglichkeit der Einflußnahme auf den weiteren Verlauf der Sanierung einräumt und ihnen zusätzlich die Chance beläßt, ihre momentan ohnehin nicht durchsetzbaren Forderungen zu einem späteren Zeitpunkt zumindest teilweise zu befriedigen, sowie im Falle einer erfolgreichen Sanierung künftig sogar am Gewinn der Gesellschaft teilzuhaben. Für die rechtliche Durchführung dieser Sanierungsmaßnahme sind verschiedene Möglichkeiten denkbar, die im folgenden getrennt auf ihre Eignung als Ersatz einer sanierenden Kapitalherabsetzung untersucht werden.

a) Forderungsumwandlung im Rahmen einer Kapitalerhöhung aus Gesellschaftsmitteln

Bei dieser ersten Alternative einer Forderungsumwandlung erfolgt die Kapitalerhöhung generell nicht durch Zuführung neuer Mittel, sondern durch die Umwandlung von nominell schon vorhandenem Eigenkapital in Form von Kapital- und Gewinnrücklagen[17].

aa) Ablauf und Voraussetzungen

Da eine sanierungsbedürftige Gesellschaft regelmäßig über keinerlei Rücklagen mehr verfügt, und weil eine konkrete Forderung letztlich in eine Beteiligung umgewandelt werden soll, muß diese Gläubigerforderung in die Rücklagen eingebracht werden. Zu diesem Zwecke muß der betreffende Gläubiger ebenfalls zunächst auf seine Forderung verzichten — was im vorliegenden Falle angesichts der bevorstehenden Gegenleistung leichter und schneller zu bewerkstelligen sein wird als beim bloßen Forderungsverzicht, gegebenenfalls sogar innerhalb der Dreiwochenfrist des § 64 I GmbHG —, anschließend wird der Erlös aus diesem Verzicht in der Regel über die Gewinn- und Verlustrechnung in die Gewinnrücklagen gem. § 272 III HGB eingebucht[18]. Hierbei ist zu berücksichtigen, daß nach § 2 II KapErhG die bei Krisenunternehmen stets bestehenden Verluste einschließlich Verlustvortrag den Betrag der umwandelbaren Rücklagen und damit der

16 Schäfer, S. 298; Menzel, AG 82, 203 f.; Priester, DB 76, 1801.

17 Vgl. § 1 I KapErhG und Scholz / Priester, Anh. § 57 b, Vorbemerkung KapErhG, Rn. 4 f.; Eder, Rn. 521; Groß, GmbHR 83, 292.

18 Groß, GmbHR 83, 292; Küting / Weber, § 272 Rn. 58, 66.

Kapitalerhöhung unter den Nennwert der fortfallenden Gesellschaftsverbindlichkeit drücken werden[19], also die Gläubigerforderung nie zum vollen Nennwert in die Rücklagen kommt. Maßgeblich für die Bestimmung der jeweiligen Verluste ist üblicherweise die letzte Jahresbilanz (§ 3 KapErhG), die gem. § 1 IV KapErhG dem Erhöhungsbeschluß zugrunde gelegt werden muß, um zum Schutze der Gläubiger das tatsächliche Vorhandensein der umzuwandelnden Eigenmittel zu garantieren. Das bedeutet gleichzeitig, daß gem. § 2 I KapErhG auch die umzuwandelnden Rücklagen in dieser letzten Jahresbilanz, sofern die Erhöhung auf einer anderen Bilanz — Erhöhungssonderbilanz gem. § 4 KapErhG — basiert, in beiden, ausgewiesen sein müssen[20]. Folglich muß der Forderungsverzicht bereits vor dem jeweils letzten Bilanzstichtag wirksam werden, um eine aus ihm zu bildende Rücklage noch in die Bilanz einstellen zu können[21]. Weitere, die speziellen Erfordernisse der Bilanz betreffende Voraussetzungen der Erhöhung ergeben sich aus §§ 3, 4 KapErhG.

bb) Nachteile gegenüber der sanierenden Kapitalherabsetzung

Nicht beseitigt wird durch diese Methode das Risiko des verzichtenden Gläubigers, daß aufgrund unerwartet hoher Verluste trotz Forderungsverzichts schließlich nur eine minimale oder gar keine umwandlungsfähige Rücklage in der Bilanz ausgewiesen werden kann[22]. Damit zusammen hängt auch der weitere gravierende Nachteil dieser Konstruktion gegenüber der die Gläubiger unberührt lassenden sanierenden Kapitalherabsetzung, der darin liegt, daß der Nennwert der Beteiligung des verzichtenden Gläubigers stets von der Höhe der eingetretenen Verluste sowie davon abhängig ist, wieviele weitere Gläubiger noch zu dieser Maßnahme bewegt werden können, jedoch — wie soeben erwähnt — nie dem Nennwert der erloschenen Forderung entsprechen wird[23]. Darin zeigt sich, daß auch dieses Sanierungsmittel trotz seiner Vorteile gegenüber dem Forderungsverzicht vom guten Willen der Gläubiger abhängig ist, während die sanierende Kapitalherabsetzung als interne Maßnahme ohne deren Zutun erfolgen kann. Darüber hinaus ist zu bemerken, daß die gesamte Konstruktion, wie die obigen Ausführungen zeigen, zwar sehr aufwendig, um nicht zu sagen umständlich ist, aber dennoch nicht einmal sicher ist, daß dadurch eine bestehende Unterbilanz beseitigt werden kann. Denn dies hängt wiederum von der Höhe der Verluste im Verhältnis zu der wegfallenden Verbindlichkeit ab. So paradox es klingen mag, je höher die

---

[19] Scholz / Priester, Anh. § 57 b, § 2 KapErhG Rn. 11.

[20] Baumbach / Hueck / Zöllner, Anh. § 57 b, § 2 Rn. 4; Fischer / Lutter / Hommelhoff, Anh. § 57 b, § 2 Rn. 1; Hachenburg / Ulmer, § 57 b Anh., § 2 Rn. 10; Scholz / Priester, Anh. § 57 b, § 2 Rn. 7.

[21] Groß, GmbHR 83, 292.

[22] Groß, GmbHR 83, 293.

[23] Vgl. dazu das Beispiel bei Groß, GmbHR 83, 294 f., in dem der Gläubiger eine Forderung in Höhe von 2 Mio. DM hatte und aufgrund des Verlustvortrags von 1,6 Mio. DM nur eine Beteiligung im Nennwert von DM 500 000 erhalten konnte.

Verluste sind und je geringer die dadurch mögliche Kapitalerhöhung ausfällt, um so größer ist die Aussicht auf die Beseitigung der Unterbilanz, was natürlich nicht dem Interesse der verzichtenden Gläubiger entspricht. Schließlich ergibt sich ein erhebliches Risiko für die verzichtenden Gläubiger auch daraus, daß gem. § 9 KapErhG die neuen Anteile dinglich den Altgesellschaftern zustehen, und somit ein Zugriffsobjekt für *deren* Gläubiger darstellen.

Aufgrund dieser doch erheblichen Nachteile, insbesondere Risiken für die Gläubiger, kann die dargelegte Konstruktion der Forderungsumwandlung keine Alternative zu einer funktionsfähigen, sanierenden Kapitalherabsetzung darstellen.

b) Forderungsumwandlung im Zuge einer Barkapitalerhöhung mit anschließender „Verrechnung"

Denkbar wäre auch der Beschluß einer Kapitalerhöhung gegen Bareinlagen, an der sich die Gesellschaftsgläubiger durch Übernahme der neuen Stammeinlagen beteiligen. Nach der Eintragung könnten — von der Verpflichtung der Übernehmer gem. §§ 57 II, 7 II 1, 3 GmbHG, die Mindesteinlage von einem Viertel auf jeden Fall in bar zu erbringen[24], zunächst einmal abgesehen, weil dieser Betrag möglicherweise nach Wirksamkeit der Erhöhung mit zur Tilgung der jeweiligen Gläubigerforderung verwendet werden kann (dazu sogleich unter c)) — die Forderungen der neuen Gesellschafter gegen die Einlageforderung der Gesellschaft im Wege der Aufrechnung gem. §§ 387 ff. BGB „verrechnet" werden.

Dafür kommen 3 Möglichkeiten in Betracht[25]: die einseitige Aufrechnung durch den Neugesellschafter, die einseitige Aufrechnung durch die Gesellschaft sowie ein Aufrechnungsvertrag. Letzterer wird nach allgemeiner Auffassung, soweit es sich um eine zweiseitige, d. h. einverständliche Aufrechnung handelt und nicht um die Verpflichtung der Gesellschaft zu einer künftigen Aufrechnung, der einseitigen Aufrechnung durch die Gesellschaft gleichgestellt, da nicht zu unterscheiden ist, von wem der Anstoß zum Vertrag ausging[26]. Die somit verbleibenden beiden Wege der Aufrechnung unterliegen jedoch im Interesse einer vollständigen und ordnungsgemäßen Aufbringung des ausgewiesenen, erhöhten Stammkapitals und damit des Gläubigerschutzes erheblichen Beschränkungen sowohl gesetzlicher Natur als auch durch Rechtsprechung und Literatur. Es fragt sich daher, ob diese Einschränkungen eine Anwendung der beschriebenen Methode auf eine sanierungsbedürftige GmbH zulassen.

---

[24] Priester, BB 87, 210 f.; Hachenburg / Ulmer, § 7 Rn. 35; Scholz / Winter, § 7 Rn. 28; Baumbach / Hueck, § 7 Rn. 5.

[25] BGHZ 15, 52 (59 f.); Groß, GmbHR 83, 291; Priester, DB 76, 1802; Scholz / Priester, § 56 Rn. 30; Scholz / Schneider, § 19 Rn. 49 ff.

[26] BGHZ 15, 52 (60); Scholz / Schneider, § 19 Rn. 66; Scholz / Priester, § 56 Rn. 30; Priester, DB 76, 1802; Hachenburg / Ulmer, § 19 Rn. 43.

aa) Einseitige Aufrechnung durch die Gesellschafter

Gem. § 19 II 2 GmbHG ist eine Aufrechnung des Gesellschafters gegen die Einlageforderung der GmbH unzulässig. Diese Bestimmung wird, obwohl das Recht der Kapitalerhöhung in § 56 GmbHG nicht ausdrücklich auf sie verweist, nach einhelliger Auffassung auch auf die Einlageforderung aus einer Kapitalerhöhung angewendet[27]. Dadurch soll erreicht werden, daß die Einlageforderung nicht untergeht, wenn die Gegenforderung wegen der wirtschaftlichen Lage der Gesellschaft nicht vollwertig ist[28]. Es wird also die einseitige Aufrechnung des Gesellschafters gerade für die hier relevante Situation der sanierungsbedürftigen Gesellschaft in der Krise mit erheblichen Verlusten ausgeschlossen. Eine Ausnahme von diesem Grundsatz besteht gem. § 19 V GmbHG nur dann, wenn die Forderung aus der Überlassung von Vermögensgegenständen an die Gesellschaft stammt und die Voraussetzungen des § 56 I GmbHG eingehalten worden sind. Letzteres Erfordernis wird jedoch im Rahmen einer Barkapitalerhöhung so gut wie nie erfüllt sein, da es sich dann nicht mehr um eine Barerhöhung, sondern um eine Sachübernahme handelt, die rechtlich wie wirtschaftlich betrachtet zur Sacheinlage gehört[29].

Folglich bleibt es im Normalfall bei der Unzulässigkeit der Aufrechnung des Gesellschafters. Eine dennoch erklärte Aufrechnung entfaltet keine Tilgungswirkung, d. h. die gegenseitigen Forderungen, insbesondere die Einlageverpflichtung des Neugesellschafters in bar, bleiben nach h. M. in vollem Umfange bestehen[30]. Demnach bildet der Weg der Aufrechnung durch den Gesellschafter im Rahmen der Forderungsumwandlung schon von Gesetzes wegen keinen Ersatz für eine sanierende Kapitalherabsetzung.

bb) Aufrechnung durch die Gesellschaft und Aufrechnungsvertrag

Im Gegensatz zur obigen Aufrechnung der Gesellschafter wird diejenige durch die Gesellschaft nicht schon durch das Gesetz für unzulässig erklärt, sondern darin gar nicht erwähnt. Im Umkehrschluß ist daraus die grundsätzliche Zulässigkeit einer Aufrechnung von dieser Seite her angenommen worden[31]. Aus denselben Gründen wie § 19 II 2 GmbHG, nämlich insgesamt zur Sicherung einer effektiven Kapitalaufbringung und zum Schutze der Gläubiger, haben Rechtspre-

[27] Priester, DB 76, 1802; BGHZ 15, 52 (57, 59); Hachenburg / Ulmer, § 56 Rn. 48; Scholz / Priester, § 56 Rn. 31; Rowedder / Zimmermann, § 56 Rn. 21.

[28] Scholz / Schneider, § 19 Rn. 49; Priester, DB 76, 1802.

[29] RGZ 86, 291 (292); Priester, DB 76, 1801 — zur Kapitalerhöhung durch Einbringung der Forderung als Sacheinlage siehe unten d).

[30] RGZ 94, 61 (63); BGH GmbHR 83, 194; Scholz / Schneider, § 19 Rn. 55; Baumbach / Hueck, § 19 Rn. 17; Bergmann, AG 87, 75; Hachenburg / Ulmer, § 19 Rn. 38 — a. A. soweit ersichtlich nur Priester, DB 76, 1805 und in Scholz, Bd. II, § 56 Rn. 36 sowie Möhring, FS für R. Schmidt, S. 92 ff.

[31] Priester, DB 76, 1802; Groß, GmbHR 83, 291.

chung und Literatur jedoch wohlweislich die den Neugesellschafter befreiende Anwendbarkeit dieser Maßnahme in erheblichem Umfang beschränkt.

aaa) Die Merkmale der Rechtsprechung

Demzufolge ist die Aufrechnung der GmbH nach gesicherter Auffassung schon des Reichsgerichts[32], der sich das Schrifttum weitestgehend angeschlossen hat[33], nur zulässig, wenn die Gegenforderung des Gesellschafters fällig, liquide und vollwertig ist, um eine gegen § 19 II 1 GmbHG verstoßende Teilbefreiung des Gesellschafters von seiner Einlagepflicht zu verhindern. Hierbei sind die ersten beiden Merkmale der Fälligkeit, die sich wie üblich nach § 271 BGB richtet, und der Liquidität, die gegeben ist, wenn die Gegenforderung unbestritten ist[34], eindeutig bestimmbar. Sie können auch bei der Forderung gegenüber einem Krisenunternehmen erfüllt sein.

Problematisch, sowohl bezüglich seines Vorliegens bei einer sanierungsbedürftigen Gesellschaft, als auch in rechtlich-dogmatischer Hinsicht, ist dagegen das Kriterium der Vollwertigkeit der Gegenforderung. Nach einer Auffassung soll es genügen, wenn die Verbindlichkeit gegenüber dem Gesellschafter durch entsprechendes Aktivvermögen der Gesellschaft gedeckt ist[35]. Nach der anderen Meinung ist die Vollwertigkeit dagegen nur gegeben, wenn die Gesellschaft im Zeitpunkt der Aufrechnung *alle* fälligen Gesellschaftsschulden einschließlich der betreffenden Forderung des Gesellschafters aus eigenen Mitteln bezahlen kann[36]. Dieser Ansicht ist beizupflichten, da, nach der für die Beantwortung dieser Frage entscheidenden wirtschaftlichen Betrachtungsweise, *sämtliche* fälligen Ansprüche gegen die Gesellschaft jeweils im Wert sinken, wenn die flüssigen Mittel des Unternehmens nicht zu ihrer Befriedigung ausreichen. Sie schränkt die Möglichkeit der Aufrechnung zu Recht gerade für sanierungsbedürftige Gesellschaften sehr stark ein, da diese aufgrund der wirtschaftlichen Lage zumeist auf den tatsächlichen Zufluß neuer Mittel angewiesen sind.

bbb) Die Schranken aus § 19 V GmbHG

Unabhängig von obigem Theorienstreit hat man zur Frage der Anwendbarkeit der Aufrechnung in Sanierungssituationen dem § 19 V GmbHG weitere Schran-

---

32 RGZ 54, 389 (392); 134, 262 (268); BGHZ 15, 52 (59); 42, 89 (93); 90, 370 (373).

33 Hachenburg / Ulmer, § 19 Rn. 38; Groß, GmbHR 83, 291; Priester, DB 76, 1803; Scholz / Schneider, § 19 Rn. 59 ff.; Scholz / Priester, § 56 Rn. 32 ff.; Baumbach / Hueck, § 19 Rn. 18.

34 Scholz / Schneider, § 19, Rn. 61; Priester, DB 76, 1803.

35 RGZ 72, 265 (268); Reuter, BB 78, 1195.

36 RG JW 38, 1400 (1401); BGHZ 90, 370 (373); BGH WM 86, 129 (130); OLG Nürnberg GmbHR 70, 276 (277); Priester, DB 76, 1803 f.; Groß, GmbHR 83, 291; Scholz / Schneider, § 19 Rn. 62; Scholz / Priester, § 56 Rn. 33.

ken entnommen, die, selbst wenn man die Vollwertigkeit der Gegenforderung uneingeschränkt bejahen würde, jede für sich die Verwendung dieser Maßnahme als Ersatz der sanierenden Kapitalherabsetzung ausschließen[37].

Auch die Gesellschaft darf aufgrund der ersten dieser beiden Schranken nicht aufrechnen, wenn die Gegenforderung des Neugesellschafters aus der Überlassung von Vermögensgegenständen stammt — das wird angesichts der Weite dieses Begriffes, der alle nichtgeldlichen Güter umfaßt[38], fast immer der Fall sein. Eine Ausnahme besteht nur dann, wenn die Verrechnung gem. § 56 I GmbHG im Erhöhungsbeschluß festgesetzt ist, was bei einer Erhöhung gegen Bareinlagen, wie oben unter aa) erwähnt, regelmäßig gerade nicht vorkommt. Der Grund der Beschränkung ist darin zu suchen, daß gemäß dem Zweck des § 19 V GmbHG die Umgehung der Sachkapitalaufbringungsvorschriften mittels der Aufspaltung einer tatsächlichen Erhöhung gegen Sacheinlagen in eine Barkapitalerhöhung und ein schuldrechtliches Geschäft verhindert werden soll[39], da dafür angesichts der meist geringen Zahl[40] und der daraus resultierenden engen Verbundenheit der Gesellschafter bei der GmbH eine besondere Gefahr besteht. Aus dem gleichen Grund untersagt die zweite Schranke der Gesellschaft bei Nichtbeachtung des § 56 I GmbHG die Aufrechnung gegenüber *allen* Forderungen der Gesellschafter, ja sogar aus der Gewährung eines Darlehens, das der Gesellschaft bare Mittel in entsprechender Höhe zugeführt hat, die im Zeitpunkt des Entstehens der Einlageschuld schon bestanden[41], und zwar auch, wenn die Entstehung dieser sogenannten „Altforderungen“ in einen Zeitraum gefallen ist, in dem ihre Gläubiger noch nicht Gesellschafter der GmbH waren[42]. Diese zweite Schranke trifft genau auf den hier untersuchten Sachverhalt des Eintritts von Gläubigern in eine Sanierungs-GmbH auf dem Wege der Barkapitalerhöhung mit anschließender Aufrechnung der Gesellschaft zu. Eine dennoch erklärte Aufrechnung ist damit vorliegend wie im Fall derjenigen des Gesellschafters schon von Rechts wegen gänzlich unwirksam.

c) Korrespondierende Zahlungsvorgänge

Ein angesichts der obigen Aufrechnungsverbote häufig praktizierter Ausweg, der in engem Zusammenhang mit obiger „Verrechnung“ von Forderungen steht, könnte darin liegen, daß die Gesellschaftsgläubiger zunächst ihre im Rahmen

---

37 RGZ 86, 291 (293); BGHZ 15, 52 (58); BGH GmbHR 78, 268; OLG Köln GmbHR 85, 57; Groß, GmbHR 83, 291; Priester, DB 76, 1803 f.; Scholz / Priester, § 56 Rn. 37 ff.; Scholz / Schneider, § 19 Rn. 96 ff.; Hachenburg / Ulmer, § 19 Rn. 56 ff.

38 Scholz / Priester, § 56 Rn. 39.

39 Hachenburg / Ulmer, § 19 Rn. 52, 56; Priester, BB 87, 211 und DB 76, 1803.

40 Vgl. oben 2. Kap. II. 3. b).

41 OLG Köln GmbHR 85, 57; Hachenburg / Ulmer, § 19 Rn. 61 f.; Scholz / Schneider, § 19 Rn. 96 ff.; Scholz / Priester, § 56 Rn. 41 f.; Priester, BB 87, 211 und DB 76, 1803 f.

42 Scholz / Schneider, § 19 Rn. 98; OLG Köln GmbHR 85, 57.

der Barkapitalerhöhung übernommenen Einlagen in vollem Umfang erbringen. Nach Eintragung und Wirksamkeit der Erhöhung könnte der jeweils eingezahlte Geldbetrag von der GmbH jedoch alsbald verabredungsgemäß zur Befriedigung der jeweiligen Forderung des Neugesellschafters an diesen zurückgezahlt werden.

Diese Konstruktion des Hin- und Herfließens von Geld stellt allerdings eine Umgehung der soeben erörterten Aufrechnungsverbote des § 19 II 2, V GmbHG dar, die von der h. M. in Ausdehnung der Verbote auf diesen Fall für unzulässig gehalten wird[43]. Abgesehen davon, daß eine derartige Rückzahlung in Sanierungsfällen häufig gegen das Verbot des § 30 GmbHG verstoßen wird, wird beim Vorliegen eines entsprechenden Sachverhalts wohl überwiegend sogar bereits darauf abgestellt, daß das Geld in diesem Falle erst gar nicht in die freie Verfügung der Geschäftsführer gem. § 57 II GmbHG gelangt sei[44]. Vor allem aber ist nach ganz allgemeiner Auffassung durch dieses Vorgehen der Tatbestand einer verdeckten Sacheinlage erfüllt[45]. Wenn auch die Voraussetzungen dieses Instituts im einzelnen noch nicht völlig geklärt sind[46], so ist man sich in Rechtsprechung

---

43 BGHZ 28, 314 (319 f.); Hachenburg / Ulmer, § 19 Rn. 59; Scholz / Priester, § 56 Rn. 44 f.; Baumbach / Hueck, § 19 Rn. 30; Fischer / Lutter / Hommelhoff, § 19 Rn. 28; Groß, GmbHR 83, 291; Priester, DB 76, 1805; wohl auch: Lutter / Hommelhoff / Timm, BB 80, 740.

44 Vgl. etwa: BGHZ 28, 314 (319 f.); OLG Koblenz ZIP 86, 1559 (1561 ff.); LG Mainz ZIP 86, 1323 (1326); Lutter, FS für Stiefel, S. 509 f.; Scholz / Winter, § 7 Rn. 30; Hachenburg / Ulmer, § 7 Rn. 46; für die AG: Kölner Kommentar / Lutter, § 54 Rn. 32; Hefermehl / Bungeroth, § 54 Rn. 50. — Anderer Ansicht sind in jüngerer Zeit K. Schmidt, AG 86, 106 (insbes. S. 112 ff.) sowie Hommelhoff / Kleindiek, ZIP 87, 477 (insbes. S. 485 ff.), die zwischen dem Merkmal der „freien Verfügbarkeit" als Bestandteil der Mittelaufbringung sowie dem Bereich der verdeckten Sacheinlage als Frage der Mittelverwendung unterscheiden. Unter Berücksichtigung der wirtschaftsrechtlichen Praxis, der Normgeschichte und des Normzwecks kommen diese Autoren für die §§ 8 II, 57 II GmbHG und § 54 III AktG zu dem Ergebnis, daß die freie Verfügbarkeit bereits dann gegeben sei, wenn der geschuldete Erhöhungsbetrag bar eingezahlt wird und sich im „Besitz" der Geschäftsführer, d. h. in deren rechtlicher und tatsächlicher Verfügungsmacht, befindet. Folglich wird auch bei der hier angenommenen Sachverhaltsgestaltung die „freie Verfügung" trotz der schuldrechtlich bindenden Verwendungsabrede von ihnen bejaht. Da somit diese Meinung den vorliegenden Fall letztlich ebenfalls dem Bereich der verdeckten Sacheinlagen — nur eben unter dem Aspekt der Mittelverwendung — unterwirft und daher auch zu den gleichen Rechtsfolgen gelangt wie die h. M. — denn die Verneinung der „freien Verfügung" führt ebenfalls zur Nichterfüllung der Bareinlagepflicht des Inferenten, vgl. etwa: Hommelhoff / Kleindiek, ZIP 87, 488 u. K. Schmidt, AG 86, 112 —, erübrigt sich jedoch im vorliegenden Zusammenhang ihre weitere Erörterung.

45 BGH DB 90, 311 (insbes. S. 314); BGH NJW 82, 2444 (2446); OLG Koblenz ZIP 86, 1559 (1562); Lutter, FS für Stiefel, S. 515 f.; Hommelhoff / Kleindiek, ZIP 87, 487; Scholz / Priester, § 56 Rn. 45 und 8 ff.; K. Schmidt, AG 86, 112.

46 So bereits: Hommelhoff / Kleindiek, ZIP 87, 487 Fn. 86 m. w. N. und insbesondere BGH DB 90, 311 (314). Immerhin hat sich der BGH jedoch in dieser letztgenannten Entscheidung in DB 90 der h. M. angeschlossen, daß die Bejahung einer verdeckten Sacheinlage *keine Absicht* zur Umgehung der maßgeblichen Sacheinlagevorschriften voraussetze (so bisher schon: Lutter, FS für Stiefel, S. 512 und Hachenburg / Ulmer, § 19 Rn. 56 m. w. N.). Ob im übrigen aber das Bestehen eines nahen zeitlichen und

und Literatur über seine Anwendung auf den vorliegenden Fall zum Schutze der realen Kapitalaufbringung im Rahmen einer Barkapitalerhöhung und zur Verhinderung einer Umgehung der Sacheinlagevorschriften der §§ 56, 19 V, 5 IV GmbHG einig[45]. Denn wird in zeitlicher Nähe zu einer Kapitalerhöhung, an der sich ein Gesellschaftsgläubiger mit einer Bareinlage beteiligt, dessen Forderung getilgt, so wird von ihm in Wirklichkeit nicht Bargeld geleistet, sondern die Forderung eingebracht und in Kapital umgewandelt, so daß potentielle Gläubiger und der Rechtsverkehr in der Erwartung ungeschmälerter Zuführung neuen Barkapitals getäuscht werden[47].

Entsprechend streng — oder wie *Lutter* sich ausdrückt „ganz und gar katastrophal"[48] — sind die Rechtsfolgen der verdeckten Sacheinlage für den Zeichner der Kapitalerhöhung: gem. §§ 56 II, 19 V GmbHG befreit der schon gezahlte, anschließend von der Gesellschaft zur Tilgung seiner Forderung verwendete Geldbetrag den Zeichner nicht von seiner Bareinlagepflicht, er bleibt vielmehr ohne weiteres zur nochmaligen, vollen Zahlung verpflichtet[49]. Auf der anderen Seite wurde zwar aufgrund der Nichtigkeit des Erwerbsgeschäftes gem. § 138 BGB der Sacheinlagegegenstand durch die GmbH ohne Rechtsgrund erworben und ist nach den Vorschriften der §§ 812 ff. BGB an den Einleger wieder herauszugeben. Bemerkenswert ist aber insoweit, daß dieser Anspruch durch die Schieflage der Gesellschaft in seiner Werthaltigkeit noch erheblich geschmälert wird und im Konkurs als unbevorrechtigte Konkursforderung nur mit der Quote zu befriedigen ist[48].

Daraus wird deutlich, daß ein derartiges — gesetzwidriges — Verfahren zu einem unabschätzbaren Risiko für die Gläubiger wird und daher keine seriöse Alternative zur sanierenden Kapitalherabsetzung darstellen kann.

d) Forderungsumwandlung durch Einbringung der Gläubigerforderung als Sacheinlage (§ 56 GmbHG)

Die letzte Möglichkeit und angesichts der bisherigen Ergebnisse wohl auch praktikabelste Form der Forderungsumwandlung besteht schließlich in dem sofor-

---

sachlichen Zusammenhangs zwischen Tilgung einer Gesellschafterforderung und einer Leistung dieses Gesellschafters auf das Gesellschaftskapital ausreicht (so die wohl überwiegende Auffassung, vgl. etwa: Lutter, FS für Stiefel, S. 514 f.; Hachenburg / Ulmer, § 5 Rn. 139 f.; Baumbach / Hueck, § 5 Rn. 34 und § 19 Rn. 30; Scholz / Priester, § 56 Rn. 9), oder ob darüber hinaus zwischen Bareinleger und dem Vertretungsorgan der Gesellschaft eine den wirtschaftlichen Erfolg des Vorgehens umfassende *Abrede* nötig ist (so etwa: Scholz / Winter, § 5 Rn. 77), wurde vom BGH offen gelassen.

47 BGH DB 90, 311 (313); Lutter, FS für Stiefel, S. 515 f.; Hommelhoff / Kleindiek, ZIP 87, 488.

48 Lutter, FS für Stiefel, S. 517 f.

49 BGH DB 90, 311 (315); OLG Koblenz ZIP 86, 1559 (1562); Hommelhoff / Kleindiek, ZIP 87, 487; Lutter, FS für Stiefel, S. 518; Hachenburg / Ulmer, § 19 Rn. 65; Scholz / Schneider, § 19 Rn. 115.

tigen Beschluß einer Kapitalerhöhung gegen Sacheinlagen, bei der der bisherige Gläubiger nach nahezu einheitlicher Auffassung seine Einlageschuld durch Einbringung seiner Forderung(en) gegen die Gesellschaft begleichen kann[50]. Rechtsdogmatisch erfolgt die Einlage entweder dadurch, daß die Forderung gem. §§ 398 ff. BGB an die Gesellschaft übertragen wird und dort durch Konfusion erlischt, oder dadurch, daß sie zugunsten der Gesellschaft per Erlaßvertrag gem. § 397 I BGB eliminiert wird[51]. Dies führt zu einer Erhöhung des Nettoaktivvermögens und damit je nach Höhe des eingebrachten Forderungsbetrages zur Verringerung oder Beseitigung der Überschuldung, da eine Verminderung der Verbindlichkeiten erfolgt ohne das Aktivvermögen zu verändern. Ob durch dieses Vorgehen dagegen auch eine Unterbilanz beseitigt werden kann, richtet sich im Einzelfall wiederum danach, inwieweit andererseits auf der Passivseite das Stammkapital erhöht wird[52].

Allerdings müssen bei dieser Lösung gem. §§ 56, 57 a, 9 c GmbHG das Prüfungsrecht des Registergerichts sowie die Offenlegung der Sacheinlage in Kauf genommen und insbesondere die Frage beantwortet werden, mit welchem Wert die Forderung auf die Einlageschuld angerechnet werden soll. In der Regel ist dies ihr voller Nennbetrag. Bewertungsschwierigkeiten bestehen jedoch für den hier im Vordergrund stehenden Fall der Unternehmenskrise, da ein Ansatz zum Nominalwert aus Gründen des Gläubigerschutzes nur in Betracht kommt, wenn die eingebrachte Forderung vollwertig ist[53], d. h. ihr tatsächlicher Wert dem Nennbetrag entspricht. Der Begriff „Vollwertigkeit" ist, wie oben bereits festgestellt, streitig, m. E. nach aber auch diesbezüglich nur gegeben, wenn das Vermögen der Gesellschaft ausreicht, um alle ihre Verbindlichkeiten zu befriedigen[54]. Im Krisenfall wird diese Bedingung zumeist nicht erfüllt sein, so daß im Verhältnis zum Nominalbetrag oft erhebliche Wertberichtigungen der Forderung nach unten notwendig sind[55]. Werden diese zu niedrig angesetzt oder gar ganz versäumt bzw. ist die übernommene Stammeinlage zu groß, so trifft den Neugesellschafter

---

50 BGHZ 15, 52 (60); BGH DB 70, 290 und DB 90, 313 bzgl. der AG; Scholz / Winter, § 5 Rn. 48; Hachenburg / Ulmer, § 5 Rn. 44; Baumbach / Hueck, § 5 Rn. 28; Scholz / Priester, § 56 Rn. 24 ff.; Priester, DB 76, 1801 und BB 87, 211; Lutter / Hommelhoff / Timm, BB 80, 740; Groß, GmbHR 83, 293; Lutter, Kapital, S. 233 ff.; a. A. nur v. Carolsfeld, DNotZ 63, 418; Kölner Kommentar / Kraft, 2. Aufl., § 27 Rn. 31 für die AG.

51 BGH DB 90, 313; Flume, DB 64, 21; Priester, DB 76, 1801; Groß, GmbHR 83, 293.

52 Siehe dazu schon oben II. 2. a) bb) dieses Kapitels, wo allerdings die mögliche Erhöhung direkt von den jeweiligen Verlusten abhängig war, während hier je nach Höhe der Verluste entsprechende Wertberichtigungen der Forderung nötig sein können, also nur eine mittelbare Abhängigkeit besteht.

53 Scholz / Priester, § 56 Rn. 24; Scholz / Winter, § 5 Rn. 48; LG Berlin BB 77, 213 f.; Lutter / Hommelhoff / Timm, BB 80, 740; Groß, GmbHR 83, 293.

54 Priester, DB 76, 1802; Groß, GmbHR 83, 293 — im übrigen vgl. zum streitigen Begriff der Vollwertigkeit oben II. 2. b) bb) aaa) dieses Kapitels, sowie Fn. 35 und 36.

55 Lutter / Hommelhoff / Timm, BB 80, 740; Groß, GmbHR 83, 293; LG Berlin BB 77, 213 f.

gem. §§ 56 II, 9 I GmbHG eine Differenzhaftung[56] in bar entsprechend der Höhe der Überbewertung seiner Forderung. Das bedeutet, daß der beitretende Gläubiger auch bei dieser Variante der Forderungsumwandlung das erhebliche Risiko eingeht, nicht nur seine ursprüngliche Forderung zu verlieren, sondern wegen Überbewertung der Sacheinlage diese auffüllen oder neu erbringen zu müssen.

Nachteilig gegenüber einer funktionsfähigen sanierenden Kapitalherabsetzung wirkt sich ferner die lange Zeitdauer aus, die die Prüfungspflicht des Registergerichts bei Sacheinlagen, gegebenenfalls unter Hinzuziehung von Sachverständigen, stets beansprucht. Die Eintragung der Erhöhung, und damit die Wirksamkeit der Maßnahme, wird kaum einmal vor Ablauf von 3 Monaten zu erreichen sein, keinesfalls jedoch innerhalb der Dreiwochenfrist des § 64 I GmbHG[57]. Da zudem auch diese Variante von der Mitarbeit der Gläubiger abhängig ist, deren Engagement angesichts des genannten Risikos, beim Fehlschlagen der Sanierung die Forderung zu verlieren und nicht einmal die Konkurs- oder Vergleichsquote zu erhalten, merklich zurückhaltend sein wird, und ferner die Beseitigung der das Ansehen des Unternehmens so schädigenden Unterbilanz nicht garantiert ist, stellt dieser letztlich günstigste Weg der Forderungsumwandlung, wie ihre Konstruktion insgesamt, ebenfalls keine adäquate Alternative zur sanierenden Kapitalherabsetzung dar.

3. Zuzahlungen der Gesellschafter, aber auch durch Dritte

Ein internes Mittel der Gesellschaft zur Beseitigung einer Unterbilanz oder Überschuldung liegt in der Vereinbarung von freiwilligen Zuzahlungen der Gesellschafter, die darauf abzielen, der GmbH ohne Veränderungen des Stammkapitals und der damit verbundenen Schwierigkeiten die zur Überwindung der Krise notwendigen Mittel zukommen zu lassen. Der Vorteil dieser Maßnahme liegt u. a. in ihrer raschen und einfachen Durchführbarkeit, die sie sogar innerhalb der Dreiwochenfrist des § 64 I GmbHG beendbar macht. Die dogmatische Einordnung dieser Zuschüsse — es handelt sich ohne entsprechende Verpflichtung im Gesellschaftsvertrag weder um Nachschüsse i. S. d. § 26 GmbHG noch um Nebenleistungen gem. § 3 II GmbHG, sondern um andere Leistungen in das haftende, gem. § 30 I GmbHG gebundene Kapital — war bis Inkrafttreten des Bilanzrichtliniengesetzes vom 19. 12. 1985 mangels Erwähnung im Gesetz noch umstritten[58], obwohl ihre Zulässigkeit allgemein anerkannt war[59]. Seit Geltung des

[56] Uhlenbruck, ZIP 80, 515; Schmidt, ZIP 80, 334; Scholz / Priester, § 56 Rn. 68 ff.

[57] Groß, GmbHR 83, 294; Meilicke, DB 89, 1068.

[58] Schmidt, ZGR 82, 526 mit Fn. 41; Hachenburg / Goerdeler, § 26 Rn. 14; Scholz / Emmerich, § 26 Rn. 7; RGZ 81, 368 (370 f.).

[59] Priester, FS für Fleck, S. 232; ders., ZGR 77, 463; Döllerer, BB 86, 1857; Schmidt, ZGR 82, 526; Scholz / Priester, § 58 Rn. 88 ff.; Hachenburg / Ulmer, § 58 Rn. 86 ff.; Scholz / Emmerich, § 26 Rn. 7.

Bilanzrichtliniengesetzes sind derartige Zuschüsse als Kapitalrücklagen gem. § 272 II Nr. 3 oder Nr. 4 HGB auszuweisen, je nachdem, ob der leistende Gesellschafter dafür bestimmte Vorzugsrechte erhalten soll oder nicht[60] (dazu sogleich unten), womit die Frage geklärt ist.

Allerdings hat auch dieser unkompliziert anmutende, nur durch formlose Vereinbarung der Gesellschafter und ohne Satzungsänderung[61] durchführbare Lösungsweg einen Haken. Völlig reibungslos funktioniert dieser Weg nur, wenn *alle* Gesellschafter im Verhältnis ihrer Anteile zu solchen Zuzahlungen ins Kapital bereit sind, weil die Zuzahlungen freiwilliger Natur sind und nach einem im Gesellschaftsrecht allgemein gültigen Grundsatz, der für Satzungsänderungen in § 53 III GmbHG zum Ausdruck kommt, den Gesellschaftern nicht ohne ihre Zustimmung vermehrte Leistungspflichten aufgebürdet werden können[62]. Einfach gelagert ist der Fall natürlich auch, wenn ein Mehrheitsgesellschafter zu Zuzahlungen ohne Gegenleistung der Gesellschaft bereit ist.

Problematischer ist die Lage, sofern sich, wie häufig, *nicht alle* Gesellschafter zu Zuschüssen bereitfinden oder aufgrund ihrer eigenen Wirtschaftslage dazu nicht fähig sind[63]. In dieser Situation ist zu unterscheiden, ob die Maßnahme allein mit daran interessierten Gesellschaftern — v. a. Mehrheitsgesellschafter — durchgezogen werden kann, oder ob die Zuzahlungen ganz oder teilweise durch Dritte erbracht werden sollen. Im ersteren Fall werden Gesellschafter dazu nur bereit sein, wenn sie für ihr verstärktes Engagement in der Krise einen Ausgleich erhalten[64]. Das kann über die Gewährung von Vorzügen bezüglich der künftigen Gewinn- und Vermögensverteilung gem. §§ 29 III, 72 Satz 2 GmbHG erfolgen, die jedoch eines satzungsändernden Mehrheitsbeschlusses bedürfen, der das Prinzip der Gleichbehandlung der Gesellschafter — die Vorrechte müssen wertmäßig in etwa den Zuzahlungen entsprechen — zu beachten hat[65]. Eine Herabsetzung der Anteile der nicht zuzahlenden Gesellschafter erscheint dagegen im Hinblick auf § 34 II GmbHG als nicht zulässig.

Im Fall der Zuzahlung durch Dritte müssen die Dritten als Äquivalent ihrer Zuzahlungen Geschäftsanteile erhalten. Dazu bedürfte es an sich wiederum einer Kapitalerhöhung und, da die Anteile einer sanierungsbedürftigen und überschuldeten Gesellschaft sonst wirtschaftlich uninteressant sind, einer gleichzeitigen

---

60 Döllerer, BB 86, 1858; Küting / Weber, § 272 Rn. 56 f., die allerdings auch weiterhin eine Verbuchung direkt über die GuV-Rechnung als außerordentlichen Ertrag für möglich halten, wie es bereits vor Geltung des § 272 HGB üblich war (siehe Döllerer, BB 86, 1857 1. Sp.).

61 Scholz / Priester, § 58 Rn. 88; Hachenburg / Ulmer, § 58 Rn. 86.

62 Hachenburg / Ulmer, § 53 Rn. 67; Wiedemann, ZGR 77, 692 f.

63 Priester, FS für Fleck, S. 233; Schmidt, ZGR 82, 526; Hachenburg / Ulmer, § 58 Rn. 87 f.

64 Lutter / Hommelhoff / Timm, BB 80, 745; Priester, FS für Fleck, S. 233.

65 RGZ 76, 155 (158); Hachenburg / Ulmer, § 58 Rn. 87; Scholz / Priester, § 58 Rn. 89.

Herabsetzung. Eine Vermeidung der Satzungsänderungen ist an dieser Stelle, soweit ersichtlich, nur dadurch möglich, daß die Gesellschafter Teile ihrer eigenen Geschäftsanteile in Höhe der Zuzahlung unentgeltlich an die Dritten übertragen[66]. Diese Lösung ist jedoch gleichfalls, ebenso wie die rein gesellschaftsinterne, nicht durch Mehrheitsbeschluß erreichbar, sondern nur durch die Zustimmung *aller* Gesellschafter[66], da bei Abtretung nur durch einzelne Gesellschafter wiederum ein Ausgleich unter den Gesellschaftern erfolgen müßte.

Zu Recht hat *Schmidt* deshalb festgestellt, daß diese Sanierungsmethode versage, wenn kein allgemeiner Konsens in der Gesellschaft vorhanden sei[67]. Sie sei folglich in der rechtlichen und rechtspolitischen Diskussion zu vernachlässigen. Dieser Auffassung kann nur beigepflichtet werden, da das Zustandekommen dieses Sanierungsinstrumentes infolge des Erfordernisses der größtmöglichen Zustimmung der Gesellschafter und deren abverlangter Opferbereitschaft sehr unsicher ist. Es bildet deshalb keinen gleichwertigen Ersatz einer sanierenden Kapitalherabsetzung.

4. Kapitalersetzende Darlehen der Gesellschafter

Anstatt durch eine sanierende Kapitalherabsetzung könnten die Unterbilanz oder eine Überschuldung intern auch durch kapitalersetzende Gesellschafterdarlehen beseitigt werden[68]. Dadurch würden der Gesellschaft auf relativ einfache Weise — ähnlich der Gewährung von Zuschüssen, nur daß bei hiesiger Lösung der einzelne Gesellschafter im Falle des Gelingens der Sanierung einen Rückzahlungsanspruch hätte, was sie attraktiver macht — die nötigen Mittel zur Verfügung gestellt werden, ohne daß auf der anderen Seite das Stammkapital verändert werden müßte oder zusätzliche Verbindlichkeiten entstünden. Diese Methode ermöglicht ein schnelles Reagieren auf den Eintritt der Krise.

Doch nicht jedes Darlehen, das ein Gesellschafter der GmbH gewährt, hat kapitalersetzenden Charakter, d. h. wird dem Stammkapital gleichgestellt[69]. Genau so gut kann es als herkömmliches Drittdarlehen zu behandeln sein, das der Gesellschaft zwar zumeist ebenfalls dringend benötigte, liquide Mittel zuführt, das aber insofern unnütz die Bilanz verlängert, als es infolge der gleichzeitig entstehenden Verbindlichkeit in Darlehenshöhe die Unterbilanz nicht vermindern oder beseitigen kann. Es erhebt sich folglich die Frage, wann ein Gesellschafterdarlehen als kapitalersetzend zu qualifizieren ist.

---

66 Scholz / Priester, § 58 Rn. 90; Hachenburg / Ulmer, § 58 Rn. 88.

67 Schmidt, ZGR 82, 526.

68 Vgl. etwa: BGHZ 31, 258 (268); Lutter / Hommelhoff / Timm, BB 80, 741; Menger, GmbHR 82, 227; Uhlenbruck, ZIP 80, 333; ders., GmbHR 82, 141 f.

69 BGHZ 76, 326 (330); Fischer / Lutter / Hommelhoff, §§ 32 a / b Rn. 10; Hachenburg / Ulmer, §§ 32 a / b Rn. 6, 39.

a) Die Einstufung des Gesellschafterdarlehens als Kapitalersatz

Die diesbezüglich entscheidenden Grundsätze wurden insbesondere von der Rechtsprechung[70] in Zusammenarbeit mit der Literatur[71] entwickelt, und teilweise von der GmbH-Novelle vom 4. 7. 1980 in den §§ 32 a, b GmbHG übernommen, die jedoch nur die Behandlung derartiger Darlehen im Konkurs- und Vergleichsverfahren ausdrücklich regeln[72]. Nach nahezu einhelliger, höchstrichterlich bestätigter Auffassung gelten aber diese umfassenderen Grundsätze darüber hinaus neben den gesetzlichen Spezialvorschriften der §§ 32 a, b GmbHG weiter fort[73].

Aufgrund der gesetzlichen Regelung ist für die Qualifizierung eines Darlehens als kapitalersetzend maßgebend, daß es in einem Zeitpunkt gewährt wurde, in dem der Gesellschafter als ordentlicher Kaufmann seiner GmbH Eigenkapital zugeführt hätte (§ 32 a I 1 GmbHG). Dieses relativ ungenaue Tatbestandsmerkmal wird insbesondere durch das schon vor der Novelle entwickelte Kriterium der „Kreditunwürdigkeit" der Gesellschaft ausgefüllt. Danach ist die Grenze zum Kapitalersatz überschritten, wenn die Gesellschaft im Moment der Darlehensgewährung von dritter Seite ohne Besicherung durch einen Gesellschafter zu marktüblichen Bedingungen keinen Kredit mehr erhalten würde und ohne die Gewährung eines Darlehens oder die Zuführung von Eigenkapital zu liquidieren wäre[74]. Das Erfordernis einer subjektiven Kenntnis des kreditgebenden Gesellschafters um diese Situation ist mit der h. M. zu verneinen[75], da es bei der Thematik der §§ 32 a, b GmbHG nicht um ein Verbot absichtlicher Gläubigerschädigung geht, sondern um die objektiv funktionsgerechte Qualifizierung von der Gesellschaft als Darlehen überlassenen Mitteln im Gläubigerinteresse. Auf der Grundlage dieses Maßstabes sind im vorliegenden Zusammenhang der Substitution einer sanierenden Kapitalherabsetzung die nachfolgenden, unterschiedlichen Fallgruppen eines Gesellschafterdarlehens denkbar.

---

[70] BGHZ 31, 258 (268 ff.); 75, 334 (336 f.); 76, 326 (330); 81, 252 (255); 81, 311 (317 f.); 81, 365 (367).

[71] Lutter / Hommelhoff, ZGR 79, 31 ff.; Hachenburg / Ulmer, Anh. § 30 Rn. 68 ff., 77 m. w. N.; v. Caemmerer, FS für Sanders, S. 20 ff. m. w. N.

[72] Eder, Rn. 541.1.

[73] BGHZ 90, 370 (376 ff., 380); BGH WM 87, 284 (285 f.); OLG Hamburg GmbHR 86, 232 (233); Raiser, S. 274 f.; Baumbach / Hueck, § 32 a Rn. 72 ff. (74); Fischer / Lutter / Hommelhoff, §§ 32 a / b Rn. 4, 9; Hachenburg / Ulmer, §§ 32 a / b Rn. 11, 43; Scholz / Schmidt, §§ 32 a / b Rn. 12, 70; Scholz / Westermann, Einl. Bd. 1 Rn. 48; Schmidt, § 37 IV 1. b; Menzel, AG 82, 198 f.; Priester, FS für Döllerer, S. 480; Geßler, BB 80, 1391; — a. A.: K. Müller, GmbHR 82, 39 f.

[74] BGHZ 76, 326 (329 ff.); 81, 311 (317 ff.); 81, 365 (367); 95, 188 (194); BGH BB 85, 1813; Lutter / Hommelhoff, ZGR 79, 39 f.; Scholz / Schmidt, §§ 32 a / b Rn. 32; Schmidt, § 37 IV 2. b).

[75] BGH NJW 82, 383 (384); Scholz / Schmidt, §§ 32 a / b Rn. 37; Baumbach / Hueck, § 32 a Rn. 49; Hachenburg / Ulmer, §§ 32 a / b Rn. 54; Roth, § 32 a Anm. 2.3; Ulmer, ZIP 84, 1163 (1167).

aa) Sanierungskredite der Gesellschafter

Wird das Darlehen zur Beseitigung bereits vorliegender oder unmittelbar bevorstehender Konkursmerkmale i. S. d. §§ 63 I, 64 I GmbHG gegeben, d. h. zur Abwendung eines Konkurs- oder Vergleichsverfahrens, so handelt es sich bei diesem *Sanierungskredit* geradezu um den klassischen Fall eines kapitalersetzenden Darlehens[76], das *kraft zwingenden Rechts* dem haftenden Kapital gleichgestellt wird. Denn es ist den Gesellschaftern aufgrund ihrer Finanzierungsfreiheit nicht verwehrt, in einem Moment, in dem die Gesellschaft an sich der Zuführung neuer Eigenmittel, in der Regel im Wege einer Kapitalerhöhung, bedarf, stattdessen — z. B. aus steuerlichen Gründen — Kredite zu geben[77], da es eine Verpflichtung zur Ausstattung mit angemessenem Eigenkapital nicht gibt. Es darf aber auf diese Weise im Interesse der Gläubiger nicht der Grundsatz der Kapitalsicherung umgangen werden, weshalb die Kredite gemäß ihrer Finanzierungsfunktion bis zur nachhaltigen Erreichung des Sanierungszweckes als Haftkapital anzusehen sind.

Allerdings geht die durch das Merkmal der Kreditunwürdigkeit gezogene Grenze noch weiter als die im hiesigen Kontext am häufigsten vorkommende Fallgruppe des Sanierungskredits. Das bedeutet, daß die Krise der Gesellschaft keinesfalls immer schon bis in das Stadium der Überschuldung fortgeschritten sein muß. Auf der anderen Seite ist das alleinige Vorliegen einer Unterbilanz für die Einstufung eines Darlehens schon von Gesetzes wegen als kapitalersetzend nicht ausreichend[78], da nicht auszuschließen ist, daß die Gesellschaft dennoch Kredit zu angemessenen Bedingungen von Dritten erhält. Freilich bildet sie im Hinblick darauf, daß die Kreditunfähigkeit im Nachhinein meist nur aufgrund von Indizien festgestellt werden kann, ein wichtiges Anzeichen für deren Vorliegen[79], und damit für die Bejahung des kapitalersetzenden Charakters des Darlehens.

bb) Das Stehenlassen von Krediten der Gesellschafter

Ein im gegenwärtigen Rahmen seltenerer Fall ist derjenige, daß der Gesellschafter ein der GmbH in wirtschaftlich gesunden Zeiten gewährtes Darlehen im Zeitpunkt der Kreditunwürdigkeit trotz Fälligkeit beläßt oder eine mögliche

---

76 BGHZ 31, 258 (268 ff., insbesondere 272); 75, 334 (336); Roth, § 32 a Anm. 2.2; Hachenburg / Ulmer, §§ 32 a / b Rn. 56; Scholz / Schmidt, §§ 32 a / b Rn. 33; Fischer / Lutter / Hommelhoff, §§ 32 a / b Rn. 21; Baumbach / Hueck, § 32 a Rn. 44; v. Gerkan, GmbHR 86, 221; Schmidt, § 37 IV 2. a).

77 BGHZ 31, 258 (268); 76, 326 (330); Scholz / Schmidt, §§ 32 a / b Rn. 4; Schmidt, § 18 III 1. b).

78 OLG Hamm DB 86, 2320 (2321); Baumbach / Hueck, § 32 a Rn. 45; Hachenburg / Ulmer, §§ 32 a / b Rn. 58; Scholz / Schmidt, §§ 32 a / b Rn. 34 — a. M. Geßler, ZIP 81, 232.

79 Insbesondere Scholz / Schmidt, §§ 32 a / b Rn. 34; allgemein: Hachenburg / Ulmer, §§ 32 a / b Rn. 52; v. Gerkan, GmbHR 86, 219 f.

Kündigung nicht herbeiführt. Denn die Gesellschaft ist zwar trotz Hingabe des Darlehens in die Krise geraten und bedarf eigentlich der Zuführung neuer Mittel, weshalb in erster Linie der darauf gerichtete Sanierungskredit in Betracht kommt. Dennoch ist die Einleitung einer Sanierung auch mit dieser Konstellation des Stehenlassens von Krediten denkbar, weil im Zeitpunkt der Krise insofern kein Unterschied zur erstmaligen Darlehensvergabe besteht, als der Gesellschaft in beiden Fällen Kapital zur Nutzung überlassen wird, das ihr ohne die an sich erforderliche Zufuhr von Eigenkapital die weitere Teilnahme am Geschäftsverkehr ermöglicht. Daher wird dieser Sachverhalt nach heute ganz überwiegender Auffassung der Neugewährung eines Darlehens gleichgestellt und somit ebenfalls *von Gesetzes wegen* als kapitalersetzend beurteilt[80].

Umstritten ist generell, welche Voraussetzungen an ein „Stehenlassen" des Darlehens zu knüpfen sind. Ist eine zumindest konkludente Finanzierungsabrede zwischen dem Gesellschafter und der GmbH zu fordern[81], oder aber eine subjektive Kenntnis bzw. ein Kennenmüssen des Gesellschafters hinsichtlich der Finanzlage der Gesellschaft[82] oder als härteste Lösung keines von beiden Merkmalen[83]? Einig ist man sich jedenfalls darüber, daß eine ausdrückliche Kreditverlängerung[84] sowie die ihr gleichstehende Stundung des fälligen Darlehensrückzahlungsanspruchs[85] kapitalersetzenden Charakter haben. Darüberhinaus kann die Beantwortung dieser Frage hier offen bleiben, da in den Fällen, in denen diese Lösung als Ersatz der sanierenden Kapitalherabsetzung in Betracht kommt, auf-

---

80 BGH GmbHR 89, 19 (24); BGH WM 87, 284 (285); BGH BB 85, 424 (425); Fischer / Lutter / Hommelhoff, §§ 32 a / b Rn. 27 ff.; Hachenburg / Ulmer, §§ 32 a / b Rn. 22, 24; Scholz / Schmidt, §§ 32 a / b Rn. 39; Roth, § 32 a Anm. 5.2; Hill / Schäfer, BB 89, 461 f.; Fleck, FS für Werner, S. 107, 110 f.; Lutter / Hommelhoff, ZGR 79, 34; Lutter, DB 80, 1321; Priester, FS für Döllerer, S. 481; Schmidt, § 37 IV 2. b); Ketzer, S. 137 ff.; bereits vor der GmbH-Novelle: BGHZ 75, 334 (336 ff.); 81, 311 (317 f.); 81, 252 (256 f.); 81, 365 (367).

81 So der wohl überwiegende Teil der Literatur: Baumbach / Hueck, § 32 a Rn. 38; Schmidt, § 37 IV 2. b); ders. in Scholz, Bd. I, §§ 32 a / b Rn. 40; ders., ZIP 81, 692; Geßler, BB 80, 1391; Hachenburg / Ulmer, §§ 32 a / b Rn. 27; v. Gerkan, GmbHR 86, 221.

82 Fischer / Lutter / Hommelhoff, §§ 32 a / b Rn. 29; Raiser, S. 274; Menzel, AG 82, 200; Timm, GmbHR 80, 291 in Fußn. 63; Kölner Kommentar / Lutter, § 57 Rn. 96; Ketzer, S. 149 f.; OLG Hamburg GmbHR 86, 88 (89); vom BGH wurde das Erfordernis dieses Merkmals sowohl in GmbHR 85, 355 (356) als auch zuletzt in GmbHR 89, 19 (24) offengelassen.

83 Wiedemann, ZIP 86, 1297; Hill / Schäfer, BB 89, 461 f.; Farrenkopf / Cahn, AG 83, 155 f.; Hommelhoff, Haftung bei unternehmerischer Beteiligung, S. 30; Bartl / Henkes, § 32 a Rn. 348; OLG Hamburg, WM 84, 1088 (1089).

84 BGHZ 81, 311 (317 f.); BGH ZIP 85, 158; Scholz / Schmidt, §§ 32 a / b Rn. 41; Hachenburg / Ulmer, §§ 32 a / b Rn. 25; Ulmer, ZIP 84, 1168 und GmbHR 84, 259; Ketzer, S. 140.

85 Schmidt, NJW 77, 107; Lutter / Hommelhoff, ZGR 79, 34; Fleck, FS für Werner, S. 111; Kamprad, S. 39 f.; Baumbach / Hueck, § 32 a Rn. 35; Scholz / Schmidt, §§ 32 a / b Rn. 41; Ulmer, GmbHR 84, 259; Hachenburg / Ulmer, §§ 32 a / b Rn. 26; Roth, § 32 a Anm. 5.2; Menger, GmbHR 82, 227; Ketzer, S. 139.

grund der Informationsrechte und -pflichten der Gesellschafter sowie entsprechender Verpflichtungen der Geschäftsführung in der Regel beide Merkmale vorliegen, so daß das Stehenlassen des Darlehens, gleich welcher Auffassung man folgt, im vorliegenden Zusammenhang kapitalersetzend wirkt.

cc) Kapitalersatz aufgrund Rangrücktrittsvereinbarung

Den schließlich letzten Fall im gegenwärtigen Zusammenhang der Beurteilung eines Darlehens als Kapitalersatz bildet derjenige einer ausdrücklichen „Rangrücktrittsvereinbarung" zwischen kreditgebendem Gesellschafter und der Gesellschaft. Darin erklärt der Gesellschafter, daß sein Anspruch auf Rückzahlung des Darlehens hinter die Forderungen aller übrigen Gläubiger der GmbH zurücktreten und nur aus einem etwaigen Liquiditätsüberschuß oder aus Bilanzgewinn bzw. — je nach Formulierung — die Schulden der Gesellschaft übersteigendem Aktivvermögen getilgt werden soll[86]. In eindeutigen Sanierungsfällen kann der Rangrücktritt bereits konkludent in der Darlehenshingabe enthalten sein[87]. Auf diese Weise kann jedes Gesellschafterdarlehen schon von vornherein, auch wenn es von Gesetzes wegen nicht eindeutig so einzuordnen wäre, *freiwillig* durch den Gesellschafter selbst zu einem kapitalersetzenden gemacht werden.

b) Folgen der Einstufung als Kapitalersatz

Gem. § 32 a I 1 GmbHG kann der Gesellschafter die Forderung aus einem kapitalersetzenden Darlehen im Konkurs- oder Vergleichsverfahren über das Vermögen der Gesellschaft nicht geltend machen. Wird das Darlehen zurückgezahlt und muß binnen Jahresfrist doch noch die Konkurseröffnung beantragt werden, so kann die Erstattung der Rückzahlung mittels Anfechtung gem. §§ 37, 32 a KO oder §§ 7, 3 b AnfG verlangt werden. Diese vom Gesetzgeber ursprünglich als abschließend gedachte[88] Spezialregelung ist infolge ihrer Beschränkung auf das Insolvenzverfahren sowohl rechtsdogmatisch als auch wegen der zu kurzen Jahresfrist mißglückt, weil sich aus ihr vor Eröffnung des Konkursverfahrens aus dem kapitalersetzenden Charakter keine direkten rechtlichen Konsequenzen ergeben, die Rückzahlung in diesem Zeitpunkt also gestattet wäre. Deshalb werden auch diesbezüglich weiterhin die hauptsächlich von der Rechtsprechung für das Recht vor der GmbH-Novelle 1980 entwickelten Grundsätze angewendet[89].

---

86 BGH GmbHR 87, 188; BGH ZIP 82, 563 (565 f.); Priester, DB 77, 2430 f.; Lutter / Hommelhoff / Timm, BB 80, 741 f.; Schmidt, § 18 III 2.; Scholz / Schmidt, §§ 32 a / b Rn. 77; Baumbach / Hueck, § 32 a Rn. 55.

87 Scholz / Schmidt, § 63 Rn. 27; Lutter / Hommelhoff / Timm, BB 80, 742.

88 Begründung des Regierungsentwurfs 1977, BR-Drucksache 404 / 77, S. 39 f.

89 Vgl. dazu oben Fn. 74 dieses Kapitels.

Danach unterliegt das Darlehen ab dem Zeitpunkt seiner Kapitalersatzfunktion und unabhängig von einem Insolvenzverfahren in der Höhe, in der es eine Unterbilanz oder Überschuldung abdeckt[90], der Auszahlungssperre des § 30 GmbHG[91] solange, bis es seine kapitalersetzende Funktion infolge Besserung der Wirtschaftslage der GmbH verliert und dadurch entsperrt ist. Trotz der Sperre zurückgezahlte Darlehen können somit vom Empfänger nach § 31 I GmbHG wieder herausgefordert werden. Diese Norm ist wesentlich umfassender als §§ 32 a KO, 3 b AnfG und bis auf die fünfjährige Verjährungsfrist gem. § 31 V GmbHG an keinerlei Fristen gebunden. Damit wird der Darlehensbetrag, seiner Funktion als „nachrangiges Haftkapital"[92] entsprechend, hinsichtlich seiner Rückzahlbarkeit an die Gesellschafter wie Stammkapital behandelt.

Das bedeutet jedoch nicht gleichzeitig, und dies ist vorliegend von entscheidender Bedeutung, daß das kapitalersetzende Darlehen automatisch auch bilanzrechtlich haftendem Stammkapital gleichzustellen wäre, also in einer Bilanz oder im Überschuldungsstatus wie das Eigenkapital rechnerisch aus den Passiva auszuklammern wäre[93]. Doch nur dann käme man unmittelbar zu der gewünschten Folge der Aufhebung oder Verminderung einer Überschuldung, während sonst das Darlehen wie ein herkömmliches wirken würde. Die Frage der Passivierung kapitalersetzender Darlehen wird unterschiedlich beurteilt[94], wobei die höchstrichterliche Rechtsprechung die Beantwortung dieses Problems bisher mit dem Hinweis offen gelassen hat, daß eine Passivierung nach allgemeiner Auffassung jedenfalls dann entbehrlich sei, wenn zwischen der Gesellschaft und dem kreditgebenden Gesellschafter ein Rangrücktritt in obigem Sinne[95] vereinbart worden sei[96]. Zu folgen ist der wohl herrschenden Auffassung einer Passivierungspflicht, da derartige Darlehen nach den gefestigten Grundsätzen der Rechtsprechung, d. h. vor allem wegen § 30 GmbHG, *ausschließlich* bezüglich der *Rückzahlbarkeit* wie Stammkapital behandelt werden sollen, nicht dagegen in sonstiger Hinsicht — so gewähren sie z. B. keine vermehrten Gesellschafterrechte. Demnach ist bei *jedem* Darlehen, das zu Sanierungszwecken gewährt wird,

90 BGHZ 90, 370 (376); 76, 326 (335); Roth, § 32 a Anm. 3.5.1.; Rowedder, § 32 a Rn. 12; Baumbach / Hueck, § 32 a Rn. 77.

91 Grundlegend: BGHZ 31, 258 (272 f.); ferner: BGHZ 76, 326 (335); 81, 365 (366 f.); 90, 370 (376).

92 So erstmals: Lutter / Hommelhoff, ZGR 79, 52 ff.

93 BGH BB 59, 754; Scholz / Schmidt, § 63 Rn. 26.

94 Für eine grundsätzliche Passivierungspflicht die wohl überwiegende Meinung: OLG Hamburg BB 86, 1817 (1818 f.); LG München I ZIP 83, 66 (67); Hachenburg / Ulmer, § 63 Rn. 41; Roth, § 32 a Anm. 3.1.; Scholz / Schmidt, §§ 32 a / b Rn. 54, 79 und § 63 Rn. 26 f.; Baumbach / Hueck, § 32 a Rn. 12; Meyer-Landrut, § 63 Rn. 3; Peters, WM 88, 692; Lutter / Hommelhoff / Timm, BB 80, 741 f.; Schmidt, ZIP 80, 333 f.; Priester, DB 77, 2431 f. — a. A. sind: OLG München NJW 66, 2366 f.; Rowedder, § 63 Rn. 14; Fischer / Lutter / Hommelhoff, § 63 Rn. 7; Joecks, BB 86, 1681 f.

95 Vgl. soeben II. 4. a) cc) dieses Kapitels.

96 BGH GmbHR 87, 188.

gleich, ob es bereits von Gesetzes wegen kapitalersetzend wirkt oder nicht, eine freiwillige Rangrücktrittsvereinbarung abzuschließen, wenn die Gesellschafter — ausnahmsweise auch zu ihren Gunsten — auf diese Weise in der Krise sicherstellen wollen[97], daß das Darlehen seinen Sanierungszweck auch erreicht.

c) Bewertung im Verhältnis zur sanierenden Kapitalherabsetzung

Gemessen an den bisher erörterten Ersatzlösungen erscheint das kapitalersetzende Darlehen als der in jeder Hinsicht vernünftigste und einfachste Weg zur Beseitigung von Unterbilanz und Überschuldung, der, wie zahlreiche Urteile und die umfangreiche Literatur belegen, sehr häufig von der Praxis in Anspruch genommen wird. Dennoch weist auch diese Lösung gegenüber einer sanierenden Kapitalherabsetzung in entsprechender Form keine Vorteile, sondern eher Nachteile auf, wie folgende Überlegungen zeigen.

Dem einzelnen Gesellschafter wird hier ein erheblich höheres Maß an Opferbereitschaft abverlangt als bei der kombinierten Kapitaländerungsmaßnahme, da — wie Kritiker der strengen Behandlung von Darlehen als Kapitalersatz richtigerweise ausgeführt haben[98] — die aufgrund des nötigen Rangrücktritts nun sogar absolut sichere Qualifizierung als kapitalersetzend als außerordentlich hohe psychologische und wirtschaftliche Hemmschwelle aus der Sicht des Gesellschafters gegen eine Darlehenshingabe spricht. Demgegenüber führt die sanierende Kapitalherabsetzung regelmäßg zunächst zu einer im Verhältnis der Geschäftsanteile gleichmäßigen Verminderung des Nennbetrages der Anteile *aller* Gesellschafter, d. h. es werden die Verluste auf diejenigen verteilt, die sie verursacht haben, und das nominelle Stammkapital wird der wahren Wirtschaftslage der GmbH angepaßt[99]. Zwar gehen dadurch die Anteile der einzelnen Gesellschafter zumindest zu einem großen Teil verloren, doch waren sie aufgrund der Krise des Unternehmens ohnehin nicht(s) mehr wert. Dieser Umstand wird aber dadurch ausgeglichen, daß diese Maßnahme im Gegensatz zum kapitalersetzenden Darlehen für „reinen Tisch" sorgt. Auf dieser soliden Grundlage kann der einzelne Gesellschafter entscheiden, ob er im Rahmen der gleichzeitigen Kapitalerhöhung zur Übernahme neuer Anteile, die im Prinzip nicht mehr von ihm verlangt als die Gewährung eines kapitalersetzenden Darlehens voraussetzen würde, bereit ist. Hat die Sanierung Erfolg, kann der Gesellschafter aus seinem Anteil Gewinne ziehen, falls nicht, haftet freilich das gesamte Kapital den Gläubigern. Letzteres verhält sich beim kapitalersetzenden Darlehen gleich, aber im Falle des Gelingens der Konsolidierung hat der Gesellschafter hier *keine* weiteren Gewinnchancen, sondern stattdessen einen einmaligen Anspruch auf Rückerstattung der Mittel

97 So ähnlich bereits: Schmidt, ZIP 80, 334.

98 Uhlenbruck, GmbHR 82, 142 ff.; H. P. Westermann, ZIP 82, 386 ff.; Menzel, AG 82, 199 ff.

99 Vgl. dazu bereits oben, 1. Kapitel, II. 2.

aus § 609 BGB[100]. Dies könnte langfristig betrachtet als Nachteil gegenüber der sanierenden Kapitalherabsetzung angesehen werden.

Als dennoch verbleibenden Vorteil eines Darlehens könnte man anführen, daß es unkomplizierter und daher schneller durchführbar ist als eine kombinierte Kapitalveränderung, die in jedem Falle entsprechender Beschlüsse der Gesellschafterversamlung und der Eintragung ins Handelsregister gem. §§ 53, 54 GmbHG bedarf. Dieser auf den ersten Blick einleuchtende Gedanke erweist sich jedoch als nicht haltbar. Selbst wenn man der Anregung, die Aufnahme kapitalersetzender Gesellschafterdarlehen zum Schutze der gesellschafterlichen Minderheit ebenfalls von einem mit qualifizierter Mehrheit gefaßten Gesellschafterbeschluß abhängig zu machen[101], nicht folgt, ergibt sich dennoch auch insoweit die Erforderlichkeit eines Gesellschafterbeschlusses. Denn wenn, wie zumeist, nicht alle Gesellschafter der GmbH ein solches Darlehen entsprechend ihrem Anteil gewähren, können die kreditgebenden Gesellschafter für ihr risikoreiches Engagement in der Krise ähnlich wie bei den Zuzahlungen eine entsprechende Vorzugsregelung erwarten[102]. Damit ist der Zeitvorteil des kapitalersetzenden Gesellschafterdarlehens bis auf ganz wenige zu vernachlässigende Ausnahmefälle egalisiert.

Der entscheidende Nachteil dieser Lösung gegenüber einer sanierenden Kapitalherabsetzung besteht allerdings darin, daß sie mangels jeglicher Publizität nach außen die tatsächliche, schlechte Wirtschaftslage der Gesellschaft zum Nachteil ihrer Gläubiger nahezu völlig verheimlicht und damit unlauteren Machenschaften Vorschub leistet. Zwar wird gerade aus diesem Grunde ein Darlehen gem. §§ 30, 31 GmbHG als kapitalersetzend behandelt, doch bietet auch diese strenge und konsequente Vorgehensweise keine Garantie für den Erfolg der Sanierungsmaßnahme. Vielmehr besteht trotzdem aufgrund des stark beschönigten Bildes der Gesellschaft nach außen die Gefahr, daß im Verlaufe der weiteren, unveränderten Teilnahme am Geschäftsverkehr zum einen die zugeführten Mittel einschließlich von weiterem Gesellschaftsvermögen ohne spürbaren Sanierungserfolg zum Schaden der Gläubiger „verwirtschaftet“ werden, und zum anderen neue, ahnungslose Gläubiger zu Vertragsabschlüssen mit der maroden Gesellschaft verleitet werden. Somit verbleibt beim Darlehen trotz seiner Behandlung als kapitalersetzend ein erhebliches Risiko für den Rechtsverkehr, ein Risiko, daß bei der Konstruktion einer wie im Aktienrecht funktionsfähigen Kombination von Kapitalherabsetzung und -erhöhung durch eine maßvolle, den Sanierungserfolg nicht beeinträchtigende Publizität in Verbindung mit der ehrlichen, für klare Verhältnisse sorgenden Kapitalherabsetzung unter handelsregisterlicher Kontrolle nahezu vollkommen vermieden wird.

---

100 Lutter / Hommelhoff / Timm, BB 80, 742.

101 Lutter / Hommelhoff, ZGR 79, 43 f.

102 Vgl. oben II. 4. dieses Kapitels.

Aus den obigen Gründen kann daher auch im kapitalersetzenden Gesellschafterdarlehen insgesamt keine gleichwertige Ersatzlösung zu einer sanierenden Kapitalherabsetzung gesehen werden.

5. Die formwechselnde Umwandlung der GmbH in eine AG (§§ 376 ff. AktG)

Die letzte im vorliegenden Zusammenhang zu erörternde Ersatzlösung schließlich besteht darin, die GmbH gem. §§ 376 ff. AktG in eine AG umzuwandeln und die Kapitalherabsetzung zu Sanierungszwecken nach dem bewährten System des Aktiengesetzes in den §§ 222 ff. AktG vorzunehmen. Durch die Umwandlung werden gem. § 381 AktG ab Eintragung das Stammkapital zum Grundkapital und die Geschäftsanteile zu Aktien, wobei jedoch die Identität der Gesellschaft als Rechtsträger erhalten bleibt und nur die Rechtsform einem Wechsel unterliegt[103]. Freilich wird diese Vorgehensweise, die bis vor einigen Jahren sehr selten war[104] und erst seit kurzem durch die bedrohliche Isolvenzentwicklung der GmbH von größerem Interesse ist, als Sanierungsmaßnahme hauptsächlich für mittlere und größere GmbHs mit einem nominellen Stammkapital von mehreren Hunderttausend Mark, d. h. jedenfalls über dem Mindestgrundkapital des § 7 AktG, in Betracht kommen. Eine vorherige Beseitigung der Unterbilanz, deren Bekämpfung die Kapitalherabsetzung in Verbindung mit der Umwandlung gerade dient, ist im übrigen nach allgemeiner Auffassung für die Wirksamkeit einer Umwandlung nicht erforderlich[105].

Es erhebt sich jedoch in diesem Rahmen die Frage, ob bereits die GmbH im Hinblick auf den künftigen Status als AG die Kapitalherabsetzung nach Aktienrecht, insbesondere als vereinfachte Kapitalherabsetzung gem. §§ 229 ff. AktG, zusammen mit der Umwandlung einheitlich beschließen kann. Eine Kombination beider Beschlüsse ist fraglos möglich[106]. Allerdings ist die h. M. der Auffassung, daß das auf die Kapitalveränderung im Umwandlungsfalle anzuwendende Recht sich danach bestimmt, welchen Status die Gesellschaft im Zeitpunkt der Änderung besitzt[107]. Demnach hätte die Herabsetzung hier noch nach GmbH-Recht, also unter Beachtung des § 58 GmbHG, zu erfolgen. Das wird zum einen formell damit begründet, daß das *Stamm*kapital der GmbH nicht als *Grund*kapital herab-

---

103 Vgl. statt aller: Kölner Kommentar / Zöllner, § 381 Rn. 4.

104 Schmidt, AG 85, 150; Kornblum, GmbHR 85, 15.

105 Kölner Kommentar / Zöllner, § 376 Rn. 45; OLG Hamm RPfleger 84, 21 für den umgekehrten, insoweit aber gleichliegenden Fall; Schlegelberger / Quassowski, § 263 Rn. 10; Großkommentar / Meyer-Landrut, § 369 Anm. 13; Godin / Wilhelmi, § 376 Anm. 9; Schmidt, AG 85, 151 u. 155; Priester, AG 86, 30 f.

106 KG JW 38, 1901; Schlegelberger / Quassowski, § 263 Rn. 10 u. § 269 Rn. 10; Schmidt, AG 85, 154; Baumbach / Hueck, § 369 Rn. 15.

107 Schlegelberger / Quassowski, § 269 Rn. 10; Großkommentar / Meyer-Landrut, § 369 Anm. 13 u. § 376 Anm. 6; Kuhn, WM 56, 970 f.; Böttcher-Meilicke, § 269 Anm. 6 f.

gesetzt werden könne, zum anderen materiell damit, daß die Kombination von Umwandlung und Herabsetzung nicht zu einer Umgehung des Gläubigerschutzes führen dürfe[108]. Nach dieser Ansicht wäre die Umwandlung zwecks Ermöglichung einer erleichterten Kapitalherabsetzung jedenfalls im Rahmen eines kombinierten Beschlusses sinnlos.

Die gegenteilige Meinung, nach der die einheitliche Beschlußfassung einen Vorgriff durch die GmbH auf das Aktienrecht dann erlaubt, wenn die Herabsetzung im Zeitpunkt der Umwandlung noch nicht eingetragen war, wird bisher nur vereinzelt vertreten[109]. Sie stützt sich insbesondere darauf, daß die Beachtung der Vorschrift des § 58 I Nr. 3 GmbHG bezüglich des Sperrjahres bereits für die Anmeldung der Herabsetzung die Umwandlung regelmäßig vereiteln würde, wenn der Herabsetzungsbeschluß vor der Umwandlung gefaßt wurde[110]. Diese Argumentation hat viel für sich, da bei einer Umwandlung zum Sanierungs- und Kapitaländerungszweck die materielle Begründung der h. M. nicht zieht, weil eine unmittelbare Gefährdung der Gläubiger, von der § 58 GmbHG ausgeht, nicht besteht. Letztlich erübrigt sich jedoch die genaue Erörterung dieses bisher, soweit ersichtlich, von der Rechtsprechung noch nicht behandelten Problems, da in der Praxis eine Lösung auf einfache Weise dadurch erreicht wird, daß die Kapitalherabsetzung — und natürlich auch die Erhöhung, die allerdings insoweit auch nach dem GmbH-Recht keine Probleme bereitet — erst nach Wirksamwerden der Umwandlung beschlossen und damit unzweifelhaft nach Aktienrecht durchgeführt wird[111], was aber gegenüber einem kombinierten Beschluß einiges mehr der in Krisensituationen so wertvollen Zeit kostet.

Der evidente und wesentlichste Nachteil dieser Konstruktion gegenüber der sanierenden Kapitalherabsetzung liegt denn auch darin begründet, daß sie wesentlich aufwendiger, um nicht zu sagen umständlicher ist als letztere. Sie erfordert, da Umwandlung und Herabsetzung nach ganz h. M. zwei selbständige Maßnahmen sind[112], zwei verschiedene Gesellschafterbeschlüsse, jeweils mit Dreiviertelmehrheit (§§ 376 II 1 AktG, 53 II 1 GmbHG und §§ 229 II, 222 I AktG). Zum einen bezüglich der Umwandlung, durch die eine komplizierte und detaillierte Anpassung der GmbH-Satzung an das Aktienrecht erforderlich wird[113], zum

---

108 v. Godin, DJ 38, 1243 f.; Schlegelberger / Quassowski, § 269 Rn. 10.

109 So insbesondere: Godin / Wilhelmi, § 376 Anm. 9 — in jüngerer Zeit wohl auch: Schmidt, AG 85, 155, der die Anerkennung eines Vorgriffs auf die künftige Rechtsform als „sachgerecht" bezeichnet, wenn der Herabsetzungsbeschluß durch aufschiebende Bedingung mit dem Umwandlungsbeschluß verbunden wird. Tendenziell in diese Richtung auch: Kölner Kommentar / Zöllner, § 376 Rn. 36, der dies aber in § 376 Rn. 42 wieder einschränkt.

110 Godin / Wilhelmi, § 376 Anm. 9.

111 Schmidt, AG 85, 155 f.

112 KG JW 38, 1901; Großkommentar / Meyer-Landrut, § 369 Anm. 13; Baumbach / Hueck, § 369 Rn. 15; Schlegelberger / Quassowski, § 263 Rn. 10; Kuhn, WM 56, 970; Schmidt, AG 85, 152.

113 Kölner Kommentar / Zöllner, § 376 Rn. 11 f.

anderen bezüglich der Herabsetzung, die nunmehr die Einberufung einer Hauptversammlung unter Berücksichtigung der mindestens einmonatigen Frist des § 123 I AktG verlangt. Hinzu kommt noch, daß § 378 I AktG in weitem Umfang das Gründungsrecht der AG sinngemäß auf die Umwandlung erstreckt, wobei insbesondere die Berichtspflicht gem. § 32 AktG zu nennen ist, die vielfach nicht ohne Bilanz zu erfüllen sein wird[114]. Die Beachtung all dieser Voraussetzungen erfordert insgesamt einen viel zu hohen Zeitaufwand für ein erfolgversprechendes Sanierungsmittel, das, wie eingangs der Arbeit gesehen, zügig durchführbar und schnell wirksam sein muß. In diesem Zusammenhang ist ferner zu beachten, daß eine Umwandlung im Falle des Eintritts der Überschuldungssituation ohnehin nicht mehr in Betracht kommt[115], diese Maßnahme also für den äußersten Fall der Krise, in dem Hilfe am meisten gefragt ist, ausscheidet.

Da zudem diese Lösung für die große Anzahl kleiner GmbHs im Bereich des Mindeststammkapitals nach § 5 I GmbHG völlig unangemessen ist[116], vor allem aber wegen des aufgrund ihrer komplizierten Voraussetzungen bloß schleppenden Wirksamwerdens der mit der Umwandlung verbundenen Herabsetzung, kann diese Maßnahme im Ergebnis ebenfalls nicht als gleichwertige Ausweichstrategie zur sanierenden Kapitalherabsetzung angesehen werden.

III. Schlußfolgerungen und entscheidende Fragestellung

Die obige Darstellung und Untersuchung möglicher Ausweichstrategien hat die mehr oder weniger großen Nachteile jeder einzelnen Ersatzlösung gegenüber einer funktionsfähigen, sanierenden Kapitalherabsetzung offenbart. Sie hat gezeigt, daß es nach geltendem Recht keine gleichwertige Alternative zu diesem klassischen Sanierungsmittel der Kombination von Kapitalherabsetzung und -erhöhung gibt. Daraus folgt weiter, daß das gerade bei der Rechtsform der GmbH vorhandene[117] dringende Bedürfnis der Praxis nach einem effizienten und schnell wirksamen Sanierungsmittel am besten durch die sanierende Kapitalherabsetzung befriedigt werden kann, letztlich also kein Weg an ihr vorbeiführt. Daran ändert sich auch durch die Bestrebungen der Insolvenzrechtskommission bezüglich eines einheitlichen Reorganisationsverfahrens nichts, da dieses zum einen staatlicher Natur wäre, und zum anderen doch wieder unter den Augen der Öffentlichkeit bzw. aller Gläubiger stattfinden würde. Demgegenüber hat eine zügige, nur im Handelsregister erscheinende, interne Sanierung der Gesellschaft mittels der sanierenden Kapitalherabsetzung allemal mehr Erfolgsaussichten[118].

---

114 Kölner Kommentar / Zöllner, § 378 Rn. 7.

115 Schmidt, AG 85, 155.

116 Hansen, GmbHR 89, 363.

117 Vgl. dazu oben im 2. Kapitel III. 2. b) und c).

118 Ähnlich: H.-P. Westermann, ZIP 82, 386, der allerdings für ein Sanierungsprivileg kapitalersetzender Darlehen plädiert.

Auf der anderen Seite verdeutlichen der Vergleich zwischen der Regelung der Kapitalherabsetzung im Aktien- und im GmbH-Gesetz sowie die dabei offengelegten Nachteile der mißlungenen GmbH-rechtlichen Normierung, daß die letztere in ihrer bisherigen Handhabung im Gegensatz zu dem ausgefeilten System des Aktienrechts diesen praktischen Anforderungen nicht gerecht wird. Die alleinige Ursache für diesen Mißstand liegt, wie aus den diesbezüglichen Feststellungen ebenfalls hervorgeht, in der undifferenzierten, zugegebenermaßen wohl dem Wortlaut entsprechenden Anwendung der strengen Gläubigerschutzvorschriften des § 58 GmbHG auf jegliche Form der Kapitalherabsetzung.

Für den Fortgang der Untersuchung stellt sich nunmehr die Frage, auf welche Weise der tiefe Einschnitt zwischen dem Bedürfnis der Praxis nach diesem erfolgversprechenden Sanierungsmittel einerseits und der tatsächlich vorherrschenden Rechtsanwendung andererseits überbrückt oder gar ganz beseitigt werden kann. Sofern das Problem in der Vergangenheit, wenn auch nur vereinzelt, überhaupt erkannt wurde, wurde seine Lösung zumeist kurzerhand auf die rechtspolitische Schiene verschoben[119], indem eine dem Aktienrecht entsprechende Möglichkeit zur Kapitalherabsetzung zwar als wünschenswert bezeichnet wurde, insofern aber ein Tätigwerden des Gesetzgebers in dieser Angelegenheit gefordert wurde. Abgesehen davon, daß eine solche Entscheidung durch die Gesetzgebung mitunter sehr lange dauern kann, wie der bereits 1898 laut gewordene Ruf nach dem Gesetzgeber[120] und das überraschende Wegfallen einer dem Aktienrecht entsprechenden Kombinationsmöglichkeit, die in den großen GmbH-Entwürfen von 1969 und 1971 / 73 durchaus enthalten war, im Rahmen der GmbH-Novelle 1980 belegen[121], zeigte sich bei dieser eingehenderen Betrachtung der Problematik jedoch auch, daß ein Eingreifen des Gesetzgebers zur Bereitstellung einer praxis- und interessengerechten Lösung möglicherweise gar nicht unbedingt erforderlich ist.

Dadurch ist die weitere Vorgehensweise dieser Arbeit vorgezeichnet. Sie liegt darin, das Bestehen eines solchen anderweitigen, in seiner Effizienz der aktienrechtlichen Regelung entsprechenden, aber bereits *de lege lata* durchführbaren Lösungswegs ausschließlich mit den der Rechtswissenschaft und der Rechtsprechung, d. h. den Rechts*anwendern,* zur Verfügung stehenden Methoden zu überprüfen und gegebenenfalls aufzuzeigen, ohne in die Kompetenzen des Gesetzgebers einzugreifen oder einen Vorgriff auf eine etwaige doch noch erfolgende GmbH-Reform zu unternehmen. Einen Schritt auf diesem gegenüber einer Gesetzesänderung zweifellos vorrangig zu untersuchenden Weg[122] in die richtige Rich-

---

119 So insbesondere: Schmidt, ZGR 82, 534 f.; ders., AG 85, 150 f.; ders., Verhandlungen des 54. DJT I, S. D 110; aber auch: Scholz / Priester, § 58 Rn. 82; Rowedder / Zimmermann, § 58 Rn. 45 und schon Fischer, JW 1930, 2718.

120 Liebmann, Monatsschrift für Handelsrecht und Bankwesen, Steuer- und Stempelfragen, 1898, S. 183.

121 Vgl. dazu ausführlich oben: 3. Kapitel, I. 2.

122 Vgl. in diesem Sinne auch Larenz mit seinem Bsp. aus § 1 GWB, S. 319.

tung haben neuerdings *Fischer / Lutter / Hommelhoff* und *Zöllner* unternommen[123], beide allerdings mit unterschiedlichem Ansatz, worauf nachfolgend noch näher einzugehen sein wird. An dieser Stelle erhebt sich jedoch zunächst die entscheidende und aufgrund der gesamten bisherigen Feststellungen sich förmlich aufdrängende Frage nach dem Willen des Gesetzes:

> „Ist § 58 GmbHG mit seinen die Herabsetzung erschwerenden Voraussetzungen tatsächlich auch auf die sanierende Kapitalherabsetzung bei der GmbH anzuwenden, und falls nicht, welche Grundsätze gelten dann für die praktisch so notwendige sanierende Kapitalherabsetzung?"

123 Fischer / Lutter / Hommelhoff, § 58 Rn. 21; Baumbach / Hueck / Zöllner, § 58 Rn. 2, 7.

Dritter Teil

Mögliche Lösung des Problems und Ergebnisse der Arbeit

Fünftes Kapitel

Prüfung und Entwicklung eines Lösungsweges

I. Auslegung des § 58 I GmbHG

Um eine rechtlich fundierte Antwort auf die ausgangs des vorangehenden Kapitels gestellte Frage geben zu können, ist zuvor mittels Auslegung der Sinn dieser Norm für den konkreten Sachverhalt zu ermitteln.

1. Auslegung nach dem Wortlaut und nach der systematischen Stellung der Norm im Gesetz

a) Grammatikalische Auslegung

Eine Interpretation des Wortsinns führt, wie bereits mehrfach angedeutet, zu dem Ergebnis, daß sämtliche Formen der Kapitalherabsetzung bei der GmbH, gleichgültig ob der mit ihnen verfolgte Zweck effektiver oder nur nomineller Natur ist, den oben erörterten[1], erschwerenden Voraussetzungen der Nummern 1 - 4 unterliegen. Der Grund dafür liegt in dem Wörtchen „nur" im ersten Halbsatz zu Beginn des Absatzes 1, welches einer weiteren Auslegung nicht zugänglich ist, und daher unzweideutig besagt, daß *jegliche* Herabsetzung bei der GmbH ausschließlich unter Beachtung dieser Vorschriften zu erfolgen hat. Das muß im Rahmen dieser grammatikalischen Betrachtungsweise dann auch für die sanierende Kapitalherabsetzung gelten.

b) Systematische Auslegung

Bestätigt zu werden scheint dieses erste Zwischenergebnis durch die systematische Interpretation des § 58 I GmbHG. Bei diesem Auslegungselement ist auf den Bedeutungszusammenhang des Gesetzes, d. h. auf den äußeren und inneren

[1] Vgl. oben 3. Kap. II. 2. c).

Kontext, in dem die zu interpretierende Norm steht, und auf ihr Verhältnis zu anderen Normen abzustellen[2]. Danach ist zu konstatieren, daß § 58 I GmbHG, der sich entsprechend dem rechtlichen Charakter seines Inhalts im 4. Abschnitt des GmbH-Gesetzes über Abänderungen des Gesellschaftsvertrages im Anschluß an die Normen der Kapitalerhöhung befindet, neben § 58 II GmbHG die einzige Norm innerhalb der gesamten Rechtsordnung ist, die eine Regelung zur Kapitalherabsetzung bei der GmbH beinhaltet. Sie enthält, gesetzestechnisch gesehen, zusätzliche, gläubigerschützende Sondervorschriften zu den daneben voll anzuwendenden allgemeinen Bestimmungen der Satzungsänderung in den §§ 53, 54 GmbHG.

Diese innerhalb des Aufbaus des GmbH-Gesetzes, das anders als das Aktiengesetz für Kapitalerhöhung und -herabsetzung keine gesonderten Abschnitte vorsieht, absolut konsequente Stellung des § 58 I GmbHG sowie seine regelrechte „Monopolstellung" betreffs die Regelung der GmbH-rechtlichen Kapitalherabsetzung sprechen ebenfalls dafür, daß die Norm des § 58 I GmbHG ausnahmslos das gesamte Institut der Kapitalherabsetzung bei der GmbH, egal zu welchem Zweck sie erfolgt, erfassen will. Auf der anderen Seite ist natürlich zu bemerken, daß die Nichtanwendung dieser die Herabsetzung erschwerenden Sonderbestimmungen auf die sanierende Kombination der beiden Kapitaländerungsmaßnahmen oder die bloße Herabsetzung zur Beseitigung einer Unterbilanz keinen Bruch des gesetzlichen Systems bedeuten würde, sondern lediglich eine verstärkte Gewichtung der dann allein maßgeblichen, allgemeinen Vorschriften der §§ 53, 54 GmbHG in diesem Bereich. Deshalb kann die Auslegung unter diesem systematischen Gesichtspunkt nur als ein sehr schwaches Indiz für eine dem Wortlaut entsprechende Interpretation des § 58 I GmbHG angesehen werden.

2. Die Lösung von Fischer / Lutter / Hommelhoff (FLH)

Bereits bei dem erstgenannten dieser beiden Auslegungselemente, also auf der ersten Stufe interpretativer Methoden richterlicher oder rechtswissenschaftlicher Rechtsanwendung[3], scheint die Lösung von FLH ansetzen zu wollen[4]. Sie beseitigt die oben aufgezeigten, hauptsächlich durch die generelle Anwendung des § 58 I GmbHG auch auf die sanierende Kapitalherabsetzung entstehenden Probleme auf relativ einfache Weise dadurch, daß sie die sanierende Kombination von

[2] Soergel / Hefermehl, Anh. zu § 133 BGB, Rn. 6; Palandt / Heinrichs, Einleitung Anm. VI 3. b) bb); Larenz, S. 310 ff.; Zippelius, S. 48.

[3] Vgl. zu den verschiedenen Stufen der Norminterpretation: Larenz, S. 351 f. — die zweite Stufe liegt in der den Wortlaut des Gesetzes übersteigenden, aber innerhalb seiner Teleologie verbleibenden, *gesetzesimmanenten* Rechtsfortbildung, die dritte Stufe der *gesetzesübersteigenden* Rechtsfortbildung geht auch über diese Grenze noch hinaus.

[4] Fischer / Lutter / Hommelhoff, § 58 Rn. 21 — ob diese Lösung allein aufgrund grammatikalischer oder aus der teleologischen Auslegung oder aber aus der Kombination beider Methoden gefolgert wird, wird bei FLH nicht ersichtlich.

Kapitalherabsetzung und -erhöhung „uno actu" als eine eigenständige „*Maßnahme sui generis*" behandelt, die in restriktiver Auslegung des § 58 GmbHG schon gar nicht unter dessen Wortlaut fällt, da sie gegenüber den isolierten, d. h. nicht mit einer gleichzeitigen Erhöhung verbundenen Formen der Kapitalherabsetzung i. S. d. § 58 GmbHG ein *aliud* sei. Deshalb unterliege diese Maßnahme „eigener Art" auch nicht den Bestimmungen bzw. Rechtsfolgen des § 58 GmbHG. Der Lösungsvorschlag knüpft eine derartige Betrachtungsweise allerdings an die nachfolgenden weiteren Voraussetzungen:

(1) Der Zweck der Herabsetzung darf nur in der Beseitigung eines durch einen Abschlußprüfer bestätigten Bilanzverlustes bestehen.

(2) Die gleichzeitige Barkapitalerhöhung muß mindestens in derselben Höhe wie die Kapitalherabsetzung beschlossen werden.

(3) Die Zahlungen auf die neuen Einlagen müssen entgegen §§ 57 II, 7 II 1 GmbHG vor der Anmeldung in vollem Umfang in bar geleistet sein.

a) Punktuelle Übereinstimmung mit diesem Lösungsvorschlag

Zuzustimmen ist dieser Lösung dahingehend, daß die sanierende Kapitalherabsetzung, d. h. die Verbindung einer nominellen Kapitalherabsetzung mit einer gleichzeitigen Kapitalerhöhung als Gesamtvorgang, was ihren Sinn und Zweck — und gerade in dem mit der Maßnahme verfolgten Zweck liegt ja das entscheidende Unterscheidungskriterium zwischen den verschiedenen Formen der Kapitalherabsetzung[5] — sowie den mit ihr erreichbaren Erfolg der finanziellen Sanierung eines Unternehmens auf einen Schlag anbelangt, in der Tat gegenüber einer isolierten Kapitalherabsetzung i. S. d. § 58 GmbHG, sogar gegenüber derjenigen zum Zwecke der Beseitigung einer Unterbilanz, eine Maßnahme von anderer rechtlicher Qualität darstellt. Dementsprechend wurde die sanierende Kapitalherabsetzung auch bereits bisher in dieser Untersuchung sowohl terminologisch als auch thematisch von den Formen der isolierten Herabsetzung unterschieden, wobei jedoch nicht vergessen werden darf, daß die sanierende Kapitalherabsetzung äußerlich zum einen Teil aus der Herabsetzung zur Beseitigung einer Unterbilanz besteht und insofern diesbezügliche Feststellungen weitestgehend auch für sie gelten.

Der Grund für die eigenständige rechtliche Qualität der sanierenden Kapitalherabsetzung liegt neben der größeren Reichweite ihrer Rechtsfolgen und der an sich selbstverständlichen Voraussetzung des ausschließlichen Verlustdeckungszweckes vor allem in der gleichzeitigen Barkapitalerhöhung. Da die Erhöhung jeweils mindestens bis zur Höhe der alten Stammkapitalziffer reichen muß, und diese somit weiterhin als Ausschüttungsgrenze i. S. d. § 30 GmbHG bestehen bleibt, bewirkt sie *keinerlei* Gefährdung der Gläubiger. Allerdings ist dabei unter

---

[5] Siehe oben 3. Kap. II. 1. b) und II. 2. b) aa).

„Gleichzeitigkeit" sowohl die gleichzeitige Beschlußfassung als auch das gleichzeitige Wirksamwerden der Teilkomponenten zu verstehen. Die Maßnahme führt dann, wie FLH darlegen, im Gegenteil zu handfesten wirtschaftlichen Vorteilen der Gläubiger in Gestalt der zugeführten neuen Mittel. Insofern liegt dieser Konstruktion auch eine zutreffende Bewertung der Interessenlage der Betroffenen zugrunde, die mit derjenigen in dieser Arbeit übereinstimmt. Auf dieser Basis gelangt sie zu dem allein angemessenen und interessengerechten Ergebnis, daß § 58 GmbHG insgesamt auf die sanierende Kapitalherabsetzung nicht anzuwenden sei.

b) Kritik

Auf der anderen Seite hat dieser Lösungsvorschlag schon vom Ergebnis her den Nachteil, daß eine zügige Sanierung, die ansonsten auch innerhalb der Dreiwochenfrist des § 64 I GmbHG durchaus möglich wäre, durch die dritte Voraussetzung der Bareinlage in voller Höhe vor Anmeldung wesentlich erschwert wird. Sie soll das Risiko einer unzureichenden, tatsächlichen Kapitalaufbringung wegen Zahlungsunfähigkeit der Gesellschafter nach Anmeldung vermeiden. Dieses Erfordernis ist überflüssig[6], wenn man die Einhaltung der üblichen Kapitalerhöhungsbestimmungen, insbesondere der §§ 57 II, 7 II 1 GmbHG, und der ersten beiden zustimmungswürdigen Voraussetzungen, deren Beachtung anhand des Beschlusses — nach der hier vertretenen Auffassung ist darin auch die Angabe des Zweckes erforderlich[7] — relativ leicht überprüft werden kann, unterstellt. Denn zum einen bringt, da die Herabsetzung nur soweit gehen darf, wie dies zur bilanziellen Beseitigung der die Unterbilanz herbeiführenden Verluste notwendig ist (s. Voraussetzung (1)), auch die bloß 25-prozentige Mindesteinzahlung auf die Erhöhung eine spürbare Verbesserung der Haftungsgrundlage zugunsten der Gläubiger gegenüber der vor der Maßnahme bestehenden Situation der GmbH mit sich. Zum anderen bildet infolge der gleichzeitigen Kapitalerhöhung (Voraussetzung (2)) zumindest die alte Stammkapitalziffer oder gar ein neuer, höherer Betrag die Grenze für das Ausschüttungsverbot gem. § 30 GmbHG der Gläubiger. Es kann also selbst im Falle einer nach Anmeldung der Sanierungsmaßnahme eintretenden Zahlungsunfähigkeit der Gesellschafter keinerlei Verschlechterung in der Kapitalsituation der GmbH zu Lasten der Gläubiger gegenüber dem vor der Durchführung bestehenden Zustand eintreten, sondern stets nur eine Verbesserung.

Vor allem aber läßt sich die Auffassung von FLH nicht ausschließlich mittels grammatikalischer Auslegung begründen. Die sanierende Kapitalherabsetzung,

---

6 Ebenso: Baumbach / Hueck / Zöllner, § 58 Rn. 7; dazu auch: Gutachten des Deutschen Handelstages (1888) in Stenographische Berichte über die Verhandlungen des Deutschen Reichstages 1890 / 92, Anlagen Band 5, Reichstag-Aktenstück Nr. 660, S. 3764.

7 Vgl. oben: 3. Kapitel II. 2. b) cc).

obwohl sie als Gesamtvorgang, was ihren Sinn und Zweck sowie ihre Wirkungsweise anbetrifft, durchaus eigenständigen Charakter hat, besteht nun einmal als zusammengesetzte Maßnahme auf der einen Seite aus einer nominellen Kapitalherabsetzung. Diese unterliegt, wie die obige grammatikalische Auslegung des § 58 I GmbHG ergeben hat, dessen Wortlaut, ebenso wie auf der anderen Seite für den anderen Bestandteil, die Kapitalerhöhung, in der üblichen Weise die §§ 55 ff. GmbHG gelten.

Der vorliegend erörterte Lösungsweg versucht nun aber mittels restriktiver *Auslegung* des § 58 GmbHG das Ergebnis zu begründen, daß die sanierende Kapitalherabsetzung als Maßnahme sui generis gerade nicht unter § 58 GmbHG fällt. Ein solches Resultat ist nicht durch den sprachlich möglichen Wortsinn des Gesetzes gedeckt. Es auf dem Wege bloßer Auslegung begründen zu wollen, ist nicht möglich, da der Wortlaut des Gesetzes die Auslegung begrenzt, oder anders ausgedrückt, das Auslegungsergebnis durch den sprachlichen Ausdruck gedeckt sein muß[8]. Ein derartiges Ergebnis kann vielmehr höchstens im Wege einer vom Gesetzeswortlaut abweichenden *Rechtsfortbildung*[9] erzielt werden, die jedoch aufgrund des in Art. 20 III GG verankerten Gewaltenteilungsprinzips — der Rechtsanwender darf sich nicht ohne weiteres als eine Art Gesetzgeber für den Einzelfall gerieren — die Beachtung besonderer Voraussetzungen erfordert (vgl. dazu sogleich unten II.). Weder das Bestehen noch die Erfüllung derartiger Erfordernisse ist in der Lösung von FLH erwähnt oder gar näher dargelegt. Zu Recht wurde sie daher von *Zöllner* als methodisch nicht erforderliche „Freikonstruktion" bezeichnet[10].

Infolgedessen ist diesem Lösungsvorschlag trotz seines überwiegend praxis- und interessengerechten Ergebnisses jedenfalls in der Begründung nicht zu folgen.

3. Teleologische Auslegung

Für die Auslegung und Anwendung eines Gesetzes ist generell, da die einzelnen Auslegungselemente sich gegenseitig ergänzen, nicht allein sein Wortlaut maßgebend[11]. Dies muß insbesondere dann gelten, wenn gerade die strikte Anwendung nach dem Wortlaut, wie der Vergleich zwischen § 58 GmbHG und der aktienrechtlichen Regelung der Kapitalherabsetzung im vorliegenden Fall deutlich

---

[8] Ganz überwiegende Auffassung, vgl. dazu: BGHZ 46, 74 (76); Larenz, S. 307 f., 351; Meier-Hayoz, S. 42; Zippelius, S. 45 f., 55; Fr. Müller, S. 183 ff.; Soergel / Hefermehl, Anh. zu § 133 BGB, Rn. 5; Lehmann, S. 13; — zweifelnd an der Lösung von FLH auch: Scholz / Priester, § 58 Rn. 82.

[9] Grundlegend: Larenz, S. 307 f. und 351 ff.; Soergel / Hefermehl, Anh. zu § 133 BGB, Rn. 12 f.; Zippelius, S. 55.

[10] Baumbach / Hueck / Zöllner, § 58 Rn. 7.

[11] BGHZ 13, 28 (30); 56, 97 (101); Larenz, S. 305; Fr. Müller, S. 212; Soergel / Hefermehl, Anh. zu § 133 BGB, Rn. 3 f.; Zippelius, S. 55.

gemacht hat, zu einem mißlichen und unpraktikablen Rechtszustand für die Betroffenen geführt hat. Insofern kommt dem „Wert“ des Ergebnisses als sachgerecht oder unbefriedigend und der Betrachtung der potentiellen Entscheidungsfolgen eine große methodische Relevanz zu, so daß die Reflexion über die möglichen Rechtsfolgen in den teleologischen Auslegungsvorgang miteinzubeziehen ist[12]. Deshalb ist hier um so mehr die „ratio legis“ zu hinterfragen, da dadurch Sinn und Tragweite der gesetzlichen Regelung bezüglich des konkreten Sachproblems ermittelt werden, und der Zweck bei Anwendung der Norm auf den Einzelfall gemäß dem gefundenen Auslegungsergebnis verwirklicht sein muß[13], um ein bloß formallogisches, aber sonst „ergebnisblindes“ Resultat zu vermeiden. Einige Autoren räumen diesem teleologischen Auslegungskriterium dementsprechend — und nicht ganz zu Unrecht — eine besonders gewichtige Stellung gegenüber den anderen Auslegungselementen ein, da es der „Motor einer differenzierenden dogmatischen Lösung, der Verfeinerung des Systems, der Anpassung des Rechts an die Entwicklung“ sei[14].

a) Der Sinn und Zweck des § 58 I GmbHG

Der Zweck des § 58 I GmbHG läßt sich unschwer aus den Feststellungen im Rahmen des Vergleichs zwischen aktien- und GmbH-rechtlicher Regelung der Kapitalherabsetzung im 3. Kapitel erschließen. Bereits dort zeigte sich, daß § 58 GmbHG als einzige Norm des GmbH-Gesetzes zu diesem Thema, jedenfalls in seinem Absatz 1, ausschließlich aus die Gläubiger im Verhältnis zur allgemeinen Regelung der Satzungsänderung stärker schützenden Sondervorschriften besteht[15]. Folglich muß auch der Zweck des § 58 I GmbHG insgesamt im Gläubigerschutz liegen, wobei die Gefährdung, vor der die Gläubiger geschützt werden sollen, nur in der Verminderung des gem. §§ 30, 31 GmbHG als Haftungsfonds der Gesellschaft gebundenen Aktivvermögens gesehen werden kann. Diese ausschließlich gläubigerschützende Zielrichtung wird durch die maßgebliche Literatur — eine diesbezügliche Entscheidung der Rechtsprechung ist, soweit ersichtlich, nicht existent — bestätigt[16]. Beachtenswert erscheint in diesem Zusammenhang, daß, wie der Vergleich der beiden Gesetze ebenfalls ergab, das im GmbH-Gesetz erstellte Schutzsystem noch drastischer ist als die entsprechenden Vor-

---

[12] Münchener Kommentar / Säcker, Einleitung Rn. 87, 128; Zöllner, FS Tübinger Juristenfakultät, S. 146 - 148; Staudinger / Coing, Einleitung Rn. 148 f.

[13] Münchener Kommentar / Säcker, Einleitung Rn. 128; Larenz, S. 318 unten.

[14] Zöllner, FS Tübinger Juristenfakultät, S. 143; Palandt / Heinrichs, Einleitung Anm. VI 3. c) spricht sogar von einem „Primat“ der teleologischen Auslegung; Staudinger / Coing, Einleitung Rn. 195; Soergel / Hefermehl, Anh. zu § 133 BGB, Rn. 7; Münchener Kommentar / Säcker, Einleitung Rn. 128; Engisch, S. 74.

[15] Vgl. dazu insbesondere oben 3. Kapitel II. 2. c).

[16] Vgl. nur: Scholz / Priester, § 58 Rn. 1 f.; Roth, § 58 Anm. 1, 2.1.; Rowedder / Zimmermann, § 58 Rn. 1; Baumbach / Hueck / Zöllner, § 58 Rn. 1; Heuer, GmbHR 50, 36; Raiser, S. 279.

schriften zur *ordentlichen* Kapitalherabsetzung bei der AG in § 225 AktG. Aufgrund dieser Tatsache mag der Schutz zwar für die effektive Kapitalherabsetzung bei der GmbH dem bezweckten Erfolg nach angemessen sein, für die nominelle Herabsetzung, insbesondere für die mit einer gleichzeitigen Kapitalerhöhung verbundene, erscheint dies jedoch sehr fraglich und zweifelhaft, und ist daher näher zu überprüfen. Der Zweck an sich gibt darauf noch keine Antwort.

b) Schlußfolgerungen aus der Teleologie des § 58 I GmbHG anhand objektiver Kriterien

aa) Sachgemäßheit der Auslegung

Die Beantwortung der soeben aufgeworfenen Frage hängt nach den Ausführungen zu Beginn dieses Punktes zuvorderst davon ab, ob der Zweck des Gläubigerschutzes auch bei Anwendung des § 58 I GmbHG auf die Kapitalherabsetzung zur Beseitigung einer Unterbilanz und / oder die sanierende Kapitalherabsetzung verwirklicht wird. Nur in diesem Falle könnte ein solches Auslegungsergebnis der Struktur des geregelten Sachbereichs Kapitalherabsetzung angemessen sein und damit das objektiv-teleologische Kriterium der „Sachgemäßheit" der Auslegung und damit der Regelung erfüllt sein [17]. Das Vorliegen dieses Erfordernisses bestimmt sich wiederum danach, ob in den beiden angesprochenen Konstellationen der Kapitalherabsetzung eine dem Sicherungszweck entsprechende Gefährdung der Gläubiger gegenübersteht. Denn nur beim Bestehen einer solchen Gefahr ist der Schutzzweck der Norm realisierbar, ansonsten geht er ins Leere.

Für die bloße Kapitalherabsetzung zur Beseitigung einer Unterbilanz wurde bereits nachgewiesen, daß eine solche Gefährdung gerade nicht entsteht [18], weshalb hier nur folgendes in Erinnerung zu rufen ist: eine derartige Herabsetzung bewirkt nur die buchtechnische Anpassung des Kapitals an bereits eingetretene Verluste, führt also nicht zu einer unmittelbaren, *gegenwärtigen* Gefährdung der Gläubiger, wovon § 58 I GmbHG mit seiner strengen Regelung aber ausgeht. Denkbar ist allenfalls eine wesentlich geringere, *künftige* Beeinträchtigung der Gläubiger, die darin besteht, daß aufgrund der herabgesenkten Stammkapitalgrenze ein an die Gesellschafter auszahlbares Vermögen früher entstehen kann, wofür jedoch weder das Bekanntmachungs- noch das Sicherstellungserfordernis, und schon gar nicht das Sperrjahr in § 58 I GmbHG ihrem Zweck nach als angemessen erscheinen. Ihre Anwendung bedeutet „mit Kanonen auf Spatzen zu schießen".

Die sanierende Kapitalherabsetzung, die aufgrund ihres Zwecks und ihrer Rechtsfolgen gegenüber der isolierten effektiven und nominellen Herabsetzung letztlich ein „aliud" darstellt, vermeidet — jedenfalls, sofern die Kapitalerhöhung

---

17 Larenz, S. 320.

18 Siehe dazu insbesondere: 3. Kap. II. 1. a) und II. 2. c).

mindestens die alte Stammkapitalziffer erreicht, wovon aber, wie schon festgestellt, entsprechend der Lösung von FLH als Voraussetzung ausgegangen werden muß — auch diese letzte, künftige Gläubigergefährdung[19]. Sie führt im Gegenteil durch das zugeführte Kapital zu massiven Vorteilen für die Gläubiger gegenüber der bisherigen wirtschaftlichen Lage des Unternehmens.

Das bedeutet, daß in beiden Fällen dem Schutzzweck des § 58 I GmbHG keine äquivalente Gefahr für die Gläubiger gegenübersteht. Seine dennoch erfolgende Anwendung auf diese beiden Herabsetzungsformen würde die grundlegenden, diesbezüglichen Unterschiede zwischen den insoweit bestehenden 3 Möglichkeiten der Herabsetzung verkennen, damit den tatsächlichen Gegebenheiten, d. h. der Struktur des geregelten Sachbereichs Kapitalherabsetzung, widersprechen, und infolgedessen nicht sachgemäß sein. Darüber hinaus zeigen diese Überlegungen, daß der Normzweck bei beiden Sachverhaltsgruppen infolge eines historisch bedingten Wandels der Normsituation — der ursprüngliche Gesetzgeber von 1892 hat diese Fälle einerseits gröblich vernachlässigt, andererseits nicht einmal erkannt (dazu sogleich 4.) — generell nicht verwirklicht werden kann bzw. gar nicht erreichbar ist[20]. Der Zweck der Norm ist in derartigen Fällen also gegenstandslos, weshalb dementsprechend eine einschränkende Interpretation des § 58 I GmbHG geboten ist.

bb) Das Bestehen von Wertungswidersprüchen

Gegen eine Anwendung des § 58 I GmbHG auf die sanierende Kapitalherabsetzung und auf diejenige zur Beseitigung einer Unterbilanz spricht teleologisch ferner, daß die Erstreckung seiner Zweckrichtung auf diese Herabsetzungsformen zu einem nachträglichen Wertungswiderspruch zum Aktiengesetz führen würde[21]. Dieses regelt in §§ 222 ff. AktG, als infolge der grundlegenden Reformen von 1937 und 1965 jüngeres Gesetz, für den Bereich der AG im wesentlichen die gleiche Materie wie § 58 GmbHG. Es hat die hier anstehende Rechtsfrage jedoch, entsprechend der aufgezeigten Interessenlage der Beteiligten differenzierend, dahingehend gelöst, daß der strenge Gäubigerschutz des § 225 AktG nur die effektive Kapitalherabsetzung betreffen soll, und für die nominelle sowie die sanierende Herabsetzung ein wesentlich erleichtertes Schutzsystem gilt, das, wie gesehen, die sachgerechte und zügige Durchführbarkeit einer Kapitalherabsetzung — von der Einberufungsfrist des § 123 AktG einmal abgesehen — in diesem Bereich gewährleistet. Wenn diese Möglichkeit bewußt schon bei der in der Regel wesentlich größeren und unübersichtlicheren Publikumsgesellschaft der AG geschaffen wurde, die in noch stärkerem Maße als die GmbH der gesetzli-

---

[19] Dazu soeben I. 2. dieses Kapitels.

[20] Münchener Kommentar / Säcker, Einleitung Rn. 129; Larenz, S. 334 ff.

[21] Larenz, S. 322 ff., insbesondere das Beispiel auf S. 324 aus § 148 des preußischen Berggesetzes; Ennecerus-Nipperdey, S. 345; Zippelius, S. 50.

chen Fürsorge nicht nur für die Aktionäre, sondern auch und gerade für ihre Gläubiger bedarf, dann muß sie erst recht bei der GmbH gegeben sein. Eine pauschale Auslegung des veralteten § 58 I GmbHG, die dieses Institut praktisch letztlich unanwendbar macht, würde diesem neueren und zeitgemäßen System des Aktiengesetzes wertungsmäßig widersprechen.

Schließlich würde eine derartige, nur dem Wortlaut gehorchende Auslegung auch innerhalb des GmbH-Gesetzes einen Wertungswiderspruch herbeiführen. Denn es gilt auch in dessen Rahmen das in unserer Rechtsordnung allgemein gültige Prinzip der Gleichbehandlung[22], das nicht nur — wie soeben praktiziert — die Gleichbehandlung gleichliegender Tatbestände, sondern auch die Ungleichbehandlung ungleicher Sachverhalte gebietet. Im vorliegenden Falle bestehen zwischen der effektiven Kapitalherabsetzung auf der einen sowie der nominellen und der sanierenden Herabsetzung auf der anderen Seite derart große Unterschiede, sowohl hinsichtlich Sinn und Reichweite der Maßnahme als auch bezüglich der Gläubigergefährdung, daß es auch in dieser Hinsicht dem Gleichheitsgrundsatz widersprechen würde, wenn man diese Vorgänge über „einen Kamm scheren" würde.

Als Zwischenergebnis ist somit festzuhalten, daß die Auslegung gemäß der ratio legis des § 58 I GmbHG massiv gegen seine Anwendung auf die sanierende Kapitalherabsetzung, aber auch gegen diejenige auf die alleinige nominelle Herabsetzung spricht, da er seinem Zweck nach für beide Sachverhalte im Ergebnis nicht erforderlich ist. Daneben belegt die Betrachtung der Norm unter diesem Blickwinkel erneut, daß § 58 I GmbHG letztlich nur Vorschriften zur ordentlichen bzw. effektiven Kapitalherabsetzung beinhaltet[23], die für die anderen Formen der Herabsetzung nicht zutreffend sind.

4. Historische Auslegung

Dieses Kriterium liefert, da, wie erwähnt, auch im Rahmen der objektiven Theorie der Wille des historischen Gesetzgebers nicht gänzlich unbeachtet bleibt, trotz unterschiedlicher, ja geradezu widersprüchlicher Äußerungen in der Rechtsprechung über die Bedeutung der Entstehungsgeschichte für die Auslegung[24] generell wertvolle Anhaltspunkte für den Rechtfertigungsgrund einer Vorschrift, und bildet somit ein wichtiges Indiz für den mit ihr verfolgten gesetzgeberischen Zweck. Es erläutert in jedem Falle die anhand der bisherigen Kriterien gefundenen Ergebnisse, oftmals läßt sich der Zweck einer Norm sogar nur mit Hilfe der

22 Larenz, S. 321; Zippelius, S. 49 f.

23 Ebenso: Baumbach / Hueck / Zöllner, § 58 Rn. 2.

24 Vgl. dazu BGHZ 46, 74 (79 f.) mit einer guten Darstellung der differenzierenden Äußerungen und umfassenden weiteren Nachweisen und Beispielen.

historischen Auslegung feststellen[25]. Nachdem im vorliegenden Falle der Zweck der Norm bereits auf andere Weise unschwer ermittelt werden konnte, stellt sich hier insbesondere die Frage, ob die Ergebnisse der teleologischen Auslegung durch diejenige nach der Entstehungsgeschichte bestätigt werden oder nicht.

a) Äußere Umstände und ihre Folgen

Nach den Vorstellungen des Gesetzgebers von 1892 sollte die GmbH eine Mittelstellung zwischen den streng individualistischen Gesellschaftsformen und der AG einnehmen[26]. Dementsprechend wurden von beiden Seiten Bestimmungen sinngemäß in das neue Gesetz übernommen. Für den Bereich der Herabsetzung des Stammkapitals war dies, da die Personengesellschaften ja gerade über kein eigenständiges Kapital verfügen, diejenige des Art. 248 ADHGB, auf der der heutige § 58 GmbHG beruht[27]. Die Beratungen zum GmbHG sowie die Übernahme dieser äußerst strengen aktienrechtlichen Vorschrift zur Kapitalherabsetzung, die aufgrund von Mißbräuchen bei der Gründung und Geschäftsführung von Aktiengesellschaften in der ersten Hälfte der siebziger Jahre des letzten Jahrhunderts, der sogenannten „Gründerzeit"[28], im Zuge der Aktiennovelle von 1884 noch einmal verschärft worden war, erfolgte unter dem relativ frischen Eindruck dieser Mißstände. Natürlich war den beteiligten Organen klar, daß die geringere Publizität, die größere Verbundenheit der Gesellschafter untereinander und die verminderte interne Kontrolle durch verschiedene Gesellschaftsorgane bei der GmbH derartige Manipulationen noch erleichtern könnten[29], weshalb um so mehr eine gewisse Strenge gefordert zu sein schien. Hinzu kam noch, daß die Zeit, in der die Verhandlungen zum GmbHG stattfanden, im Hinblick auf die Börse ebenfalls als eine „Schwindelperiode" oder zumindest als eine Periode der „unverständigen Kurstreiberei" angesehen wurde, wie die Äußerungen des Abgeordneten Oechelhäuser belegen[30]. Zusätzlich zu diesen wenig erbaulichen Umständen ist zu berücksichtigen, daß die neue Gesellschaftsform, wie die Diskussionen im Reichstag und die Begründung des GmbHG zeigen[31], hauptsächlich auch für die damals gerade aufblühenden deutschen Kolonialgesellschaften ge-

25 Soergel / Hefermehl, Anh. zu § 133 BGB Rn. 7; BGHZ 46, 74 (79); Palandt / Heinrichs, Einleitung Anm. VI 3. b) cc); Zippelius, S. 47; Larenz, S. 315 f.

26 Begründung GmbHG 1892 in Stenographische Berichte über die Verhandlungen des Deutschen Reichstages (Stenographische Berichte) 1890 / 92, Anlagen Band 5, Reichstag-Aktenstück Nr. 660, S. 3728; Lehmann, S. 1.

27 Siehe oben 3. Kapitel I. 2.

28 Hueck, GesR., § 20 II. 3.; Hopt / Hehl, Rn. 880.

29 Begründung GmbHG in Stenographische Berichte 1890 / 92, Anlagen Band 5, Reichstag-Aktenstück Nr. 660, S. 3730.

30 Stenographische Berichte 1889 / 90, Band 1, S. 262.

31 Stenographische Berichte 1887 / 88, S. 1156 und 1890 / 92, Anlagen Band 5, Reichstag-Aktenstück Nr. 660, S. 3724; Scholz / Westermann, Einleitung Rn. 43.

dacht war, bei denen sich schon allein aus der großen Distanz zur Heimat ein erhebliches Konfliktpotential bzw. Raum für dunkle Geschäfte ergab. Dabei bestand ohnehin gegenüber der Rechtsform der GmbH ein gewisses Mißtrauen, da die beschränkte Haftung bei kleineren Unternehmungen seinerzeit noch fremd war.

Nimmt man alle diese historischen Umstände zusammen, so erklärt sich, warum der damalige Gesetzgeber bei der Schaffung des GmbH-Gesetzes, was die Behandlung des Gesellschaftsvermögens bzw. die Aufbringung und Erhaltung desselben anbetrifft, allgemein sein Hauptaugenmerk auf den Ausgleich des Interessenkonflikts zwischen der Gesellschaft und ihren Gläubigern, d. h. auf den Schutz der letzteren, richtete[32]. Die Verfolgung dieses übergeordneten Gedankens beherrschte die Regelung zur Herabsetzung des Stammkapitals im damaligen § 59 GmbHG nach dem Vorbild des Art. 248 ADHGB, wie sowohl die im Rahmen des Gesetzgebungsverfahrens abgegebenen Gutachten des Deutschen Handelstages sowie der preußischen Handelskammern und kaufmännischen Korporationen[33], als auch und vor allem die Begründung des GmbHG von 1892 zu § 59 GmbHG zeigen[34]. Darin ist jeweils als einziger Zweck der Maßnahme — neben der Zulassung dieses Instituts an sich — nur die „ausreichende Sicherung der Gesellschaftsgläubiger" erwähnt, woraus erkennbar wird, daß der jetzige § 58 GmbHG von Anfang an ausschließlich mit der ratio des Gläubigerschutzes geschaffen wurde.

b) Damaliges Verständnis vom Begriff der „Kapitalherabsetzung"

Ein weiterer Grund für diese seinerzeitige unbedingte Vordringlichkeit des Gläubigerschutzes in den Augen des Gesetzgebers liegt darin, daß die damalige Legislative unter dem Begriff der „Kapitalherabsetzung" nur ein „Einheitsinstitut" verstand, das in erster Linie auf die teilweise Rückzahlung des Aktivvermögens an die Gesellschafter gerichtet war, also effektiven Zwecken diente, bei denen die Gläubiger in der Tat erheblicher Schutzvorkehrungen bedürfen. Diese Feststellung wird vor allem dadurch belegt, daß in den soeben genannten Gutachten, welche die Bedürfnisse der Praxis bezüglich der neuen Rechtsform aufzeigen sollten, im Zusammenhang mit der Kapitalherabsetzung ausschließlich von der effektiven Form die Rede ist[35]. Sofern die nominelle Kapitalherabsetzung zur Beseitigung einer Unterbilanz, wie in der Begründung zum damaligen § 59

---

32 Begründung GmbHG in Stenographische Berichte 1890/92, Anlagen Band 5, Reichstag-Aktenstück Nr. 660, S. 3729 f. und Gutachten der preußischen Handelskammern und kaufmännischen Korporationen, a. a. O., S. 3769.

33 Beide Gutachten in Stenographische Berichte 1890/92, Anlagen Band 5, Reichstag-Aktenstück Nr. 660, S. 3764 und S. 3769.

34 Begründung GmbHG in Stenographische Berichte 1890/92, Anlagen Band 5, Reichstag-Aktenstück Nr. 660, S. 3755.

35 Siehe oben Fußn. 33 und zur Funktion der Gutachten: a. a. O., S. 3724.

GmbHG[34], überhaupt als mögliche Zwecksetzung dieses Einheitsinstituts, d. h. nicht als Sondertatbestand, sondern bloß als Variante angeführt wurde, geschah dies nur am Rande, und zwar derart, daß schon aus der Wortwahl

> „Falls die Herabsetzung nicht *etwa bloß* zur Beseitigung einer vorhandenen Unterbilanz stattgefunden hat, wird durch die Reduktion des Passivkapitals ein entsprechender Teil des Aktivvermögens verfügbar und kann demnach *zur Rückzahlung* an die Gesellschafter ...“[34]

ersichtlich wird, daß man die nominelle Kapitalherabsetzung als äußerst seltenen, zu vernachlässigenden Sonderfall betrachtete. Die Möglichkeit bzw. der selbständige Zweck einer Sanierung von Unternehmen mittels der Kombination dieser Herabsetzungsform mit einer gleichzeitigen Kapitalerhöhung wurde seinerzeit dagegen überhaupt nicht beachtet, wie zum einen das völlige Fehlen einer entsprechenden Andeutung im Gesetzgebungsverfahren und in der Begründung des Gesetzes belegt, zum anderen aber auch das Tätigwerden des Gesetzgebers in der Weltwirtschaftskrise zu Beginn der dreißiger Jahre zeigt, als per Notverordnung vorübergehend praxisgerechte Voraussetzungen für dieses erst in der Not erkannte Sanierungsmittel geschaffen wurden. Diese ursprüngliche Vernachlässigung der nominellen sowie die völlige Nichtbeachtung der sanierenden Kapitalherabsetzung ist nur dadurch zu erklären, daß der originäre GmbH-Gesetzgeber auch diesbezüglich zuvorderst vom gesunden Unternehmen ausging[36] und nicht vorhersehen konnte, daß die GmbH zwar zur bedeutendsten, gleichzeitig aber auch zur insolvenzanfälligsten Gesellschaftsform werden würde, und sich aufgrund der großen Anzahl kranker GmbHs die Funktion der Kapitalherabsetzung gegenüber dem ihr ursprünglich beigemessenen Sinn derart weitgehend verändern würde, daß die zugrundegelegte effektive Herabsetzungsform im Vergleich zur nominellen nahezu keine Rolle mehr spielen würde.

Vor diesem historischen Hintergrund werden auch die Ursachen und Zusammenhänge deutlich, warum die Norm des § 58 I GmbHG nur Vorschriften zur ordentlichen Kapitalherabsetzung beinhaltet und daher weder auf die nominelle und schon gar nicht auf die sanierende Kapitalherabsetzung passen kann. Damit wird das mittels der teleologischen Auslegung erzielte Ergebnis in vollem Umfang durch die historische Interpretation bestätigt.

5. Gesamtergebnis der Auslegung des § 58 I GmbHG

Zusammenfassend ist somit festzustellen, daß sich auf der einen Seite das Resultat nach den Kriterien der grammatikalisch-systematischen Auslegung, wonach § 58 I GmbHG auf sämtliche Formen der Kapitalherabsetzung bei der GmbH anzuwenden ist, und auf der anderen Seite das Ergebnis der teleologisch-historischen Interpretation gegenüberstehen, das eine Anwendung des § 58 I

[36] Scholz / Westermann, Einleitung Rn. 44.

GmbHG nur auf die effektive Kapitalherabsetzung gestattet. Da die einzelnen Auslegungselemente an sich in keiner festen Rangordnung zueinander stehen[37] — auch das Argument des Wortlauts wiegt, obgleich es die ersten Anhaltspunkte für die Auslegung bietet, methodisch nicht schwerer als die anderen[38] —, stellt sich die Frage, welcher der beiden konkurrierenden Argumentationsweisen der Vorzug zu geben ist.

Die Beantwortung dieser Frage richtet sich, da die grundlegende Funktion des Rechts darin besteht, *gerechte* Lösungen von Rechtsproblemen zu finden und letztlich die gesamte Rechtsordnung ihre Legitimation aus diesem Streben nach Gerechtigkeit bezieht, danach, welcher Weg zu einer gerechten Lösung im Sinne eines billigen und angemessenen Ergebnisses für den Einzelfall führt[39]. Was unter „gerecht" jeweils im konkreten Fall zu verstehen ist, kann manchmal zweifelhaft sein. Führt jedoch ein Weg, wie hier das formale Festhalten am Wortlaut nach bisheriger, ganz herrschender Auffassung, zu evident unbilligen und damit ungerechten Folgen bzw. Ergebnissen, was insbesondere im 3. und 4. Kapitel dieser Arbeit eingehend nachgewiesen wurde und im übrigen auch von den Verfechtern dieser Ansicht[40] nicht ernsthaft bestritten wird, so ist dieser ohne weiteres abzulehnen[41]. Schon von daher ist, da ein anderer Weg nicht existiert und die teleologische Auslegung historisch bestätigt wurde, dieser teleologischen Interpretation der Vorzug zu geben, ohne daß das aus Zweckmäßigkeitsgesichtspunkten, aber insbesondere auch aus diesen Gerechtigkeitserwägungen — die teleologische Auslegung gibt den objektiven Willen des Gesetzes am genauesten und differenziertesten wieder — heraus gefolgerte „Primat" der teleologischen Interpretation[42] gegenüber den anderen Auslegungselementen herangezogen werden müßte.

Danach ergibt sich folgendes Gesamtergebnis der Auslegung: § 58 I GmbHG ist seinem Zweck nach nur auf die effektive bzw. ordentliche Kapitalherabsetzung gerichtet, er erfaßt aber seinem Wortlaut nach auch die Formen der bloß nominellen und der sanierenden Kapitalherabsetzung. Um die daraus resultierenden mißlichen Konsequenzen zu vermeiden und dem Zweck des Gesetzes zur Geltung zu verhelfen, bedarf es einer Einschränkung der Norm dahingehend, daß sie nur noch auf die effektive Herabsetzung anwendbar ist. Da diese Beschränkung jedoch eindeutig über die der Auslegung im engeren Sinne gezogene Grenze des

37 Zippelius, S. 55; Soergel / Hefermehl, Anh. zu § 133 BGB, Rn. 3 f.

38 Fr. Müller, S. 185.

39 Zippelius, S. 8 ff. u. S. 55; Larenz, S. 332 f.

40 Vgl. nur: Schmidt, § 37 V 3. b); ders., ZGR 82, 533 f.; Scholz / Priester, § 58 Rn. 79 ff., insbesondere Rn. 81.

41 So auch Larenz, S. 333.

42 Staudinger / Coing, Einleitung Rn. 195; Palandt / Heinrichs, Einleitung Anm. VI 3. c); Zöllner, FS Tübinger Juristenfakultät, S. 143; Münchener Kommentar / Säcker, Einleitung Rn. 128; Soergel / Hefermehl, Anh. zu § 133 BGB, Rn. 7.

Wortlauts[43] hinweggehen muß, kann sie, wie bereits in anderem Zusammenhang dargelegt, *nicht* im Wege restriktiver *Auslegung* erreicht werden. Sie kann allenfalls mittels Fortsetzung der Auslegung auf der nächsten Stufe interpretativer Methoden gefunden werden, die in der *gesetzesimmanenten*, d. h. der im Rahmen des ursprünglichen Plans, der Teleologie des Gesetzes selbst liegenden *Rechtsfortbildung* besteht[44].

II. Prüfung einer gesetzesimmanenten Rechtsfortbildung des § 58 I GmbHG

Die Kompetenz der Gerichte zur gesetzesimmanenten Rechtsfortbildung und dem vorgelagert auch die der Rechtswissenschaft steht seit Überwindung der Begriffsjurisprudenz zu Beginn dieses Jahrhunderts außer Frage[45], was darauf beruht, daß man seinerzeit bald erkennen mußte, daß kein Gesetzgeber der Welt sämtliche zukünftigen Fälle vorhersehen kann und somit auch ein noch so sorgfältig vorbereitetes Gesetz notwendigerweise Unzulänglichkeiten bzw. Lücken aufweisen kann[46]. Auf der anderen Seite entspricht diesem Recht zur Rechtsfortbildung unter dem Gesichtspunkt des „Rechtsverweigerungsverbots" sogar eine Pflicht des Richters im konkreten Einzelfall[47]. Wie die Erfahrung zeigt, ist dieses Institut in besonderem Maße im Bereich des GmbHG von Nöten, was nicht nur von dessen hohem Alter und seiner Herkunft, sozusagen aus der Retorte anstatt aus langgeübter Praxis, herrührt, sondern auch daraus, daß die Praxis das vom Gesetzgeber sehr weit gefaßte Leitbild der GmbH weitestgehend ausgenützt hat[48].

---

43 BGHZ 46, 74 (76) und BGHSt 3, 300 (303) sowie die ganz überwiegende Literatur; vgl. dazu die im übrigen bereits oben in Fußn. 8 dieses Kapitels Genannten, insbesondere Fr. Müller, S. 182 und Larenz, S. 307 f.; ferner Brandenburg, S. 55 f. Damit ist nicht gemeint, daß eine über den Wortlaut hinausgehende Interpretation einer Norm dem Rechtsanwender stets verwehrt wäre. Es ist lediglich zwischen der Auslegung im engeren (eigentlichen) Sinne und das Gesetz ergänzender oder umbildender Rechtsfortbildung zu unterscheiden, weil die letztere an besondere Voraussetzungen geknüpft sein muß, wenn dem Gesetz die ihm zukommende Rolle als primäre Regelung bewahrt werden soll. Sofern die Rechtsprechung diese Auffassung, die vor allem von der Lehre vertreten wird, wie etwa in BVerfGE 35, 263 (278 ff.) aus praktischen Gründen des öfteren überspielt, ohne jedoch zu anderen Ergebnissen zu kommen, wird nicht exakt genug differenziert.

44 Larenz, S. 351 f., 376 und bereits Fn. 3 dieses Kapitels; Staudinger / Coing, Einleitung Rn. 196; Palandt / Heinrichs, Einleitung Anm. VI 4. b) bb).

45 Soergel / Hefermehl, Anh. zu § 133 BGB, Rn. 12; Palandt / Heinrichs, Einleitung Anm. VI 4. a); Larenz, S. 351; Heck, S. 121 ff., der im Jahre 1914 allerdings noch von „Gebotsberichtigung" sprach.

46 Fikentscher, S. 719; Larenz, S. 351; Palandt / Heinrichs, Einleitung Anm. VI 4. a); Heck, S. 107; Reichel, S. 96, Engisch, S. 138.

47 Larenz, S. 353; Palandt / Heinrichs, Einleitung Anm. VI 4. a).

48 Rowedder / Rittner, Einleitung Rn. 38.

Vom rechtlichen Charakter her stellt eine über den Gesetzeswortlaut hinausgehende Rechtsfortbildung bis zu einem gewissen Grad auch eine rechtsschöpfende Tätigkeit des Rechtsanwenders dar[49]. Sie gerät dadurch in Konflikt zu dem verfassungsrechtlichen Grundsatz der Gewaltenteilung, wonach die Gesetzgebung ausschließlich den jeweiligen Legislativorganen zugewiesen ist. Ebenso besteht ein gewisser Widerstreit zum Gebot der Rechtssicherheit, da das Stabilitätsinteresse und die Orientierungsgewißheit der Gesetzesadressaten, d. h. die Vorhersehbarkeit und Bestimmtheit der Rechtsentscheidung, leiden, wenn ein bestehendes Gesetz durch den Richter nicht strikt beachtet wird[50]. Dennoch hat das Bundesverfassungsgericht die Aufgabe der Gerichte zur Rechtsfortbildung seit jeher als für den modernen Staat unentbehrlich anerkannt, und zwar mit der Begründung, daß der Richter gem. Art. 20 III GG nicht nur an das geschriebene Gesetz, sondern auch an das Recht, also die von der Allgemeinheit getragenen Grundsätze des Gewohnheitsrechts und die vorherrschenden Prinzipien der Gerechtigkeit gebunden sei[51]. Allerdings wird diese Befugnis der Rechtsprechung im Hinblick auf die obigen tangierten Verfassungsprinzipien nur dahingehend begrenzt zugestanden, daß die Rechtsfortbildung jeweils durch schwerwiegende Rechtsgründe, d. h. durch unabweisbare Wertentscheidungen der Verfassung oder eine sonstige allgemeine Rechtsüberzeugung[52] gerechtfertigt sein muß, die in der Abwägung für den konkreten Fall die obigen Prinzipien überwiegen. Die Rechtsfortbildung bedarf folglich einer methodisch einwandfreien Begründung, die deutlich macht, daß das geschriebene Gesetz seine Funktion, das speziell anstehende Rechtsproblem gerecht zu lösen, nicht erfüllt[53]. Ohne eine solche Begründung würde die Rechtsprechung eine ihr nicht zustehende Gewalt usurpieren.

1. Das Erfordernis der Lücke

Wichtigste Voraussetzung für ein Einschreitenmüssen des Richters bzw. für die Anwendbarkeit des Mittels der gesetzesimmanenten Rechtsfortbildung überhaupt ist danach das Vorliegen einer gesetzlichen Unzulänglichkeit in Gestalt einer Lücke des Gesetzes. Sie grenzt diese Art der Rechtsfortbildung methodisch zum einen von der der Wortlautgrenze unterliegenden, engeren Auslegung, zum anderen von der weiteren, auch über den Plan und die immanente Teleologie des Gesetzes noch hinausgehenden sogenannten „gesetzesübersteigenden Rechtsfortbildung“ ab, die zwar bei Beachtung besonderer, aus der Rechtsordnung als einem Sinnganzen zu entnehmenden Kriterien großteils für zulässig angesehen

49 Meier-Hayoz, S. 64; Larenz, S. 352.

50 Heck, S. 111; Zippelius, S. 60; Enneccerus-Nipperdey, S. 346.

51 BVerfGE 34, 269 (286 f.); 49, 304 (318); 65, 182 (190 f.) jeweils m. w. N.

52 BVerfGE 65, 182 (193 ff.).

53 BVerfGE 34, 269 (287); Larenz, S. 354.

wird[54], im gegenwärtigen Fall aber nicht benötigt wird. Zu Ungereimtheiten bei der Feststellung einer Lücke führen jedoch die vielfältigen und sehr unterschiedlichen Einteilungen der Lückenarten, da fast jeder Autor auf dem Gebiet der Methodenlehre andere Kriterien zur Abgrenzung der Lückenarten präferiert[55]. Im folgenden wird der Übersichtlichkeit halber zunächst diejenige, m. E. nach grundlegende sowie für die anzuwendende Rechtsfolge entscheidende Terminologie der Lückeneinteilung verwendet, die zwischen offenen und verdeckten Lücken trennt und damit alle möglichen Lücken erfaßt, und die sich, freilich mit gewissen Überschneidungen, auch gegenüber den anderen Einteilungen etabliert hat[56].

a) Begriff der Lücke

Aufgrund der erwähnten Unstimmigkeiten im Bereich der Lückeneinteilung ist zunächst auf den, letztlich auf dem allgemeinen Sprachgebrauch basierenden, Grundbegriff der Gesetzeslücke zurückzugehen, bezüglich dessen, soweit ersichtlich, allseits Übereinstimmung herrscht, um anschließend von diesem ausgehend das entscheidende Bestehen einer Lücke in § 58 I GmbHG frei von diesen hauptsächlich doch terminologischen Differenzen prüfen zu können. In diesem Sinne wird unter einer „Lücke" des Gesetzes, zurückgehend auf *Elze*, eine *„planwidrige Unvollständigkeit"* innerhalb des Gesetzes verstanden[57].

Unter Zugrundelegung dieser Definition kann im Hinblick auf die zu wählende Rechtsfolge bei der Lückenausfüllung unschwer differenziert werden zwischen offener Lücke einerseits, die vor allem im Wege der Analogie geschlossen wird[58], und verdeckter Lücke andererseits, die grundsätzlich mittels teleologischer Reduktion[59], in selteneren Fällen aber auch durch Formulierung eines gesetzlichen Ausnahmetatbestandes ausgefüllt wird[60]. Nach dieser Differenzierung kann eine Lücke nicht nur dann vorliegen, wenn das Gesetz für eine bestimmte Fallgestal-

---

54 Larenz, S. 353, 355, 397 ff.; Soergel / Hefermehl, Anh. zu § 133 BGB, Rn. 15; Palandt / Heinrichs, Einleitung Anm. VI 4. c).

55 Vgl. nur: Canaris, S. 134 ff. m. w. N. und ab S. 139 ff. mit eigener Einteilung; Klug in FS für Nipperdey, S. 71 ff. mit einem umfassenden Überblick über die verschiedenen Einteilungen der Lückenarten; Zippelius, S. 57 ff.; im einzelnen zu den unterschiedlichen Terminologien der Lückeneinteilung — soweit dann noch notwendig — siehe unten II. 1. c).

56 Larenz, S. 355 ff. — ihm folgend: Fikentscher, S. 719 ff.; Soergel / Hefermehl, Anh. zu § 133 BGB, Rn. 12 ff.; ebenso schon: Meier-Hayoz, S. 62.

57 Elze (1916), S. 4 ff., 26; Engisch, S. 138 f., 141; Canaris, S. 16, 39; Larenz, S. 358; Fikentscher, S. 719; Palandt / Heinrichs, Einleitung Anm. VI 4. a) bb); Soergel / Hefermehl, Anh. zu § 133 BGB, Rn. 12; BGHZ 65, 300 (302).

58 Soergel / Hefermehl, Anh. zu § 133 BGB, Rn. 13; Larenz, S. 365 ff.; Fikentscher, S. 723.

59 Soergel / Hefermehl, Anh. zu § 133 BGB, Rn. 14; Canaris, S. 136 f.; Engisch, Fußn. 163 a); Larenz, S. 375 f.; Münchener Kommentar / Säcker, Einleitung Rn. 129; Fikentscher, S. 723; Palandt / Heinrichs, Einleitung Anm. VI 4. b) bb).

60 Zippelius, S. 62.

tung gar keine Regelung enthält, obwohl es seiner Teleologie nach eine derartige Regel enthalten sollte, wenn also der Wortlaut des Gesetzes eindeutig zu eng ist und die Unvollständigkeit gewissermaßen „offen" zu Tage tritt — weshalb sie auch als „offene" Lücke bezeichnet wird[61]. Sondern eine Lücke kann — trotz unterschiedlicher Bezeichnung — nach wohl allgemeiner Ansicht auch gegeben sein, wenn das Gesetz zwar eine jedem möglichen Wortsinn nach auf den konkreten Fall anwendbare Regelung enthält, diese aber ihrem Sinn und Zweck nach auf den Sachverhalt nicht paßt, weil sie Folgen herbeiführt, die der Gesetzgeber vernünftigerweise anders geordnet hätte, wenn er sie erkannt oder bedacht hätte[62]. In diesem Falle ist der Ausspruch des Gesetzes zu weit gefaßt, und es deutet äußerlich an sich nichts auf seine Unvollständigkeit hin. *Reichel* vergleicht daher diese 2. Alternative der Lücke, die im Zeitalter der abstrakten Gesetzestechnik wesentlich häufiger vorkommt als die erstere, aufgrund ihrer Gefährlichkeit sehr anschaulich mit „Gletscherspalten, die mit gleichmäßiger Schneedecke gleissnerisch überzogen sind"[63]. Deshalb wird diese Form der Lücke auch als „verdeckte" bezeichnet[64]. Aufgrund der im Rahmen der Auslegung getroffenen Feststellungen können die nachfolgenden Überlegungen, da es vorliegend um die Beschränkung des zu weiten Wortlauts des § 58 I GmbHG geht, sich nur auf diese letztere Art der verdeckten Lücke beziehen.

b) Bestehen einer verdeckten Lücke im vorliegenden Fall?

Bezugnehmend auf die obige Grunddefinition der Lücke könnte hier schon in Verbindung mit dem Auslegungsergebnis eine „Unvollständigkeit" des Gesetzes in Gestalt des Fehlens einer Beschränkung des § 58 I GmbHG auf die effektive Kapitalherabsetzung im Sinne einer verdeckten Lücke unproblematisch angenommen werden. Fraglich ist jedoch das Vorliegen des Elements der „Planwidrigkeit" einer derartigen Lücke, worunter zu verstehen ist, daß die Unvollständigkeit der dem Gesetz zugrundeliegenden Regelungsabsicht bzw. dem mit ihm verfolgten Zweck, kurzum also dem gesetzgeberischen „Plan" zuwiderlaufen muß, so daß eine entsprechende Regelung tatsächlich vermißt wird[65].

---

61 Larenz, S. 362; Reichel, S. 96; Meier-Hayoz, S. 62 f.; Soergel / Hefermehl, Anh. zu § 133 BGB, Rn. 12; Canaris, S. 136 f.

62 Ennecerus-Nipperdey, S. 339, 346; Larenz, S. 355; Reichel, S. 96; Meier-Hayoz, S. 63.

63 Reichel, S. 96; zur Häufigkeit auch: Meier-Hayoz, S. 63 f.

64 Larenz, S. 362; Meier-Hayoz, S. 62; Soergel / Hefermehl, Anh. zu § 133 BGB, Rn. 12; Fikentscher, S. 720.

65 Larenz, S. 358; Engisch, S. 141 f.; Soergel / Hefermehl, Anh. zu § 133 BGB, Rn. 12.

aa) Die bisherige Auffassung

Die seither nahezu[66] allgemein vorherrschende Ansicht zu diesem Thema, mit der die Literatur sich nur selten — und die Rechtsprechung gar nicht — ausdrücklich und dezidiert beschäftigt hat[67], die aber stillschweigend sämtlichen Rechtsausführungen zum Thema der Kapitalherabsetzung bei der GmbH zugrundegelegt wurde, erkennt zwar die Problematik der GmbH-gesetzlichen Regelung und die daraus resultierenden Nachteile gegenüber derjenigen im Aktiengesetz durchaus an. Sie sieht jedoch das Fehlen einer der aktienrechtlichen Normierung entsprechenden, gesonderten Regelung zur vereinfachten Kapitalherabsetzung als nur rechtspolitischen Mißgriff, oder genauer gesagt, als *rechtspolitischen Fehler* an[68].

Dieser ist streng vom Begriff der Gesetzeslücke de lege lata zu unterscheiden. Ein Fehler liegt generell vor, wenn der Gesetzgeber die konkrete rechtliche Problematik — hier also nach h. M. das Erfordernis einer von § 58 I GmbHG gesonderten und vereinfachten Regelung der nominellen Kapitalherabsetzung — zwar erkannt hat, diese aber aus irgendwelchen, entgegenstehenden Gründen keiner entsprechenden Regelung zugeführt hat, und sich dies im nachhinein als falsch erwiesen hat[69]. Das Nichtvorhandensein der betreffenden Regelung entspricht in diesem Falle, gewissermaßen als „beredtes Schweigen" des Gesetzes[70], dennoch der Regelungsabsicht des Gesetzgebers und damit dem Plan des Gesetzes und kann daher nicht wie eine planwidrige Unvollständigkeit bzw. Lücke im Wege der Rechtsfortbildung behandelt werden. Vielmehr ist zur Beseitigung dieses bloß rechtspolitischen Fehlers, d. h. zur Abänderung seiner Entscheidung de lege ferenda, im Zuge der Gewaltenteilung allein der Gesetzgeber befugt, und ein Eingreifen der Rechtsprechung wäre schlicht unrechtmäßig, ist aber im GmbH-Recht auf dem Gebiet der kapitalersetzenden Darlehen mit bleibender Wirkung dennoch erfolgt[71]. Als instruktives Beispiel für das Vorliegen eines rechtspolitischen Fehlers wird das Nichtexistieren von Bestimmungen über das Wohnungseigentum im Bürgerlichen Gesetzbuch genannt[72], die der damalige Gesetzgeber aus Gründen der Übersichtlichkeit bewußt nicht eingearbeitet hat, was sich jedoch spätestens nach dem 2. Weltkrieg aus wirtschafts- und gesell-

---

66 Bis auf die schon mehrfach erwähnten Fischer / Lutter / Hommelhoff und Zöllner; vgl. dazu auch oben 2. Kapitel Fn. 59.

67 In den letzten Jahren hat sich eigentlich nur K. Schmidt, dieser allerdings mehrfach, dazu geäußert: ZGR 82, 534 f.; ders., Verhandlungen des 54. DJT I, S. D 110; ders., AG 85, 151; ders., § 37 V 3. a).

68 Siehe dazu insbesondere die in Fußn. 67 genannten Fundstellen von Schmidt, aber auch: Scholz / Priester, § 58 Rn. 81 ff.; Rowedder / Zimmermann, § 58 Rn. 42 ff.; Hachenburg / Ulmer, § 58 Rn. 77 ff.

69 Larenz, S. 358; Engisch, S. 142.

70 Fikentscher, S. 721; Larenz, S. 355.

71 Schmidt, AG 85, 157 und II. 4. a) im 4. Kapitel.

72 Larenz, S. 355, 358.

schaftspolitischen Gründen als verfehlt herausgestellt hat und durch den Erlaß eines eigenen Gesetzes über das Wohnungseigentum korrigiert werden mußte.

Auf ähnliche Weise sieht die vorherrschende Auffassung die Rechtslage im vorliegenden Fall. Sie begründet[73] ihre Haltung ganz knapp damit, daß der Gesetzgeber von 1892 die grundlegende Zweiteilung der Kapitalherabsetzung in eine effektive Form und eine bloß nominelle Art sehr wohl erkannt habe und mit der Norm des § 58 GmbHG — aus welchen Gründen auch immer — eben alle beiden Arten habe erfassen wollen. Dieses Vorgehen des Gesetzgebers hat sich spätestens seit den dreißiger Jahren als falsch erwiesen, was jedoch im vorliegenden Zusammenhang keine weitere Rolle spielt. Zum Beleg für diese These wird auf die bereits erwähnte Stelle in der Begründung zum damaligen § 59 GmbHG verwiesen[74], wo tatsächlich auch der Zweck der Beseitigung einer Unterbilanz angeführt ist und woraus an sich hervorgeht, daß der ursprüngliche Gesetzgeber diese Form der Herabsetzung — wenn auch nicht in ihrer vollen Bedeutung — erkannt und zumindest am Rande berücksichtigt haben muß.

Ob diese Argumentation der h. M. zutreffend ist und das Vorhandensein einer Lücke in § 58 I GmbHG ausschließen kann, bestimmt sich nach dem im einzelnen noch zu ermittelnden Plan des Gesetzes. Doch schon an dieser Stelle sei angemerkt, daß zwischen dem hier zu prüfenden Lösungsweg über eine Lücke und der h. M. ein gravierender Unterschied dahingehend besteht, daß vorliegend die Lücke nur im Fehlen einer negativen Beschränkung des § 58 I GmbHG auf die effektive Kapitalherabsetzung liegen könnte, während nach letzterer Auffassung der rechtspolitische Fehler im Nichtbestehen einer dem Aktienrecht entsprechenden Normierung der vereinfachten Kapitalherabsetzung, also eines positiven Regelungskomplexes zu sehen ist, dessen Entwicklung seitens der Rechtsprechung ungleich mehr in die Kompetenzen des Gesetzgebers eingreifen würde als der hier bereits angedeutete Weg, der wesentlich enger am Gesetz entlang verläuft, aber von der h. M. nicht erkannt wurde.

bb) Der Plan des Gesetzes

Der Plan des Gesetzes ist mittels historischer und teleologischer Auslegung aus der gesetzlichen Regelung selbst zu ermitteln[75]. In diesem Rahmen sind, da die Auslegung im engeren Sinne sich gewissermaßen bruchlos in der Lückenergänzung fortsetzt, weitestgehend dieselben Kriterien zu beachten, die bei der Auslegung des § 58 I GmbHG maßgeblich waren[76]. Um Wiederholungen so weit

---

[73] Eine Begründung dieser Auffassung erfolgt an sich wiederum nur von Schmidt (s. oben Fußn. 67) — anderen Orts wird sie wohl stillschweigend vorausgesetzt.

[74] Begründung GmbHG in Stenographische Berichte 1890/92, Anlagen Band 5, Reichstag-Aktenstück Nr. 660, S. 3755.

[75] Palandt / Heinrichs, Einleitung Anm. VI 4. b) aa); Larenz, S. 358 f.; Lehmann, S. 6.

[76] Larenz, S. 352.

wie möglich zu vermeiden, wird bei Überschneidungen im einzelnen nur kurz auf das vorher ermittelte Ergebnis eingegangen und ansonsten nach oben verwiesen.

aaa) Allgemeiner und konkreter Inhalt des Planes

Der Maßstab des gesetzlichen „Plans", an dem das Bestehen einer Lücke oder eines Fehlers zu messen ist, darf in diesem Zusammenhang inhaltlich jedoch nicht zu eng gezogen werden. Er umfaßt nach *Larenz* nicht nur die konkreten Absichten und bewußt getroffenen Entscheidungen des Gesetzgebers beim Erlaß des Gesetzes, sondern auch diejenigen objektiven Rechtszwecke und allgemeinen Rechtmäßigkeitsprinzipien, die jedem Gesetz deshalb innewohnen, weil und soweit es beansprucht, „Recht" zu sein[77].

Auf der Grundlage eines derart umschriebenen Maßstabs ergibt sich im vorliegenden Falle — von der Schutzfunktion zugunsten der einzelnen Gesellschafter einmal abgesehen — folgender gesetzlicher Plan für den Bereich des Stammkapitals: sowohl hinsichtlich seiner Aufbringung als auch seiner Erhaltung und vor allem Veränderung ist nach den Ergebnissen der teleologisch-historischen Auslegung[78] infolge der damaligen Umstände als Regelungsabsicht des Gesetzgebers natürlich als erste und vordringlichste diejenige des Schutzes der Gläubiger und auch des Rechtsverkehrs allgemein zu nennen. Daneben ist zu beachten, daß aus der Frist des § 64 I GmbHG eine grundsätzliche Sanierungsfreundlichkeit des GmbH-Gesetzes zu schließen ist[79], auch wenn diese im Gesetz nicht ausdrücklich erwähnt ist. Insbesondere sind aber auch bei dieser Gelegenheit das in unserer Rechtsordnung stets präsente Prinzip der Gleichbehandlung sowie der weitere Grundsatz der Sachgemäßheit bzw. Angemessenheit der Regelung — jedem Gesetz kann im Zweifel unterstellt werden, daß es eine der Sache angemessene Regelung bezweckt[80] — als in jedem Gesetz enthaltener Plan zu berücksichtigen.

bbb) Prüfung des Vorliegens von Widersprüchen zu dieser immanenten Teleologie des Gesetzes

Für das Vorliegen eines Widerspruchs zu dem soeben aufgezeigten Plan des Gesetzes spricht zunächst, daß, wie im Rahmen der teleologischen Auslegung festgestellt[81], die Regelung des § 58 I GmbHG nicht sachgemäß ist, weil sie ihrem Wortlaut nach die fundamentalen Unterschiede bezüglich der Gläubigerge-

---

77 Larenz, S. 359; dieselbe Auffassung liegt Canaris, S. 151 ff. und Lehmann, S. 7 f. zugrunde, sie ist dort nur nicht so präzise ausgedrückt.

78 Vgl. soeben I. 3., 4. dieses Kapitels.

79 Hopt, ZHR 143, 167; Lutter / Hommelhoff / Timm, BB 80, 737; Uhlenbruck, ZIP 80, 74 f.; Scholz / Schmidt, § 64 Rn. 15.

80 Larenz, S. 320.

81 Vgl. I. 3. b) aa) und bb) dieses Kapitels.

fährdung zwischen der effektiven Kapitalherabsetzung einerseits sowie der nominellen und der sanierenden Kapitalherabsetzung andererseits außer acht läßt, und dadurch der Zweck des Gläubigerschutzes bei diesen letzten beiden Formen ins Leere geht, d. h. gar nicht erreicht werden kann. Man muß sogar noch darüber hinausgehen: die tiefgreifende Einschränkung insbesondere der sanierenden Kapitalherabsetzung durch § 58 I GmbHG läuft den Interessen der Gläubiger geradewegs zuwider, da, wie gesehen, ein Unternehmen im Krisenfalle am sichersten durch diese Maßnahme wieder auf eine solide Basis gestellt werden kann, wodurch der Gläubigerschutz am ehesten gewährleistet wäre. Man sieht: die Einschränkung dieses Mittels durch § 58 I GmbHG führt zu wahrlich unvernünftigen Ergebnissen[82]. Darüber hinaus liegt in der Mißachtung dieser Unterschiede, aber auch derjenigen hinsichtlich von Sinn und Reichweite der verschiedenen Formen der Kapitalherabsetzung, ein Verstoß gegen den negativen Gleichheitssatz, der die Ungleichbehandlung ungleicher Sachverhalte gebietet.

Dadurch steht eine derartige Einschränkung zum einen dem konkret beabsichtigten Zweck des Gläubigerschutzes sowie dem Grundsatz der Sanierungsfreundlichkeit des Gesetzes, zum anderen den objektiven Rechtsprinzipien der Sachgemäßheit und der Gleichbehandlung entgegen. Hinzu kommt in dieser Hinsicht noch, daß derart einschneidende Voraussetzungen wie in § 58 I GmbHG auch nicht dem allgemeinen Rechtsgrundsatz der Erforderlichkeit entsprechen, da der damit bezweckte Erfolg des Gläubigerschutzes, wie das Aktiengesetz vorführt, sowohl im Bereich der isoliert nominellen als auch der sanierenden Kapitalherabsetzung — hier jedoch nur, soweit dies bei einer von der hier zugrundegelegten Ausgestaltung abweichenden Form der Kombination überhaupt nötig sein sollte — durch wesentlich geringere Mittel erreicht werden kann. Somit widerspricht die bestehende Regelung des § 58 I GmbHG gleich in mehrfacher Form dem Plan des Gesetzes, weshalb an sich eine Lücke zu bejahen wäre.

ccc) Entgegenstehen der vorherrschenden Auffassung?

Unbeachtlich wären diese Widersprüche jedoch, wenn man die Argumentation der h. M. hierher übertragen könnte, wenn also das Nichtbestehen einer Beschränkung des § 58 I GmbHG nicht als Lücke, sondern als rechtspolitischer Fehler anzusehen wäre, weil der Gesetzgeber seinerzeit diese Widersprüche zumindest bewußt in Kauf genommen hat.

Unmittelbar kann die vorherrschende Auffassung hier deshalb nicht zum Tragen kommen, weil sie sich, wie erwähnt, auf das Fehlen einer positiven Regelung der vereinfachten Kapitalherabsetzung nach dem Vorbild des Aktienrechts bezieht und damit auf ein ganz anderes Mittel zur Vermeidung der mit der Herabsetzung verbundenen Schwierigkeiten. Zwar sticht diese Lösung aufgrund der ak-

82 Reichel, S. 135 ff.

tienrechtlichen Normierung und der ehemaligen Durchführungsverordnung im GmbH-Recht zugegebenermaßen als erstes ins Auge, doch wäre sie tatsächlich wegen des eindeutigen Wortlauts des § 58 I GmbHG schon von vornherein nicht mittels der gesetzesimmanenten Rechtsfortbildung begründbar, sondern allenfalls — sofern man dafür nicht sowieso den Gesetzgeber allein für zuständig hält — im Wege gesetzesübersteigender Rechtsfortbildung, die unter Beachtung des Gewaltenteilungsprinzips zu Recht nur unter besonderen Voraussetzungen zulässig ist[83]. Sie ist jedoch solange nicht notwendig, wie dasselbe Ziel mittels der näher am Gesetz verlaufenden bzw. seinem Plan entsprechenden gesetzesimmanenten Rechtsfortbildung erreicht werden kann.

Will man nun die Begründung der h. A. auf den vorliegend geprüften Lösungsweg übertragen, dann müßte der Gesetzgeber von 1892 die rechtliche Problematik, die aus der gleichmäßig strengen Beschränkung der völlig unterschiedlichen Arten der effektiven und nominellen, insbesondere aber der sanierenden Kapitalherabsetzung entsteht, erkannt haben, sich aber dennoch aus bestimmten Gründen für die bestehende Regelung entschieden haben. Hierfür spricht in der Tat, daß man, wie die Begründung des GmbH-Gesetzes ergibt[84], auch damals die nominelle, auf die Beseitigung einer Unterbilanz gerichtete Kapitalherabsetzung gekannt hat und trotzdem die einheitliche Regelung des § 58 GmbHG gewählt hat.

Dagegen spricht jedoch, daß es für diese Handlungsweise des Gesetzgebers, wie die Begründung des GmbH-Gesetzes ebenfalls zeigt, anders als z. B. in dem erwähnten Fall der Nichtberücksichtigung von Bestimmungen über das Wohnungseigentum im BGB, in dem man die Übersichtlichkeit der Rechtsverhältnisse an Grundstücken erhalten wollte, keine speziellen Gründe tatsächlicher oder rechtlicher Art gegeben hat. Vielmehr hat der Gesetzgeber, dies hat die historische Auslegung des § 58 I GmbHG gezeigt[85], die Notwendigkeit einer unterschiedlichen Behandlung der verschiedenen Arten der Kapitalherabsetzung gar nicht erkannt und bedacht, obwohl er mit § 58 GmbHG, wie dessen klarer Wortlaut in Abs. 1 1. Halbsatz ergibt, den gesamten Bereich der Kapitalherabsetzung abdecken wollte. Dieser Umstand hatte seine Ursache zum einen darin, daß die Gesetzgebung seinerzeit noch unter dem Eindruck der negativen Erfahrungen mit der AG stand und infolgedessen ganz vom Gedanken des Gläubigerschutzes beseelt war. Zum anderen lag der Grund darin, daß man die Kapitalherabsetzung als Einheitsinstitut vorrangig zu effektiven Zwecken betrachtete und dementsprechend behandelte, was sich in der bedenkenlosen, sinngemäßen Übernahme der damals noch einheitlichen Regelung der Kapitalherabsetzung im Aktienrecht in Art. 248 ADHGB ausdrückte. Dabei hat sicherlich die vorangegangene Praxis mit der AG ebenfalls eine Rolle gespielt, aber auch die Tatsache, daß der Gesetz-

83 Larenz, S. 355, 397 ff.; Soergel / Hefermehl, Anh. zu § 133 BGB, Rn. 15.
84 Vgl. oben Fußn. 74 dieses Kapitels.
85 Siehe dazu und zum folgenden: I. 4. dieses Kapitels, aber auch I. 2. des 3. Kapitels.

geber, der ja an den Erfolg der von ihm geschaffenen Gesellschaftsform glauben mußte, in erster Linie von der gesunden, prosperierenden GmbH ausging[86] und kein derart hohes Maß an sanierungsbedürftigen Unternehmungen erwartete. Dadurch wurde die nominelle Kapitalherabsetzung an den äußersten Rand der Überlegungen gedrängt und ohne weitere Bedenken, gewissermaßen als theoretisch zwar notwendiges, praktisch aber überflüssiges Beiwerk gleichfalls dieser Einheitsregelung unterstellt.

Die weitere Möglichkeit einer Sanierung von Unternehmen durch die einheitliche Kombination einer nominellen Kapitalherabsetzung mit einer gleichzeitigen Barkapitalerhöhung wurde dagegen im Gesetzgebungsverfahren überhaupt nicht erwähnt[85]. Diese aufgrund der geschilderten wirtschaftlichen Entwicklung der GmbH an sich bedeutendste Maßnahme auf dem Gebiet der Kapitalherabsetzung besitzt, wie bereits mehrfach betont[87], infolge des mit ihrer Anwendung verfolgten Zwecks sowie der Reichweite ihrer Rechtsfolgen — und zwar der vollständigen finanziellen Sanierung eines Unternehmens — eine eigenständige rechtliche Qualität. Maßgeblichstes Argument ist hierbei der unterschiedliche Zweck der Maßnahme, der ja *das* Unterscheidungskriterium zwischen den verschiedenen Formen der Kapitalherabsetzung bildet[87]. Die andere Rechtsqualität ergibt sich aber auch aus der engen Verbundenheit, ja sogar inneren Abhängigkeit der Komponenten dieser Kombinationsmaßnahme, von denen keiner allein den Sanierungserfolg herbeiführen könnte, vielmehr jeder auf den anderen angewiesen ist. Insofern besteht geradezu eine Bedingtheit beider Teile durch das Wirksamwerden des anderen Teils. Dadurch existiert ein einheitliches Instrument, das gegenüber effektiver und nomineller Herabsetzung als „tertium" zu behandeln ist. Sowohl die Nichtbeachtung dieses Instruments im Rahmen des gesetzgeberischen Verfahrens als auch das Nichtvorhersehenkönnen der Entwicklung der Rechtsform der GmbH und damit des Wandels des Instituts der Kapitalherabsetzung insgesamt sprechen dafür, daß der damalige Gesetzgeber jedenfalls die Möglichkeit der sanierenden Kapitalherabsetzung bei der Normtextfassung nicht mitbedacht hat[88], und zumindest insofern eine planwidrige Unvollständigkeit des Gesetzes in Gestalt des Fehlens einer entsprechenden Beschränkung des § 58 I GmbHG gegeben ist. Dies wird bestätigt durch die Überlegung, daß es aufgrund der regelmäßig sehr sorgfältigen Auswahl der Gesetzesworte sehr wahrscheinlich oder sogar sicher ist, daß ein zu umfassender Gesetzeswortlaut auf dem Übersehen der notwendigen Einschränkung und des ihr zugrundeliegenden Sachverhalts, nicht aber auf sprachlichen Problemen beruht[89].

---

86 So auch: Scholz / Westermann, Einleitung Rn. 44.

87 Vgl. insbesondere oben I. 2. a) dieses Kapitels.

88 Zöllner in FS Tübinger Juristenfakultät, S. 145 — in die gleiche Richtung: Fikentscher, S. 724, der die „Planwidrigkeit" allerdings relativ oberflächlich von der Notwendigkeit einer Analogie oder Reduktion abhängig macht, wonach vorliegend in jedem Fall eine Lücke zu bejahen wäre.

89 Heck, S. 123 f.

Aus der Abwägung dieses Für und Wider ergibt sich folgendes Ergebnis: trotz mannigfaltiger entgegenstehender Gründe kann, da auf dem Boden des verfassungsrechtlichen Prinzips der Gewaltenteilung das Rechtssetzungsmonopol und die daraus resultierenden Entscheidungen des Gesetzgebers — auch wenn sie nicht immer nachvollziehbar sind — im Interesse der Rechtssicherheit grundsätzlich zu respektieren sind, eine Lücke bezüglich der isolierten nominellen Kapitalherabsetzung nicht angenommen werden, weil man um die Begründung zum GmbH-Gesetz nicht herumkommt und daher davon ausgehen muß, daß dem Gesetzgeber auch diese Form der Kapitalherabsetzung seinerzeit bekannt war, und die diesbezügliche Unvollständigkeit des § 58 I GmbHG somit nicht planwidrig war, sondern nur als rechtspolitischer Fehler zu betrachten ist. Sie unterliegt folglich auch weiterhin den erschwerenden Voraussetzungen des § 58 I GmbHG. Dagegen ist das Vorliegen einer verdeckten Lücke hinsichtlich des anderen Instruments der sanierenden Kapitalherabsetzung uneingeschränkt zu bejahen, da der Gesetzgeber von 1892 das Bestehen dieser Möglichkeit mit Sicherheit nicht erkannt und daher nicht in seinen Plan hat einbeziehen können und weil die Argumente für eine Ausgrenzung der isoliert nominellen Kapitalherabsetzung in noch viel stärkerem Maße auf dieses Sanierungsmittel zutreffen.

c) Vorliegen einer Lücke auch anhand anderer Kriterien

Der Vollständigkeit und Klarheit halber wird nachfolgend, nachdem, wie erwähnt, eine große Anzahl unterschiedlicher Lückeneinteilungen existiert[90], für die Lückenfeststellung im vorliegenden Fall jedoch der allgemeine Grundbegriff der Lücke sowie die aussagekräftige Unterscheidung zwischen offener und verdeckter Lücke völlig ausgereicht haben, eine kurze Einordnung der ermittelten Lücke in die wichtigsten dieser anderen Einteilungskriterien gegeben. Diese sind für die Lückenfeststellung im konkreten, passenden Fall mitunter sehr hilfreich, ansonsten aber, wenn man sich den stets erforderlichen Grundbegriff der Lücke vergegenwärtigt, oftmals nur von terminologischer Bedeutung.

In erster Linie von *Larenz* stammt die Unterscheidung in Norm- und Regelungslücken[91], wobei unter ersterer der seltene Fall zu verstehen ist, daß eine Norm überhaupt nicht angewandt werden kann, wenn ihr keine weitere Bestimmung hinzugefügt wird, die das Gesetz vermissen läßt. Ein solcher Fall ist hier offenbar nicht gegeben. Demnach muß es sich bei der hiesigen Lücke um eine Regelungslücke handeln, bei der die einzelnen Normen an sich vollständig sind, aber dennoch eine passende Regel für einen bestimmten Punkt, der nach der Regelungsabsicht des Gesetzgebers einer Regelung bedarf, nicht enthalten[92]. In ähnlicher Weise unterscheidet *Zitelmann* zwischen echten und unechten Lücken, wobei

---

90 Vgl. oben zu Beginn von II. 1. dieses Kapitels mit Fußn. 55 und den darin Genannten.

91 Larenz, S. 356 ff.; ebenso: Fikentscher, S. 719 ff.

92 Larenz, S. 357; Fikentscher, S. 720; Canaris, S. 151.

die echten den Normlücken entsprechen und die unechten zumeist den Regelungslücken[93]. Teilweise wird in gleichem Zusammenhang auch von eigentlichen und uneigentlichen Lücken gesprochen[94]. An diese weitestgehend abgelehnte Differenzierung bzw. deren Gruppierungen knüpft *Canaris* mit anderen Kriterien an. Er unterscheidet nach dem Maßstab der Lückenfeststellung 3 Gruppen[95]: 1. Rechtsverweigerungslücken, d. h. Fälle, in denen Anordnungen des Gesetzes in Verbindung mit dem Rechtsverweigerungsverbot zu einer Ergänzung zwingen; 2. teleologische Lücken, also Sachverhalte, bei denen die Teleologie des Gesetzes eine Rechtsfortbildung vor allem über die Anwendung von Analogie oder teleologischer Reduktion verlangt; 3. Prinzip- und Wertlücken, bei denen die Lückenfeststellung mit Hilfe allgemeiner Rechtsprinzipien und -werte erfolgt. Die oben festgestellte Lücke wäre in diesem Sinne unschwer als teleologische einzuordnen.

Sämtliche bisher genannten Lückenarten — bis auf die Rechtsverweigerungslücken, die nur als offene Lücken vorkommen — können offene oder verdeckte Lücken sein[96]. Für diese bekannte Differenzierung werden auch andere Umschreibungen verwendet, wie diejenigen zwischen Lücke praeter legem und intra legem[97] oder zwischen Formulierungslücke und Wertungslücke[98], wobei jeweils die beiden letzteren der verdeckten Lücke entsprechen. Zusätzlich wird noch im Hinblick auf den Zeitpunkt der Entstehung der Lücke unterschieden zwischen anfänglichen oder primären Lücken, d. h. solchen, die schon bei Erlaß des Gesetzes bestanden, und nachträglichen bzw. sekundären Lücken, die erst später durch die wirtschaftliche oder technische Entwicklung entstanden sind[99]. Innerhalb der anfänglichen Lücken wird noch weiter getrennt zwischen absichtlichen oder bewußten Lücken, die der Gesetzgeber gewollterweise offen gelassen hat, um ihre Ausfüllung Rechtsprechung und Wissenschaft zu überlassen, sowie unabsichtlichen oder unbewußten Lücken, die er schlicht übersehen hat[100]. Im vorliegenden Fall fällt die Einstufung zwischen anfänglicher und nachträglicher Lücke nicht ganz leicht, da es für beides Argumente gibt. Für die erste Form spricht, daß die Lücke gewissermaßen von vornherein im Gesetz angelegt war, da schon damals eine Kombination der seither unveränderten Kapitalherabsetzung mit einer Kapitalerhöhung zu Sanierungszwecken grundsätzlich denkbar gewesen wäre. Indes sprechen die bei Erlaß des Gesetzes noch nicht absehbare Entwicklung der GmbH und der damit verbundene Wandel des Schwerpunktes der Kapitalher-

---

93 Zitelmann, S. 19 ff. und 27 ff.; Larenz, S. 357.

94 Klug in FS für Nipperdey, S. 71.

95 Canaris, S. 139 ff.

96 Canaris, S. 141.

97 Meier-Hayoz, S. 63.

98 Zippelius, S. 57 f.

99 Larenz, S. 363; Canaris, S. 135; Klug in FS für Nipperdey, S. 72.

100 Klug in FS für Nipperdey, S. 72; Larenz, S. 363; Palandt / Heinrichs, Einleitung Anm. VI 4. b) aa); Canaris, S. 134.

absetzung zum Sanierungsinstrument, der erst zu Beginn der dreißiger Jahre völlig offenbar wurde, somit also die im Rahmen der jetzigen ex-post Betrachtung als absolute Fehleinschätzung zu beurteilenden diesbezüglichen Vorstellungen des Gesetzgebers selbst, viel eher für das Vorliegen einer nachträglichen Lücke infolge der Veränderung der wirtschaftlichen Verhältnisse. Daher ist die Lücke als nachträgliche einzustufen.

Nach alledem ist die Lücke, je nach der gebrauchten Terminologie, z. B. als eine nachträgliche, verdeckte Regelungslücke oder teleologische Lücke einzuordnen.

2. Die teleologische Reduktion

a) Ihre Funktionsweise im allgemeinen

Als Mittel zur Ausfüllung dieser verdeckten Lücke, die, wie nunmehr endgültig ermittelt, im Fehlen einer Beschränkung des § 58 I GmbHG auf die effektive und die nominelle Kapitalherabsetzung besteht, kommt eine teleologische Reduktion in Betracht. Diese Vorgehensweise ist, sofern sie sich streng an die Teleologie des Gesetzes hält und — wie hier — innerhalb der ihr gesetzten Schranken verbleibt, nicht weniger „gesetzestreu" als jede teleologische Auslegung [101]. Durch sie wird, indem der Norm gedanklich die ihrem Sinn und Zweck entsprechende Einschränkung in Form eines Ausnahmetatbestandes hinzugefügt wird, die zu weit gefaßte Vorschrift auf den ihr nach dem Regelungszweck des Gesetzes zukommenden Anwendungsbereich zurückgeführt bzw. „reduziert" [102]. Die ältere Doktrin hat in diesem Zusammenhang folgenden markanten Satz geprägt: „cessante ratione legis cessat lex ipsa" [103].

Die grundsätzliche Einheitlichkeit dieser Maßnahme mit derjenigen der Lükkenfeststellung wird von *Canaris* betont [104], dem zwar zuzugeben ist, daß in diesen Fällen, in denen die Teleologie des Gesetzes eine Beschränkung des zu weiten Wortlauts verlangt, die Feststellung der Lücke oft die Art und Weise ihrer Ausfüllung impliziert, beides in der Praxis also regelmäßig ein einheitlicher tatsächlicher Prozeß ist. Auf der anderen Seite liegt das Schwergewicht der teleologischen Reduktion an sich, da sie vorwiegend nicht der Lückenerzeugung, sondern ihrer Schließung dient, im Bereich der Ausfüllung einer vorher festgestellten, schon bestehenden Lücke, so daß beide Vorgänge m. E. nach zumindest gedanklich doch zu trennen sind [105]. Letztlich kann diese Frage hier jedoch dahin-

[101] Larenz, S. 376.

[102] Larenz, S. 375.

[103] Münchener Kommentar / Säcker, Einleitung Rn. 129; Reichel, S. 135.

[104] Canaris, S. 148 ff. (151 f.).

[105] So bereits Larenz, S. 385 f. ganz eindeutig für den hier vorliegenden Fall, daß die Rechtsfolgen aus dem Bestehen der Lücke noch offen sind; ferner Fikentscher, S. 723. Rechtsprechungsnachweise zu dieser Frage liegen — soweit ersichtlich — nicht vor.

stehen, da auch *Canaris* anerkennt, daß die Reduktion allein zur vollständigen Ausfüllung der Lücke nicht immer ausreicht[106], die Einheitlichkeit also nicht „denknotwendig" ist, und beide Auffassungen damit im vorliegenden Fall zu demselben Ergebnis der Differenzierung von Lückenfeststellung und -ausfüllung kommen. Denn das hängt von der jeweils zu reduzierenden Norm ab: erlaubt diese mehr als nur 2 Rechtsfolgen, so ist, weil dann aufgrund der Reduktion nicht von vornherein feststeht, welche dieser mehreren Rechtsfolgen einschlägig ist, ein 2. Schritt der Lückenausfüllung notwendig, der zumeist in einer Analogie besteht.

b) Die Reduktion und ihre Elemente im konkreten Fall

Ihre gesetzliche Rechtfertigung bezieht die teleologische Reduktion generell wie auch im vorliegenden Fall aus dem negativen Gleichheitssatz, also dem allgemeinen Gerechtigkeitsgebot, Ungleiches ungleich zu behandeln[107]. Daß dieses Prinzip bezüglich der sanierenden Kapitalherabsetzung in § 58 I GmbHG verletzt ist, wurde bereits dargelegt. Diese Möglichkeit der Herabsetzung unterscheidet sich in so hohem Maße von den anderen Formen der Herabsetzung, daß ihre Beschränkung durch § 58 I GmbHG den Interessen der Gläubiger, deren Schutz diese Norm ja gerade bezweckt, diametral entgegenläuft, oder mit anderen Worten gesagt: eine Erleichterung für ihre Durchführung würde den Interessen der Gläubiger in hohem Maße zugute kommen. Demnach ist eine entsprechende Einschränkung des § 58 I GmbHG durch den negativen Teil des Gleichbehandlungsgebots gedeckt. Die Einfügung, durch die die hier untersuchte Form der Kapitalherabsetzung aus dem Anwendungsbereich des § 58 GmbHG ausgegrenzt wird, müßte unter Zugrundelegung der bisherigen Feststellungen folgende, die sanierende Kapitalherabsetzung kennzeichnenden Elemente enthalten.

aa) Das Element der Kapitalherabsetzung: Beschränkung auf nominelle Zwecke

Zunächst muß abgesichert werden, daß eine von den Erfordernissen des § 58 I GmbHG befreite Kapitalherabsetzung nur zur Beseitigung tatsächlich vorhandener, zu einer Unterbilanz führender Verluste benutzt wird und nicht zu effektiven Zwecken entfremdet werden darf, hinsichtlich derer eine Reduktion mangels Lücke von vornherein unzulässig wäre. Dies kann durch den Einbau der Voraussetzung eines durch einen unabhängigen Prüfer bestätigten Verlustes erreicht werden. Hierfür ist m. E. nach — anders als der Lösungsweg von FLH vorsieht — jedoch kein gem. §§ 46 Nr. 1, 47 I GmbHG förmlich festgestellter Bilanzverlust erforderlich, da einerseits das Bilanzdatum oft schon einige Zeit zurückliegen

---

[106] Canaris, S. 152 f. mit Fußn. 38; ebenso: Larenz, S. 379 f.

[107] Larenz, S. 376, 385 f.; Canaris, S. 151; Fikentscher, S. 723.

wird und seine Grundlagen daher nicht mehr ganz aktuell sind, andererseits die Neufeststellung im Hinblick auf die Konkursantragsfrist des § 64 I GmbHG von 3 Wochen zuviel Zeit in Anspruch nehmen würde. Vielmehr reicht, wie im Fall der mit einer Erhöhung kombinierten, vereinfachten Kapitalherabsetzung im Aktienrecht gem. § 229 I AktG auch, jede anderweitige Feststellung des Verlustes, etwa durch die üblicherweise erstellten, monatlichen oder vierteljährlichen Zwischenbilanzen[108], aus. Gleichzeitig wird durch diese Voraussetzung bis zu einem gewissen Grad sichergestellt, daß die Kapitalherabsetzung nur soweit gehen kann, als dies zur Deckung des tatsächlich bestehenden Verlustes notwendig ist, damit die von § 58 I GmbHG nun nicht mehr abgeschreckte Gesellschaftermehrheit nicht versucht, unter dem Deckmantel der Sanierung unliebsame Minderheitsgesellschafter loszuwerden[109].

bb) Das Element der Kapitalerhöhung: Sacheinlagen zulässig?

Zum zweiten muß im Interesse der Gläubiger, aber auch der Gesellschaft, das gleichzeitige Wirksamwerden der mit der Herabsetzung verbundenen Kapitalerhöhung abgesichert werden, die, um jegliches Restrisiko für die Gläubiger der Gesellschaft auszuschalten[110], das Stammkapital sofort wieder mindestens bis zu der alten Stammkapitalziffer erhöhen muß. Unter dem Begriff der „Gleichzeitigkeit" der Kapitalerhöhung ist also sowohl die gleichzeitige Beschlußfassung als auch das gleichzeitige Wirksamwerden beider Teile zu verstehen. Fraglich ist in diesem Zusammenhang nur, ob die Erhöhung auch gegen Sacheinlagen gem. § 56 GmbHG oder — wie FLH, allerdings noch ohne Begründung, vorschlagen — nur als Barkapitalerhöhung erfolgen kann.

Für die Möglichkeit der Einbringung von Sacheinlagen spricht, daß auf diese Weise die Übernehmer der neuen Geschäftsanteile in Abstimmung mit der Gesellschaft (§§ 55 I, II 1, 56 I GmbHG) je nach ihren wirtschaftlichen Verhältnissen selbst entscheiden könnten, welche Art der Kapitalaufbringung für den jeweiligen Krisenfall opportun ist. Das würde aber auch bedeuten, daß der Gesellschaft in der Not beitretende Gläubiger ihre Forderungen gegen die GmbH als Sacheinlage einbringen und dafür Geschäftsanteile erhalten könnten. Dadurch entstünden im Falle der Unternehmenskrise gerade in diesem Bereich, aber auch bei Einbringung immaterieller Vermögenswerte wie Patenten oder Know-how, erhebliche Bewertungsschwierigkeiten, die zu groben Überbewertungen der Sacheinlagen zum Nachteil der übrigen Gläubiger führen könnten[111]. Daß eine Wertberichtigung

108 Kölner Kommentar / Lutter, § 229 Rn. 10.

109 Zu diesem Problem äußerte sich Lutter im Zusammenhang mit der erneuten Krise der Co op Handelskonzern AG — siehe Stuttgarter Zeitung vom 21. 10. 1989, S. 17; näheres zu dieser Problematik: vgl. unten II. 2. b) bb) des 6. Kapitels.

110 Zum Nachweis des ausgeschlossenen Risikos vgl. oben I. 2. a), b) und I. 3. b) aa) dieses Kapitels.

111 Vgl. dazu bereits oben im 4. Kapitel, II. 2. d).

eingebrachter Forderungen gegen das marode Unternehmen zu erfolgen hat, weil sie nicht vollwertig sind, ist daher allgemein anerkannt[111]. Problematisch ist jedoch, wie weit diese jeweils zu gehen hat. Über dieses Problem hilft auch der einzig denkbare Weg der Ermittlung der Wertberichtigungshöhe nicht ganz hinweg, der darin besteht, die Forderung nur in dem Verhältnis zum Nominalwert anzusetzen, in dem das Aktivvermögen der GmbH die Gesellschaftsverbindlichkeiten deckt[112]. Mit aus diesen Gründen schließt das Aktienrecht an den beiden Stellen, an denen es eine sanierende Kombination von Kapitalherabsetzung und -erhöhung erwähnt und voraussetzt, nämlich in §§ 228 I, 235 I AktG, die Erhöhung gegen Sacheinlagen aus. Denn es sieht diese Form der Konsolidierung der Gesellschaft als zu schwach an[113].

Dem könnte man entgegenhalten, daß Sacheinlagen im Recht der GmbH gem. §§ 56 a, 7 III GmbHG anders als nach dem Aktiengesetz — dort können sich die Sacheinleger gem. §§ 188 II 1, 36 a II 2 AktG in den weitaus häufigsten Fällen der Übertragung eines Vermögensgegenstandes, also auch einer Forderung oder eines Rechts, 5 Jahre Zeit zur Bewirkung der Leistung lassen, ohne daß das Registergericht deshalb die Eintragung der Maßnahme ablehnen kann[114], weshalb der Ausschluß der Sachkapitalerhöhung im Interesse der Gläubiger insoweit als naheliegend und gerechtfertigt erscheint — bereits vor Anmeldung der Kapitalerhöhung in vollem Umfang geleistet sein müssen[115]. Das ist für die Gläubiger wesentlich sicherer. Doch beseitigt auch diese günstigere Ausgangslage die Problematik der Bewertungsschwierigkeiten nicht völlig. Diese bleibt vielmehr auch im Rahmen der die Kapitalaufbringung und die Gläubiger schützenden Differenzhaftung gem. §§ 56 II, 9 I GmbHG bestehen, die als Maßgröße für eine mögliche Überbewertung neben dem Nennbetrag ebenfalls den wirklichen Wert des Einlagegegenstandes benötigt[116]. Überdies kommt diese Haftung nach allgemeiner Auffassung erst zum Tragen, wenn die gesamte Maßnahme, nachdem die Wertdifferenz im Eintragungsverfahren unbemerkt geblieben ist, schon wirksam ist[117], obwohl dem angeführten Grundkapital kein entsprechend hohes Aktivvermögen gegenübersteht. Der entscheidende Gesichtspunkt gegen die Zulassung von Sacheinlagen bei der sanierenden Kapitalherabsetzung liegt darüber hinaus darin, daß sonst nicht garantiert wäre, daß der Gesellschaft überhaupt die so dringend benötigten flüssigen Mittel, d. h. Liquidität, in ausreichendem Maße zufließen, weil die Kapitalerhöhung dann ausschließlich aus Sacheinlagen beste-

---

112 LG Berlin BB 77, 214; Uhlenbruck (1. Aufl.), S. 128 für die Sachkapitalerhöhung bei der GmbH & Co. KG, die aber insoweit keine Unterschiede aufweist.

113 Kölner Kommentar / Lutter, § 228 Rn. 5; ebenso in sanierungspolitischer Hinsicht: Schmidt, ZGR 82, 522.

114 Geßler / Hefermehl / Eckardt, § 36 a Rn. 11 f.

115 Scholz / Priester, § 56 a Rn. 20.

116 Scholz / Priester, § 56 Rn. 70; Hachenburg / Ulmer, § 56 Rn. 34.

117 Scholz / Priester, § 56 Rn. 68.

hen könnte[118]. Dadurch könnte die Sanierung insgesamt, nicht zuletzt auch zum Nachteil der Gläubiger, zum Scheitern verurteilt sein.

Aus diesen Gründen, aber auch weil die in §§ 57 a, 9 c GmbHG normierte Prüfungspflicht des Registergerichts bezüglich des Wertes der Sacheinlagen, möglicherweise noch unter Einbeziehung von Sachverständigen, die Eintragung und damit die Wirksamkeit der gesamten Maßnahme, die im Hinblick auf die dreiwöchige Konkursantragsfrist und die vorherrschende Sanierungspraxis zumeist sehr kurzfristig erforderlich wird, viel zu lange hinausschieben würde[119], ist die Kapitalerhöhung gegen Sacheinlagen im Zusammenhang der sanierenden Kapitalherabsetzung abzulehnen und mit FLH eine Barkapitalerhöhung zu fordern. Gleichzeitig wird dadurch der gesamte Vorgang für das Registergericht im Interesse der Rechtssicherheit leichter durchschau- und prüfbar.

cc) Formulierungsvorschlag für eine entsprechende Beschränkung des § 58 I GmbHG

Unter Berücksichtigung der erörterten Punkte könnte die in Ausführung der Reduktion gedanklich einzufügende Beschränkung im Gesamtzusammenhang des § 58 I 1. Halbsatz GmbHG etwa wie folgt lauten:

> „Eine Herabsetzung des Stammkapitals kann, *sofern sie nicht ausschließlich zum Zwecke der Beseitigung von durch einen Prüfer bestätigten Verlusten erfolgt und mit einer gleichzeitigen, nicht aus Sacheinlagen bestehenden Kapitalerhöhung in mindestens der gleichen Höhe verbunden ist,* nur unter Beachtung der nachstehenden Bestimmungen erfolgen:
>
> 1. der Beschluß auf . . .“

Diese Voraussetzungen der sanierenden Kapitalherabsetzung zeigen, daß es sich bei den eingangs der Arbeit aufgezeigten Maßnahmen zur Sanierung der Co op Handelskonzern AG[120] im Gegensatz zur Sanierung des Handelshauses Klöckner & Co. KGaA nicht um eine sanierende Kapitalherabsetzung im strengen Sinne handelte, da die neue Grundkapitalziffer erheblich hinter der alten Kapitalausstattung zurückblieb.

c) Das Erfordernis der Rechtssicherheit

Weitere Voraussetzung für die Durchführbarkeit der vorgeschlagenen Reduktion ist jedoch, daß ihr nicht ein überwiegendes Interesse an der Rechtssicherheit,

---

118 Vgl. hierzu den dem Beschluß des LG Berlin BB 77, 213 zugrundeliegenden Sachverhalt.

119 Groß, GmbHR 83, 284.

120 Vgl. III. 3. des 2. Kapitels; eine klassische sanierende Kapitalherabsetzung war dagegen bei den Vereinigten Altenburger und Stralsunder Spielkartenfabriken AG (ASS) im Jahre 1989 im Gespräch: siehe Stuttgarter Zeitung vom 18. 7. 89, S. 10 und vom 20. 7. 89, S. 11.

mit der eine Rechtsfortbildung, wie schon einleitend zu diesem Abschnitt II. bemerkt, stets in Konflikt gerät, entgegensteht, welches die strikte Einhaltung des Wortlautes des § 58 I GmbHG verlangt[121].

Die Gefahr eines Entgegenstehens derartiger Stabilitätsinteressen ist um so geringer, je weiter die ins Auge gefaßte Reduktion des Gesetzeswortlauts vom *Kern* der Gebotsvorstellung des Gesetzgebers entfernt liegt bzw. je weiter sie an deren *Rand* steht, da hier die Wahrscheinlichkeit einer Lücke wesentlich größer und das Stabilitätsinteresse allgemein geringer ist[122]. Bei § 58 I GmbHG besteht der Kern in diesem Sinne aus dem Streben nach einem Schutz der Gläubiger vor den Folgen der effektiven Kapitalherabsetzung, der vorliegend jedoch nicht tangiert ist, da die sanierende Kapitalherabsetzung keine derartigen Risiken beinhaltet. Der tatsächlich betroffene Bereich der Beseitigung von Verlusten durch Kapitalherabsetzung, also Sanierung im weiteren Sinne, hat wie gesehen — sofern er wie der Zweck der Beseitigung einer Unterbilanz überhaupt erkannt wurde — nur am Rande eine Rolle gespielt, so daß hier insofern zunächst von einer meist zulässigen „Randberichtigung" ausgegangen werden kann.

Die Beeinträchtigung der Rechtssicherheit an sich kann auch für den vorliegenden Fall im einzelnen anhand von Kriterien beurteilt werden, die die höchstrichterliche Rechtsprechung bei einer Entscheidung zur teleologischen Reduktion des § 181 BGB herangezogen hat[123]. Danach liegt eine Schmälerung der Rechtssicherheit dann nicht vor, wenn der Sachverhalt, zugunsten dessen die Reduktion erfolgt, eine in sich geschlossene, abgegrenzte Fallgruppe darstellt und die Voraussetzungen des Vorliegens einer derartigen Sachverhaltskonstellation einfach und sicher überprüft werden können. Beides trifft auf den Tatbestand der sanierenden Kapitalherabsetzung zu. Denn sie stellt zum einen eine von den isolierten Arten der effektiven und nominellen Kapitalherabsetzung sich deutlich nach dem Zweck und den Rechtsfolgen unterscheidende und abgrenzbare Form der Herabsetzung dar und bildet daher eine geschlossene, andersartige Fallgruppe. Zum anderen ist das Vorliegen ihrer Voraussetzungen für das zuständige Registergericht, das die Zulassung dieser gegenüber § 58 I GmbHG erleichterten Herabsetzung zur Eintragung in das Handelsregister überprüfen muß — neben den für die Gründung der Gesellschaft und für Kapitalerhöhungen geltenden §§ 9 c, 57 a GmbHG ist ein ungeschriebenes, implizites Prüfungsrecht des Registergerichts für sämtliche Satzungsänderungen allgemein anerkannt[124] — leicht erkennbar,

---

121 Larenz, S. 376; Ennecerus-Nipperdey, S. 346; Heck, S. 106; Zippelius, S. 60.

122 Heck, S. 122 ff.

123 BGHZ 59, 236 (240 f.) — Teleologische Reduktion des § 181 BGB, wenn das Insichgeschäft des Vertreters dem Vertretenen lediglich einen rechtlichen Vorteil bringt; nimmt Bezug auf BGHZ 56, 97 (105), die ebenfalls zur Reduktion des § 181 BGB — hier bezüglich von Insichgeschäften des GmbH-Alleingesellschafters — ergangen ist, wo aber die Beachtung der Rechtssicherheit nur kurz unter Hinweis auf den Gesetzeszweck und das Verkehrsbedürfnis nach derartigen Geschäften bejaht werden.

124 Scholz / Priester, § 54 Rn. 28 u. § 57 a Rn. 2; Hachenburg / Ulmer, § 54 Rn. 40; Rowedder / Zimmermann, § 54 Rn. 15.

da der Verlust in der entsprechenden Höhe durch einen unabhängigen Prüfer bestätigt sein muß, sowie der Zweck der Herabsetzung nach der hier vertretenen Auffassung im Beschluß angegeben werden muß und die Erfüllung der übrigen Anforderungen ohne weiteres aus der Anmeldung entnommen werden kann. Aufgrund der generellen Bekanntmachungspflichten gilt selbiges für den interessierten Rechtsverkehr allgemein. Da zudem die vorgeschlagene Reduktion auch dadurch getragen wird, daß für die Anwendung des § 58 I GmbHG auf die sanierende Kapitalherabsetzung unter dem Gesichtspunkt des Gesetzeszweckes keinerlei Begründung ersichtlich ist und demgegenüber ein dringendes praktisches Bedürfnis an dieser Kombinationsmaßnahme besteht[125], überwiegt der die teleologische Reduktion rechtfertigende, ebenfalls Verfassungsrang besitzende negative Gleichheitssatz vorliegend das Gebot der Rechtssicherheit. Letzteres Prinzip ist zwar — wie stets in diesen Fällen — tangiert, jedoch nicht über das Maß einer sonstigen, ohne weiteres zulässigen Änderung der Rechtsprechung hinaus. Damit ist eine Verletzung des Gebots der Rechtssicherheit zu verneinen, so daß einer teleologischen Reduktion des § 58 I GmbHG wegen insoweit „obsoleten Normzwecks" — so *Zöllner* mit der Andeutung einer derartigen Lösung[126] — keine Hindernisse mehr entgegenstehen.

d) Die Rechtsfolgen der Reduktion des § 58 I GmbHG

Die teleologische Reduktion besagt bis zu dieser Stelle nur, *daß* die sanierende Kapitalherabsetzung anders zu behandeln ist als nach § 58 I GmbHG bzw. daß diese Norm nicht anwendbar ist, sie legt jedoch nicht dar, *wie* die abweichende Regelung positiv auszusehen hat. Damit unterscheidet sich die hiesige Konstellation von den zumeist auftretenden, herkömmlichen Fällen der Reduktion, bei denen mit der Beantwortung der Frage der Anwendung oder Nichtanwendung einer Norm das Problem gelöst ist, weil nur diese 2 Rechtsfolgen der Anwendung oder Nichtanwendung in Betracht kommen[127]. Da vorliegend auf diese Weise allein eine abschließende Lösung nicht zu erreichen ist, sondern theoretisch mehrere Möglichkeiten der gesetzlichen Fixierung der sanierenden Kapitalherabsetzung denkbar wären, stellt sich zunächst die auf den ersten Blick relativ einfach zu beantwortende Frage, welche Vorschriften nach der Reduktion auf die sanierende Kapitalherabsetzung anzuwenden sind.

aa) Geltung der allgemeinen Regeln der §§ 53, 54 GmbHG

Aufgrund der Tatsache, daß § 58 I GmbHG, wie insbesondere seine systematische Auslegung gezeigt hat, lediglich eine gläubigerschützende Sondervorschrift

[125] In dieser Weise die Kurzbegründung in BGHZ 56, 97 (105); zur Rechtssicherheit vgl. die vorangegangene Fn. 123.

[126] Baumbach / Hueck / Zöllner, § 58 Rn. 7.

[127] Canaris, S. 151 f. mit instruktiven Beispielen.

gegenüber den allgemeinen Vorschriften der Satzungsänderung darstellt, haben auf diese Kombination aus zwei satzungsändernden Teilen neben den besonderen Regelungen zur Kapitalerhöhung gem. §§ 55 ff. GmbHG — deren Geltung für den kapitalerhöhenden Teil außer Frage steht — zuvorderst weiterhin die Grundbestimmungen der §§ 53, 54 GmbHG Anwendung zu finden, und zwar gerade auch auf den kapitalherabsetzenden Teil. Dadurch gelten, wie bei sonstigen Kapitalherabsetzungen auch, insbesondere die Voraussetzung eines notariell beurkundeten Gesellschafterbeschlusses mit der qualifizierten Mehrheit von mindestens 3 / 4 der abgegebenen Stimmen sowie das Eintragungserfordernis zur Wirksamkeit. Daneben besteht ferner das Verbot einer Herabsetzung unter den Mindestnennbetrag des Stammkapitals gem. §§ 58 II, 5 I GmbHG fort. Damit verliefe die sanierende Kapitalherabsetzung insoweit nach wie vor in sehr ähnlichen Bahnen wie die isolierten Formen der Kapitalherabsetzung, obwohl die sie belastenden Probleme und Mängel, insbesondere das zu späte Wirksamwerden der Gesamtmaßnahme sowie der dadurch bedingt verspätete Zufluß neuer Mittel und das Vorauseinzahlungsproblem, durch die teleologische Reduktion des § 58 I GmbHG nahezu völlig beseitigt werden. Aufgrund dessen erscheint die Sanierung, da das Problem der Einberufungsfrist aus § 123 I AktG nicht besteht, sogar innerhalb der dreiwöchigen Konkursantragsfrist des § 64 I GmbHG als durchführbar.

bb) Teilweises Fortbestehen der Lücke?

Allerdings erhebt sich bei näherem Hinsehen angesichts der ausführlichen und differenzierenden Normierung der Kapitalherabsetzung im Aktienrecht die weitere Frage, ob diese allgemeinen, keineswegs auf die besonderen Bedürfnisse einer Sanierungslage abgestimmten Vorschriften allein zur Regelung der sanierenden Kapitalherabsetzung bzw. zur Ausfüllung der diesbezüglich festgestellten Lücke ausreichen, da sie keine besonderen Vorkehrungen zum Schutz der Gläubiger, aber auch der Minderheitsgesellschafter, insbesondere vor einem Mißbrauch der gegenüber § 58 I GmbHG vereinfachten Kapitalherabsetzung beinhalten, ebensowenig wie die Möglichkeit dringend notwendiger zusätzlicher Sanierungserleichterungen. Es ist fraglich, ob diese Bestimmungen der sanierenden Kapitalherabsetzung die nötige Stabilität sowie die erforderliche Durchschlagskraft und Flexibilität im speziellen Sanierungsfall verleihen können. Zu denken ist daher an eine die Reduktion ergänzende Analogie zu bestimmten Regelungen aus dem Bereich der sach- und praxisgerechten Normierung der Kapitalherabsetzung im Aktienrecht. Ob eine solche Analogie aufgrund insoweit entsprechender Sachverhalte bezüglich der sanierenden Kapitalherabsetzung in beiden Rechtsgebieten rechtlich möglich und im jeweiligen Falle überhaupt erforderlich ist, wird im nachfolgenden sechsten Kapitel untersucht.

Sechstes Kapitel

Fortsetzung des eingeschlagenen Lösungsweges der gesetzesimmanenten Rechtsfortbildung von § 58 GmbHG

I. Vervollständigung der bisherigen Lückenausfüllung mittels Analogie zum Aktienrecht?

Auch die Analogie ist ein Mittel der gesetzesimmanenten Rechtsfortbildung. Sie fußt auf dem allgemeinen Gleichheitssatz, wonach gleichartige Sachverhalte gleich zu behandeln sind[1]. Aufgrund dessen wird die Analogie umschrieben als die Übertragung der für einen oder mehrere ähnliche Tatbestände im Gesetz vorgesehenen Regel auf Fälle, die den Normtatbestand zwar nicht erfüllen, ihm aber so „ähnlich" sind, daß eine gleiche Behandlung geboten ist[2]. Hauptvoraussetzung ist danach neben dem Bestehen einer Lücke die „Rechtsähnlichkeit" zweier Sachverhalte, die besagt, daß die Sachverhalte zwar nicht in allen Punkten — sonst wären sie gleich —, wohl aber in den für die rechtliche Bewertung maßgeblichen Merkmalen übereinstimmen müssen[3]. Regelmäßig dient diese Maßnahme der Beseitigung offener Lücken. In bestimmten Sonderfällen wie dem vorliegenden kann und muß sie jedoch auch ergänzend zur Ausfüllung verdeckter oder teleologischer Lücken herangezogen werden[4]. Einschlägig kann allerdings im hier zu untersuchenden Fall nur die Alternative der Gesetzes- bzw. Einzelanalogie sein, im Rahmen derer jeweils eine einzelne Gesetzesnorm auf einen von ihr nicht voll erfaßten Sachverhalt „entsprechend" angewandt wird[5].

---

1 Larenz, S. 365; Canaris, S. 148; Soergel / Hefermehl, Anh. zu § 133 BGB, Rn. 13.

2 Fikentscher, S. 723; Larenz, S. 365; Ennecerus-Nipperdey, S. 339; Soergel / Hefermehl, Anh. zu § 133 BGB, Rn. 13; Palandt / Heinrichs, Einleitung Anm. VI 3. d) bb).

3 Lehmann, S. 11; Larenz, S. 366.

4 Vgl. dazu bereits soeben II. 2. c) des 5. Kapitels und insbesondere Canaris, S. 152 f., der diese Funktion der Analogie sehr anschaulich aufzeigt und belegt.

5 Larenz, S. 368; Ennecerus-Nipperdey, S. 340; Staudinger / Coing, Einleitung Rn. 156 — die Gesetzesanalogie ist von der Rechtsanalogie zu unterscheiden, bei der aus mehreren, ähnlichen Tatbeständen ein allgemeiner Rechtsgrundsatz entnommen wird, der auf ähnliche Fälle analog angewandt wird.

1. Grundsätzliche Analogiefähigkeit von Normen des Aktienrechts auf die GmbH im Bereich der sanierenden Kapitalherabsetzung

Allgemein anerkannt ist auch heute noch die prinzipielle, auf der ursprünglichen Mittelstellung der GmbH zwischen Personen- und Aktiengesellschaft beruhende rechtliche Möglichkeit, das GmbH- Gesetz durch die analoge Anwendung von Aktienrecht zu ergänzen, obwohl seit der umfassenden Aktienrechtsreform im Jahre 1965 im Aktiengesetz nur noch wenige inhalts- und funktionsgleiche Regelungen zu dem seit 1892 relativ unveränderten GmbH-Gesetz bestehen[6]. In erster Linie kommt die Analogie zum Aktienrecht bei der GmbH daher dann in Betracht, wenn die zu lösende Problematik den kapitalgesellschaftsrechtlichen Bereich der GmbH betrifft[7]. Das ist für die sanierende Kapitalherabsetzung uneingeschränkt zu bejahen, da sie zu grundlegenden Veränderungen des Stammkapitals einer Gesellschaft, und damit eines der wesentlichsten Elemente der Kapitalgesellschaft, führt. Weitere Folge dieser zwischenzeitlich entstandenen Distanz zwischen beiden Rechtsgebieten ist, daß eine Analogie zu einer Aktienrechtsnorm im Bedarfsfalle nicht ohne weiteres mit der formallogischen Erklärung der Identität vorgenommen werden kann, sondern jeweils einer gesonderten Begründung dahingehend bedarf, daß die oben angeführte Voraussetzung der Gleichheit in den rechtlich maßgeblichen Merkmalen, also insbesondere hinsichtlich des teleologischen Gesichtspunkts der Interessenlage der Beteiligten und seiner Bewertung durch den Gesetzgeber, zwischen beiden Sachverhalten vorliegt[8].

2. Analogie zu § 230 AktG?

Zu prüfen ist zunächst, wie auch von *Zöllner* im Rahmen seiner Andeutung einer Lösung in diese Richtung schon vorgeschlagen[9], eine analoge Anwendung des § 230 AktG auf die sanierende Kapitalherabsetzung bei der GmbH, um im Interesse der Gläubiger — gewissermaßen als Ersatz für die nicht anwendbare Schutzregelung des § 58 I GmbHG — zu verhindern, daß dieses Sanierungsmittel unter dem Vorwand der Verlustbeseitigung zu Kapitalrückzahlungen an die Gesellschafter und zum Erlaß von Einlageforderungen, also zu effektiven Zwecken, mißbraucht wird und damit lediglich die scharfen Gläubigerschutzvorschriften des § 58 I GmbHG umgangen werden. Zur Bejahung der Analogie müßte nach den obigen Feststellungen der von § 230 AktG geregelte Sachverhalt zu dem der sanierenden Kapitalherabsetzung bei der GmbH „ähnlich" sein, d. h. beide Sachverhalte müßten in den rechtlich wesentlichen Gesichtspunkten übereinstim-

6 Lehmann, S. 1 f.; Rowedder / Rittner, Einleitung Rn. 38 f.; Scholz / Westermann, Einleitung Rn. 50.

7 Scholz / Westermann, Einleitung Rn. 50; Rowedder / Rittner, Einleitung Rn. 39, 43.

8 Larenz, S. 366; Lehmann, S. 3; Staudinger / Coing, Einleitung Rn. 156.

9 Baumbach / Hueck / Zöllner, § 58 Rn. 7.

men. Auszugehen ist für die Untersuchung daher von den hinter der gesetzlichen Regelung des § 230 AktG stehenden Wertungen des Gesetzgebers, letztlich also den mit § 230 AktG verfolgten Zwecksetzungen.

a) Die maßgeblichen, der Regelung des § 230 AktG nach dem Gesetz zugrundeliegenden Zwecke und Wertungen

aa) Die unmittelbare Wirkung

Die Regelung des § 230 AktG stellt im Bereich der vereinfachten Kapitalherabsetzung gem. §§ 229 ff. AktG die zentrale Gläubigerschutzregelung dar. Sie verbietet in Satz 1 die Auszahlung sämtlicher Buchgewinne aus der Herabsetzung, also sowohl aus der gem. § 229 II AktG erforderlichen Auflösung der Kapitalrücklagen gem. §§ 266 III A. II, 272 HGB oder der Gewinnrücklagen gem. §§ 266 III A. III, 272 III HGB als auch aus der Herabsetzung selbst freiwerdender Beträge an die Aktionäre, sowie eine darauf beruhende Befreiung der Aktionäre von der Einlageleistung [10]. Damit wird die häufigste effektive Verwendung dieser Beträge expressis verbis untersagt und die ausschließliche Verwendbarkeit dieser Herabsetzungsform zu nominellen Zwecken festgeschrieben und gesichert. Das Verbot erstreckt sich umfassend auf jegliche Grenzverschiebung zwischen dem Vermögen der Gesellschaft und dem der Aktionäre, d. h. nicht nur auf unmittelbare Auszahlungs- und Erlaßformen, sondern auch auf mittelbare, wie z. B. überhöhte Vergütungen für Leistungen eines Aktionärs an die Gesellschaft [11]. Verstärkt wird das Verbot des Satzes 1 durch die in § 230 AktG Satz 2 und 3 enthaltenen Gebote, die noch einmal positiv klarstellen, daß sämtliche Buchgewinne nur zu den im Beschluß festgesetzten Zwecken verwendet werden dürfen.

bb) Mittelbare Wirkung: Schutz vor Mißbrauch

Um den darüber hinaus hinter dieser Norm stehenden Sinn und Zweck zu ersehen, ist sie im Lichte des Gebots der Kapitalerhaltung zu betrachten, dessen Ausfluß sie ist. Dieser insbesondere in § 57 I 1 AktG, aber auch in §§ 62, 71 AktG zum Ausdruck kommende Grundsatz beinhaltet das im Kapitalgesellschaftsrecht entscheidende Verbot, Leistungen aus dem der Ziffer des Grundkapitals entsprechenden Teil des gesellschaftlichen Aktivvermögens an die Aktionäre in ihrer Eigenschaft als Gesellschafter der AG zu erbringen [12]. Das Grundkapital selbst kann dagegen nicht durch Auszahlung vermindert werden, da es lediglich

---

[10] Kölner Kommentar / Lutter, § 230 Rn. 2 f., 7.

[11] Großkommentar / Schilling, § 230 Anm. 5; Kölner Kommentar / Lutter, § 230 Rn. 10.

[12] Kölner Kommentar / Lutter, § 57 Rn. 2, vor § 222 Rn. 1; Lutter in FS für Stiefel, S. 524; Fabritius, ZHR 144, 628; Wiedemann, S. 561 f. — für die GmbH in gleicher Weise, vgl. nur: Scholz / Westermann, § 30 Rn. 1.

eine immer gleich bleibende rechnerisch-bilanzielle Bezugsgröße darstellt[13]. Vordringlichstes Anliegen dieses Prinzips ist es, den Gläubigern der Gesellschaft durch die Bereitstellung eines Garantiefonds in Gestalt der gebundenen Aktiva als Ausgleich für die fehlende persönliche Haftung der Gesellschafter eine Mindestaussicht auf die Befriedigung ihrer Ansprüche zu bieten[14]. Durch § 58 V AktG wird dieser Grundsatz über die reine Kapitalerhaltung hinaus zu einem sehr weitgehenden System der Vermögensbindung gesteigert.

In dieses System greift, wie im 3. Kapitel bereits erwähnt, jede isolierte Kapitalherabsetzung schon dadurch ein, daß sie die Grenze dieses absolut gebundenen Vermögens zum Nachteil der Gläubiger herabsenkt. Eine Herabsetzung zu effektiven Zwecken bildet darüber hinaus eine regelrechte Durchbrechung dieses Verbots der Einlagenrückgewähr, da sie zudem, wie § 222 III AktG zeigt, entgegen den §§ 57 I, 58 V AktG die unmittelbare Rückzahlung von bisher gebundenem Vermögen an die Aktionäre ohne vorherige Umwandlung in Bilanzgewinn ermöglicht. Deshalb ist sie als gesetzliche Ausnahme dieser aktienrechtlichen Vermögensbindung ausschließlich unter Einhaltung der strengen Voraussetzungen der §§ 222 ff. AktG, insbesondere des § 225 AktG, zulässig[15]. Diese Vorschriften dürfen im Interesse der Gläubiger keinesfalls mittels der vereinfachten Kapitalherabsetzung umgangen werden, indem die Hauptversammlung z. B. den Betrag der Herabsetzung bzw. der Verluste zu großzügig bemißt, um über den Ausgleich der Verluste hinaus noch einen freien Teilbetrag, sei es auch entsprechend § 58 IV, V AktG in der Form eines Bilanzgewinnes, zur Auszahlung an die Aktionäre übrig zu behalten[16]. Gerade der Verhinderung derartiger Mißbräuche der vereinfachten Herabsetzungsform, und damit der strikten Einhaltung des in diesem Bereich uneingeschränkt anzuwendenden Verbots der Einlagenrückgewähr gem. § 57 I 1 AktG, dient § 230 AktG in seiner zweiten, mittelbaren Funktion als Umgehungsverbot, in der er als Korrelat für die Nichtanwendbarkeit des § 225 AktG bei der vereinfachten Herabsetzung wirkt, indem er diese Buchgewinne an das Gesellschaftsvermögen bindet.

Insbesondere unter diesem Aspekt wäre er für die sanierende Kapitalherabsetzung bei der AG relevant, sofern sich nicht aus dem Wesen dieser Herabsetzungsform als einer mit einer sofortigen, zumindest gleichhohen Kapitalerhöhung verbundenen Herabsetzung eine grundlegend andere Interessenlage ergibt, da § 230 AktG, trotz der in §§ 228 I, 235 I AktG enthaltenen Voraussetzungen der Kombination von Kapitalherabsetzung und -erhöhung, ersichtlich für eine isolierte Herabsetzung konzipiert ist. Das bedeutet, daß vorrangig zu prüfen ist, ob

---

13 Joost, ZHR 149, 420; Lutter, Kapital, S. 52 u. FS für Stiefel, S. 524.

14 Fabritius, ZHR 144, 628 u. 631; Lutter, Kapital, S. 38 ff. u. 50; Wiedemann, S. 556 ff.; Baumbach / Hueck, § 3 Rn. 16.

15 Geßler / Hefermehl / Bungeroth, § 57 Rn. 56 f.; Kölner Kommentar / Lutter, § 57 Rn. 47; BFH AG 80, 312 für den Mißbrauch der Herabsetzung in steuerlicher Hinsicht.

16 Kölner Kommentar / Lutter, § 230 Rn. 2, 5.

§ 230 AktG seinem Sinn und Zweck nach im Rahmen der sanierenden Kapitalherabsetzung bei der AG überhaupt erforderlich bzw. anwendbar ist. Denn nur im Falle seiner Geltung wäre eine Analogie zu der gleichen Maßnahme bei der GmbH denkbar. Andernfalls würde es von vornherein an der für die Analogie entscheidenden Voraussetzung der Ähnlichkeit der durch die Norm geregelten Sachverhalte fehlen.

b) Die Frage der Geltung des § 230 AktG im Rahmen der sanierenden Kapitalherabsetzung bei der AG

aa) Der Regelfall

Seinem Wortlaut und seiner systematischen Stellung im Gesetz nach gilt der vereinfachte Gläubigerschutz des § 230 AktG für jede vereinfachte Kapitalherabsetzung, auch für diejenige im Rahmen einer sanierenden Herabsetzung. Allerdings ist zu beachten, daß eine mit einer zeitgleichen, gleichhohen Kapitalerhöhung verbundene vereinfachte Herabsetzung — darin liegt der einzige, aber wesentliche Unterschied der vom Gesetz vorausgesetzten und normierten vereinfachten Herabsetzung zur sanierenden Kapitalherabsetzung — natürlich auch bei dieser Gesellschaftsform [17] zunächst einmal zu einer anderen Bewertung der Interessenlage führt. Während die isolierte Herabsetzung notwendigerweise zumindest zu einer künftigen Beeinträchtigung der Gläubiger i. S. d. obigen Alternative (2) führt [18], vermeidet die sanierende Kapitalherabsetzung bei ordnungsgemäßer Durchführung jegliche Gefährdung der Gläubiger, da sie infolge der gleichzeitigen Kapitalerhöhung keine Herabsenkung der Grenze des gem. § 57 I 1 AktG absolut gebundenen Vermögens bewirkt, und sie aufgrund ihrer ausschließlich nominellen Zwecksetzung gem. § 229 I AktG an sich zu keinerlei Auszahlung an die Aktionäre führen kann. Folglich könnte § 230 AktG in diesem Bereich nur als Schutz der Gläubiger vor einem Mißbrauch des Instituts der sanierenden Kapitalherabsetzung Anwendung finden. Ansonsten wäre auch § 230 AktG für den Fall der sanierenden Kapitalherabsetzung teleologisch zu reduzieren. Daraus ergibt sich die weitere Frage, auf welche Art diese sanierende Kapitalherabsetzung gläubigergefährdend mißbraucht werden könnte.

bb) Die Manipulation

Denkbar ist auch insofern der Fall, daß — aus welchen Motiven auch immer — das Kapital herabgesetzt wird, obwohl der Herabsetzung kein echter oder jedenfalls kein entsprechender Verlust gegenübersteht, und auf diese Weise an die Gesellschafter ausschüttbare Mittel entstehen sollen. Auf den ersten Blick

---

17 Zur diesbezüglich gleichliegenden Interessenlage bei der GmbH vgl. bereits oben I. 2. b), 3. b) des 5. Kapitels.

18 Vgl. dazu oben die Grundkonstellation nach dem Gesetz im 3. Kapitel II. 1. a).

führt diese Konstellation aufgrund der gleichzeitigen Kapitalerhöhung mindestens bis zur alten Grundkapitalgrenze ebenfalls zu keiner Gefahr für die Gläubiger, weshalb die Erforderlichkeit eines Schutzes gem. § 230 AktG im Rahmen eines derartigen Mißbrauchs der sanierenden Kapitalherabsetzung sehr fraglich wird. Keinesfalls kann seine Anwendung mit dem Schutz der Minderheitsaktionäre, deren Interessen bei einer derartigen Vorgehensweise gleichfalls vehement betroffen wären[19], begründet werden, da § 230 AktG nur den Gläubigerschutz bezweckt[20].

Man könnte jedoch dahingehend argumentieren, daß die aufgrund der beschriebenen Manipulation des Herabsetzungsteils kausal zum Zwecke der Ausschüttung an die Gesellschafter freiwerdenden und damit von vornherein effektiven Zwekken dienenden Beträge gegen das Gebot der Kapitalerhaltung gem. § 57 I 1 AktG verstoßen, da sie nicht unter Einhaltung der Vorschriften der insoweit allein zulässigen Ausnahme der ordentlichen Kapitalherabsetzung entstanden sind. Folglich wären derartige Ausschüttungen schon allein deshalb, weil sie eine Umgehung der zwingenden Vorschriften der §§ 222 ff. AktG bewirken würden, gem. § 230 AktG als unzulässig zu behandeln mit der Folge, daß sie gem. § 62 AktG von den begünstigten Aktionären zurückzuleisten wären.

Gegen diese Argumentation ist jedoch anzuführen, daß die überschießenden, zur Auszahlung bestimmten Beträge nicht aus dem zur Deckung des Grundkapitals erforderlichen Vermögen stammen, da hier auch eine zu weitgehende Herabsetzung durch die Kapitalerhöhung voll ausgeglichen werden muß und insofern kein Verstoß gegen den Kapitalerhaltungsgrundsatz und den Gläubigerschutz ersichtlich ist. Ohne eine solche Gläubigergefährdung erschiene aber ein Verbot der Auszahlung gem. § 230 AktG allein zum Zwecke der Verhinderung einer Umgehung der Vorschriften der effektiven Herabsetzung gem. §§ 222 ff. AktG als bloß formalistisch und nur dem Selbstzweck dienend, da diese an sich nur in § 225 AktG strengeren Voraussetzungen gerade den Schutz der Gläubiger vor einer bestehenden Gefahr bezwecken.

Bei näherem Hinsehen könnte sich eine Gefährdung der Gläubigerinteressen im Zuge dieser absichtlich zu weiten Herabsetzung trotz gleichzeitiger Kapitalerhöhung aber daraus ergeben, daß die Zeichner des neuen Aktienkapitals vor der Anmeldung gem. §§ 188 II, 36 II, 36 a I, 37 I AktG nur ein Viertel des Nennbetrages der Erhöhung zuzüglich eines eventuellen Aufgeldes zu leisten haben, und die restlichen 75 % nach Eintragung der Maßnahme gem. §§ 63 I 1, 54 I, II AktG erst durch Zahlungsaufforderung des Vorstandes zur Einzahlung

---

19 Vgl. diesbezüglich die verständliche Unruhe und Betroffenheit bei den Kleinaktionären, die im Falle des zweifellos notwendigen Kapitalschnitts bei der Co op-Handelskonzern AG entstanden sind: Stuttgarter Zeitung vom 12. 10. 89, S. 9 und vom 21. 10. 89, S. 17.

20 Kölner Kommentar / Lutter, § 230 Rn. 2; Großkommentar / Schilling, § 230 Anm. 1; Schlegelberger / Quassowski, § 184 Rn. 1.

fällig werden[21]. Die diesbezügliche Entscheidung steht hinsichtlich des „wann" und „wieviel" im *alleinigen Ermessen des Vorstandes*[22] — möglicherweise besteht gem. § 111 IV 2 AktG zusätzlich ein internes Zustimmungserfordernis des Aufsichtsrats —, der in seiner Befugnis nicht einmal durch Bestimmungen der Satzung gem. § 23 V 2 AktG, gerade zum Termin der Einforderung der Resteinlage, oder durch Beschlüsse der Hauptversammlung festgelegt oder beschränkt werden kann[23]. Das bedeutet, daß ein fester Zeitpunkt bzw. eine zeitliche Begrenzung durch das Gesetz, bis zu der die restlichen Einlagen aus der Erhöhung spätestens einzufordern sind, letztlich nicht besteht, und in dem unterstellten Manipulationsfalle wird sich ein Vorstand verständlicherweise sehr viel Zeit mit der Einforderung lassen. Demnach hätten hier die Gläubiger bis zu dem ungewissen Zeitpunkt der Volleistung der Einlagen das Risiko einer späteren Zahlungsunfähigkeit der einzelnen Gesellschafter zu tragen, das zwar weniger oder gar nicht bei großen Publikumsgesellschaften mit einer breiten Streuung des Aktienbesitzes besteht, aber um so mehr bei der großen Anzahl der kleineren, nicht börsennotierten AGs mit nur wenigen Aktionären.

Ein Schutz der Gläubiger ergibt sich in derartigen Fällen nicht durch das vor Anmeldung voll einzuzahlende Aufgeld, das hier entsprechend dem Zweck der Umgehung zumindest gering gehalten oder gar ganz entfallen kann und insofern keine große Rolle spielt. Ebenso wenig besteht ein Schutz schon aufgrund des generellen Vermögensbindungssystems der AG gem. §§ 57 I, 58 V AktG allein, da die ausstehenden Einlagen als vollwertige Forderungen der Gesellschaft in deren Aktivvermögen zu verbuchen sind und somit wie Barkapital nicht nur die Einhaltung der Grundkapitalgrenze, sondern sogar die Entstehung von ausschüttbarem Gewinn ermöglichen. Der die Auszahlung künftiger Gewinne begrenzende, ebenfalls für die isolierte Kapitalherabsetzung konzipierte § 233 AktG kann hierbei aufgrund der mindestens gleichhohen Erhöhung des Kapitals von vornherein keine Anwendung finden, da er, wie § 233 I 2 AktG zeigt, ausdrücklich von einer durch die Herabsetzung erniedrigten Kapitalziffer ausgeht und nur den Ausgleich einer daraus folgenden Gefährdung der Gläubiger bezweckt.

Angesichts dieser ernstzunehmenden Gefährdungslage für die Gläubiger im Rahmen eines solch möglichen Mißbrauchs der sanierenden Kapitalherabsetzung bei der AG erscheint die Bindung sämtlicher aus der Herabsetzung entstehender Buchgewinne an das Gesellschaftsvermögen gem. § 230 AktG mangels anderer Sicherungsmittel auch hier als erforderlich und geboten, d. h. sie ist uneinge-

---

[21] RGZ 85, 366 (367 f.); Großkommentar / Barz, § 63 Anm. 3; Geßler / Hefermehl / Bungeroth, § 63 Rn. 23; Kölner Kommentar / Lutter, § 63 Rn. 11; Godin / Wilhelmi, § 63 Rn. 2; Schlegelberger / Quassowski, § 57 Rn. 2.

[22] Kölner Kommentar / Lutter, § 63 Rn. 12; Geßler / Hefermehl / Bungeroth, § 63 Rn. 19.

[23] Geßler / Hefermehl / Bungeroth, § 63 Rn. 17, 20, 23; Kölner Kommentar / Lutter, § 63 Rn. 12; Großkommentar / Barz, § 63 Anm. 3, 4; Schlegelberger / Quassowski, § 57 Rn. 2.

schränkt zu befürworten. Durch die Pflicht zur Einbehaltung dieser Beträge wird das wohl einzige im Zuge dieser Sanierungsmaßnahme verbliebene Gläubigerrisiko entscheidend vermindert, aber auch schon der Anreiz zu derartigen Mißbräuchen bzw. Umgehungen der §§ 222 ff. AktG durch die Gesellschaft wird mittels des Verbots des § 230 AktG erheblich verringert. Zusätzlich wird durch § 230 AktG die alleinige, an sich bereits aus dem Wesen der sanierenden Kapitalherabsetzung folgende Verwendbarkeit dieses Instruments zu nominellen Zwecken betont und am Gesetz festgemacht.

c) Prüfung der konkreten Voraussetzungen einer analogen Anwendung des § 230 AktG

Die eigentliche Notwendigkeit der analogen Anwendung des § 230 AktG auf die sanierende Kapitalherabsetzung bei der GmbH hängt nun neben der Voraussetzung des diesbezüglichen Fortbestehens der oben festgestellten und durch die teleologische Reduktion zumindest teilweise ausgefüllten Lücke insbesondere davon ab, ob im Rahmen dieses Sanierungsmittels bei der GmbH eine ähnliche Sach- und Interessenlage besteht, wie die soeben aufgezeigte bei der AG. Im vorliegenden Fall geht die Prüfung beider Erfordernisse ganz entsprechend der Auffassung von *Canaris*[24], nach der der Ähnlichkeitsschluß grundsätzlich schon über das Vorhandensein einer Lücke entscheidet, ineinander über, da die an sich vorrangige Frage des Fortbestehens der Lücke im Sinne des Erwartenkönnens eines derartigen Gläubigerschutzes nach dem Plan des Gesetzes bzw. seiner Erforderlichkeit nur bejaht werden kann, wenn ein ähnlicher, gefährdender Sachverhalt im Bereich der GmbH denkbar ist. Daher ist nachfolgend die Rechtsähnlichkeit der zugrundeliegenden Sachverhalte zu untersuchen.

aa) Bestehen ähnlicher Sachverhalte im Regelfall der isolierten und der sanierenden Kapitalherabsetzung

Auf die weitestgehende, durch die historische Entwicklung der Maßnahme belegte Gleichartigkeit der Sach- und Interessenlage der Beteiligten bei AG und GmbH bezüglich der gesetzlich geregelten, isolierten Formen der Kapitalherabsetzung wurde bereits hingewiesen[25]. Sie beruht vor allem auf der im wesentlichen gleichen Funktion des Kapitals. Bei beiden Gesellschaftsformen besitzt das Kapital einerseits Abgrenzungsfunktion zwischen Gesellschafts- und Gesellschaftervermögen, d. h. der dem Kapital als rechnerischer Bezugsgröße entsprechende Anteil des gesellschaftlichen Aktivvermögens darf nicht an Gesellschafter — eventuell gar unter Verletzung des Grundsatzes der Gleichbehandlung — ausbe-

---

24 Canaris, S. 148, 150 f.; siehe auch: Lehmann, S. 8 f.

25 Vgl. zur Interessenlage im 3. Kapitel I., II. 2. a) und zu den möglichen Zwecksetzungen: II. 2. b) aa), bb).

zahlt werden, obwohl es sich bei dem der Gesellschaft als Kapital zur Verfügung stehenden Vermögen um grundsätzlich frei zu bewirtschaftendes Betriebskapital handelt. Andererseits dient es in seiner Garantiefunktion auch bei der GmbH als Haftungsfonds für die Gläubiger zum Ausgleich für die fehlende persönliche Haftung der Gesellschafter[26]. Diese fundamental übereinstimmende Sachlage setzt sich, da die sanierende Kapitalherabsetzung, wie ebenfalls schon ausgeführt, auch im GmbH- Recht jegliches Gläubigerrisiko vermeidet[27], zunächst bezüglich des hier zu untersuchenden Sanierungsmittels fort.

Ein wesentlicher, die Analogie von vornherein hindernder Unterschied zum Aktienrecht besteht, obwohl § 230 AktG Ausfluß der dortigen umfassenden Vermögensbindung gem. §§ 57 I, 58 I AktG ist, auch nicht in Gestalt der im GmbH-Recht gem. § 30 I GmbHG anderweitig formulierten Bindung des Kapitals, die nur die Auszahlung des zur Erhaltung des Stammkapitals erforderlichen Vermögens an die Gesellschafter verbietet. Denn zum einen wird zwar aus den unterschiedlichen Kriterien der Kapitalerhaltung in beiden Gesetzen einesteils das Bestehen eines tiefgreifenden Unterschieds zwischen beiden Vermögensbindungssystemen gefolgert — so die h. M.[28] —, auf der anderen Seite wird diesbezüglich dennoch auf die grundsätzliche Identität hingewiesen[29]. Doch besteht trotz der unterschiedlichen Gesetzesfassungen und Meinungen hierzu wohl Einigkeit darüber, daß — und das ist entscheidend — beide Systeme auf einer einheitlichen theoretischen Konzeption beruhen und der Unterschied nur in der geringeren Reichweite der Vermögensbindung bei der GmbH liegt[30], da beide Systeme mit diesem Instrument die gleiche Zielsetzung verfolgen[31], beide keine gegenständliche, sondern eine rechnerisch-wertmäßige Bindung des Vermögens bewirken[32] und vor allem, weil § 57 I AktG letztlich etwa das gleiche aussagt wie § 30 I GmbHG[33] und somit die Bezeichnung dieser verbleibenden, geringen Differenz lediglich eine terminologische Frage ist. Zum anderen wird das Prinzip der

---

26 BayObLG GmbHR 79, 111 (112); Großkommentar / Meyer-Landrut, § 1 Anm. 5; Lutter, Kapital, S. 50; Wiedemann, S. 556 ff.; Scholz / Westermann, § 30 Rn. 1; Fabritius, ZHR 144, 628; Geßler / Hefermehl / Bungeroth, § 57 Rn. 2; Kölner Kommentar / Lutter, § 57 Rn. 2.

27 Bezogen natürlich auf die ordnungsgemäße, d. h. den oben entwickelten Kriterien folgende Anwendung — vgl. oben I. 2. b), 3. b) des 5. Kap.

28 Scholz / Westermann, § 30 Rn. 5 f.; Großkommentar / Barz, § 57 Anm. 3; Ballerstedt, S. 89 f.; Hachenburg / Goerdeler / Müller, § 30 Rn. 4; Baumbach / Hueck, § 30 Rn. 3; Schmidt, § 37 III 1; Wiedemann, S. 561 f.; Kölner Kommentar / Lutter, § 57 Rn. 6; Priester, DB 73, 2382.

29 Mindermeinung, Wilhelm in FS für Flume, Band II, S. 348 ff.

30 Joost, ZHR 149, 437 ff.; Fabritius, ZHR 144, 628 ff., insbesondere 632.

31 Baumbach / Hueck, § 30 Rn. 3 und oben die unter Fußn. 26 Genannten.

32 Joost, GmbHR 83, 286 f.; ders., ZHR 149, 419 f. und ZHR 148, 27 ff.; Lutter, Kapital, S. 52; Kölner Kommentar / Lutter, § 57 Rn. 2; Schmidt, § 37 III 1. b).

33 Fabritius, ZHR 144, 632; Lutter in FS für Stiefel, S. 526; Scholz / Westermann, § 30 Rn. 10.

Kapitalerhaltung zumindest bei der regelgerecht durchgeführten sanierenden Kapitalherabsetzung wie im Aktienrecht gar nicht berührt, da durch die Herabsetzung nur die bereits eingetretenen Verluste buchmäßig realisiert werden und infolge der zeitgleichen Kapitalerhöhung mindestens die alte Stammkapitalgrenze fortwirkt, weshalb die geringere Vermögensbindung sich nicht auswirken kann. Aufgrund dieses damit dem Aktienrecht sehr ähnlichen Sachverhalts ist festzustellen, daß Raum bzw. eine Lücke für die analoge Anwendung des § 230 AktG ebenfalls nur auf dem Gebiet des Mißbrauchs dieses Sanierungsmittels bestehen kann, da ansonsten die Gläubiger ausreichend durch das Element der Kapitalerhöhung geschützt sind.

bb) Der Mißbrauchsfall — Bestehen einer dem Aktienrecht ähnlichen Gläubigergefährdung?

Auch bei der GmbH bildet die ausschließlich unter Beachtung des § 58 GmbHG zulässige effektive Kapitalherabsetzung die einzige gesetzliche Möglichkeit auf dem Gebiet der Kapitalherabsetzung, in mittelbarer Ausnahme von dem in § 30 I GmbHG niedergelegten Gebot der Kapitalerhaltung ursprünglich gebundenes Vermögen an die Gesellschafter zurückzuzahlen. Aufgrund der Tatsache, daß es im GmbH-Gesetz keine der vereinfachten Herabsetzung gem. §§ 229 ff. AktG entsprechende Regelung gibt, sondern wie gesehen sogar die nominelle Herabsetzung dem strengen Schutz des § 58 GmbHG unterfällt, und es im Rahmen der geringeren Vermögensbindung bei der GmbH mangels einer § 58 V AktG entsprechenden Norm nicht notwendig ist, eventuelle Buchgewinne aus der Herabsetzung zwecks Ausschüttung an die Gesellschafter oder Einlagenerlaß vorher als Gewinn auszuweisen[34], erscheint eine Umgehung der Vorschriften des § 58 I GmbHG mittels der sanierenden Kapitalherabsetzung auf die gleiche Weise wie im Aktienrecht, also durch absichtlich zu üppige Verlustbemessung, sogar als noch verlokkender und damit noch gefährlicher für die Gläubiger. Diese sich vom Aktienrecht unterscheidenden Umstände würden erst recht für eine analoge Anwendung des § 230 AktG sprechen, wenn sich aus dem Mißbrauch eine dem Aktienrecht ähnliche Gläubigergefährdung ergeben würde.

Eine solche Gefahr könnte sich, da das Gebot der Kapitalerhaltung durch die zu weite Herabsetzung und das Freiwerden von durch Verluste nicht angegriffenem Vermögen zwar berührt, aber infolge der zumindest gleichhohen Kapitalerhöhung und der nur rechnerischen Wertbindung des Vermögens nicht verletzt wird, nur aus dem Risiko der Vermögenslosigkeit oder Zahlungsunfähigkeit der die Kapitalerhöhung tragenden Gesellschafter ergeben. Gem. §§ 7 II 1, 57 II, 56 a GmbHG muß auch im GmbH-Recht als Mindesteinlage ein Viertel des Nennbetrages jeder im Rahmen des Erhöhungsteils übernommenen Stammeinlage sofort, d. h. vor Anmeldung, durch die Übernehmer eingezahlt werden. Anders

---

34 Schmidt, § 37 III 1. d); Baumbach / Hueck, § 30 Rn. 3; Ballerstedt, S. 89 f.

als gem. § 36 a I AktG umfaßt diese Pflicht entsprechend dem Wortlaut des § 7 II 1 GmbHG nicht ein eventuelles, die Gläubigersicherung mehrendes Agio, dessen Fälligkeit sich allein nach der Satzung richtet[35]. Die Einforderung der nach der Eintragung gem. § 19 I GmbHG aufgrund des Übernahmevertrages zu leistenden Resteinlagen steht, sofern nicht die Satzung gem. § 45 II GmbHG etwas anderes, insbesondere einen festen Zahlungstermin, bestimmt[36] — davor werden sich die die Satzungsänderung beschließenden Gesellschafter im Rahmen der hier zu untersuchenden Manipulation jedoch gerade hüten —, anders als im Aktienrecht nach h. M. im *unternehmerischen Ermessen der Gesellschafter*[37]. Sie erfolgt durch Gesellschafterbeschluß gem. § 46 Nr. 2 GmbHG, der die unabdingbare Voraussetzung für die konkrete, fälligkeitsbegründende Anforderung der Beträge durch die Geschäftsführung bei den jeweiligen Gesellschaftern bildet[38]. Das Ermessen der Gesellschafter betrifft also insbesondere den entscheidenden Zeitpunkt des Einforderungsbeschlusses[37], was dazu führt, daß die Gesellschafter, also in der Regel diejenigen, die den Mißbrauch des Sanierungsmittels zu ihrem Vorteil ausgeheckt haben, die Fälligkeit der Resteinlagen beliebig lange oder zumindest langfristig hinausschieben können, zumal im Unterlassen eines derartigen Beschlusses keine durch § 19 II GmbHG verbotene Stundung gesehen wird[39].

Als Folge dieser autonomen Entscheidungsbefugnis der Gesellschafter hätten die Gläubiger somit wie bei der AG auf unbestimmte Zeit das Risiko der Zahlungsunfähigkeit der zur Resteinlage verpflichteten Gesellschafter bzw. der Nichteinbringlichkeit der gegen diese gerichteten Forderungen der Gesellschaft zu tragen. Die geringfügigen Unterschiede gegenüber dem Aktienrecht, wie insbesondere die Zuständigkeit der Gesellschafter zur Einforderung anstatt des Vorstands, führen nicht zu einer wesentlich anderen, dem Aktienrecht unähnlichen Sachlage, sondern ergeben sich nur aus der unterschiedlichen, vorwiegend personalistischen Struktur der GmbH oder ihrer geringeren Vermögensbindung. Sie bewirken im Gegenteil, ebenso wie die bei der GmbH regelmäßig nicht vorhandene Überwachung der Geschäftsführung durch das zusätzliche Organ des Aufsichtsrats (§§ 52 I GmbHG, 111 AktG), eine die Analogie zu § 230 AktG erst recht rechtfertigende Vergrößerung dieses Gläubigerrisikos. Theoretisch wäre es, da § 43 a GmbHG nach h. M. für Kredite an Gesellschafter auch nicht analog

---

35 Baumbach / Hueck, § 7 Rn. 4.

36 Baumbach / Hueck, § 19 Rn. 6; Baumbach / Hueck / Zöllner, § 46 Rn. 16; Scholz / Schneider, § 19 Rn. 7.

37 Scholz / Schneider, § 19 Rn. 8; Scholz / Schmidt, § 46 Rn. 49, Hachenburg / Ulmer, § 19 Rn. 15, 29; Baumbach / Hueck, § 19 Rn. 14; Roth, § 19 Anm. 2.2; Rowedder, § 19 Rn. 19.

38 BGH BB 61, 953; OLG München GmbHR 85, 56; Scholz / Schneider, § 19 Rn. 7; Baumbach / Hueck, § 19 Rn. 6; Baumbach / Hueck / Zöllner, § 46 Rn. 15; Roth, § 19 Anm. 2.2; Scholz / Schmidt, § 46 Rn. 49; Fischer / Lutter, § 46 Rn. 5.

39 Baumbach / Hueck, § 19 Rn. 14; Hachenburg / Ulmer, § 19 Rn. 29; Fischer / Lutter, § 19 Rn. 11; Rowedder, § 19 Rn. 19; Scholz / Schneider, § 19 Rn. 8, 43.

gilt[40], sogar denkbar, daß die bereits eingezahlte Mindesteinlage größtenteils in Form von angemessen verzinsten, und daher nicht gegen § 30 GmbHG verstoßenden Darlehen wiederum an in diesem Moment kreditwürdige Gesellschafter zurückgeführt wird[41], und auf diese Weise das mittels der Erhöhung zugeführte Kapital zu 75 % aus Resteinlageforderungen und annähernd 25 % aus Darlehensforderungen jeweils an die Gesellschafter bestehen würde. Dadurch würde sich die Gefährdung der Gläubiger infolge möglicher Vermögenslosigkeit von Gesellschaftern natürlich ebenfalls verschärfen.

cc) Unterschied zum Aktienrecht: Bestehende Möglichkeiten des GmbH-Gesetzes zum Risikoausgleich?

aaa) Eingriff in die Entscheidungsautonomie der Gesellschafter

Aufgrund dieser Sachlage wird zum Schutze der GmbH und ihrer Gläubiger von Teilen der Literatur in Abweichung von der h. M. zur Entscheidungsautonomie der Gesellschafter deren Verpflichtung zur Einforderung der Resteinlagen bzw. eine Reduzierung ihres Ermessens auf Null angenommen, wenn die wirtschaftliche Lage der Gesellschaft dies erfordert. Ansonsten sei darin doch eine unzulässige Stundung zu sehen[42]. Darüber hinaus wird bereits bei einer bestehenden Unterbilanz im Interesse der Liquiditätsaufbringung und -erhaltung eine Pflicht zur Einforderung bzw. zur sofortigen Einzahlung der Resteinlagen angenommen[43]. Diese Auffassung ist jedoch umstritten, da sie zum einen eine durch das Kapitalaufbringungsprinzip und das Verkehrsinteresse nicht ohne weiteres zu rechtfertigende Durchbrechung der §§ 45 II, 46 Nr. 2 GmbHG bewirkt[44], zum anderen mit der ihrerseits streitigen,analogen Anwendung des § 43 a GmbHG[40] — da es sich hierbei um eine neue Vorschrift mit einem präzise umschriebenen Personenkreis handelt, ist das Bestehen einer Lücke in Gestalt der Nichterwähnung der Gesellschafter zumindest sehr zweifelhaft[45] — begründet wird[43]. Angesichts dieser gewichtigen Gegenargumente und ihrer daraus resultierenden Umstrittenheit kann diese Auffassung keinen ausreichenden Schutz vor der in Frage stehenden Gläubigergefährdung bieten. Außerdem würde sie nur für den Fall einer erneuten Notlage der Gesellschaft, nicht aber derjenigen einzelner Gesellschafter, eine Milderung der Gläubigergefährdung bedeuten.

---

40 Baumbach / Hueck / Zöllner, § 43 a Rn. 3; Hachenburg / Mertens, Ergänzungsband, § 43 a Rn. 3; Fischer / Lutter / Hommelhoff, § 43 a Rn. 4; Rowedder / Koppensteiner, § 43 a Rn. 3; Meyer-Landrut / Miller / Niehus, § 43 a Rn. 1; Roth, § 43 a Anm. 3.

41 Scholz / Schneider, § 43 a Rn. 62.

42 Rowedder, § 19 Rn. 19; Roth, § 19 Anm. 2.2.

43 Scholz / Schneider, § 19 Rn. 10; Schneider, GmbHR 82, 200 f.

44 Baumbach / Hueck, § 19 Rn. 14 a; Hachenburg / Ulmer, § 19 Rn. 30.

45 Schmidt, § 37 III. 6.

bbb) Die Haftung der „übrigen Gesellschafter" gem. § 24 GmbHG

Im Gegensatz zum Aktienrecht könnte sich allerdings ein echter, schon gesetzlich vorgesehener Ausgleich für die oben dargestellte Gefährdung der Gläubiger in Gestalt der allgemeinen Ausfallhaftung der übrigen Gesellschafter für trotz der §§ 21 - 23 GmbHG uneinbringliche Einlagebeträge gem. § 24 GmbHG ergeben. Eine solche Haftungsnorm existiert im Aktienrecht mit Rücksicht auf die leichtere Übertragbarkeit der Anteile in Form von Aktien nicht, vielmehr besteht dort lediglich die den §§ 21 - 23 GmbHG entsprechende Möglichkeit des Ausschlusses des säumigen Einlageschuldners sowie der Inanspruchnahme seiner Vormänner und der Verwertung der kaduzierten Mitgliedschaft gem. §§ 64, 65 AktG. Folglich könnte in dieser Norm ein die Analogie zu § 230 AktG ausschließender, wesentlicher Unterschied zum Aktienrecht liegen. Der Zweck des nach allgemeiner Auffassung auch für die Kapitalerhöhung geltenden[46] § 24 GmbHG besteht darin, daß er durch die Haftung der Mitgesellschafter für nicht zu erlangende Bareinlagen einzelner Gesellschafter unbedingt und unter allen Umständen die Aufbringung des Stammkapitals sicherstellen soll[47]. Er liegt somit, wenn man die Garantiefunktion des Kapitals betrachtet, an sich gerade im Interesse der vorliegend sicherungsbedürftigen Gläubiger der Gesellschaft.

Allerdings fragt sich, ob diese Absicherung im Hinblick auf die festgestellte Gefährdung der Gläubiger ausreichend ist, da sie erst unter der Voraussetzung des erfolglosen Abschlusses des sehr langwierigen und komplizierten Verfahrens der §§ 21 - 23 GmbHG entsteht, für dessen Beachtung die Gesellschaft die Beweislast trägt[48], und weil darüber hinaus die einzelnen Gesellschafter nur entsprechend ihrem Anteil am Gesamtkapital, d. h. nur pro rata[49] und nicht als Gesamtschuldner haften. Ein gewichtiges Argument gegen das Ausreichen des § 24 GmbHG und damit für die Analogie zu § 230 AktG ist ferner, daß letzterer die zu Unrecht aus der Herabsetzung gezogenen Buchgewinne von Anfang an an das Gesellschaftsvermögen binden bzw. ihre Auszahlung an die Gesellschafter verhindern würde, während die Haftung gem. § 24 GmbHG, da sie nicht direkt gegenüber den Gläubigern, sondern nur gegenüber der Gesellschaft besteht, zuerst von den Geschäftsführern der Gesellschaft gem. § 43 I GmbHG geltend zu machen ist[50], was insbesondere bei Gesellschafter- Geschäftsführern zu einem nicht unerheblichen Beitreibungsrisiko führen kann.

---

46 Vgl. nur: Scholz / Emmerich, § 24 Rn. 16 f. m. w. N. und Baumbach / Hueck, § 24 Rn. 5 m. w. N., wobei allerdings hinsichtlich der Verteilung der Haftung gem. § 24 GmbHG unterschiedliche Auffassungen bestehen.

47 BGHZ 31, 258 (265 f.); RGZ 82, 116 (122 f.) und 132, 392 (397 f.); Scholz / Emmerich, § 24 Rn. 1.

48 OLG Karlsruhe GmbHR 71, 7 f.; Baumbach / Hueck, § 24 Rn. 3.

49 Scholz / Emmerich, § 24 Rn. 18; Baumbach / Hueck, § 24 Rn. 7.

50 Meyer-Landrut / Miller, § 24 Rn. 11; Baumbach / Hueck, § 24 Rn. 9; Hachenburg / Goerdeler, § 24 Rn. 26, 29.

Diesen gegen § 24 GmbHG sprechenden Argumenten bzw. Risiken könnte man insgesamt entgegenhalten, daß die Ausfallhaftung schon von Gesetzes wegen als sicherer Anspruch ausgestaltet wurde, indem sie zum einen gem. § 25 GmbHG zwingender Natur ist, also weder durch die Satzung noch durch Vertrag mit der Gesellschaft oder Dritten auch nur eingeschränkt, geschweige denn ausgeschlossen werden kann[51] und sie zum anderen, da sie der Kapitalaufbringung dient, § 19 II GmbHG unterfällt[52], d. h. der betroffene Gesellschafter nicht gegen die Forderung aufrechnen kann. Im einzelnen wäre zum ersten gegen die Langwierigkeit des Verfahrens anzuführen, daß dieses im Rahmen der sanierenden Kapitalherabsetzung dadurch erheblich verkürzt wird, daß von vornherein eine Haftung der Rechtsvorgänger gem. § 22 GmbHG ausscheidet, da es beim Teil der Kapitalerhöhung — es geht hier nur um die Übernahme *neuer* Geschäftsanteile — keine Rechtsvorgänger geben kann. Zum zweiten wird die nur anteilsmäßige Haftung der Gesellschafter durch § 24 Satz 2 GmbHG dahingehend erweitert, daß aus der Ausfallhaftung selbst entstehende Fehlbeträge ebenfalls auf die übrigen Gesellschafter verteilt werden, so daß die Aufbringung des Kapitals weitestgehend gewährleistet ist, auch wenn am Ende möglicherweise nur ein Gesellschafter allein für den gesamten, auf das nominelle Stammkapital noch ausstehenden Betrag aufkommen muß[53]. Außerdem könnte in diesem Punkt die heute bei Kapitalerhöhungen geübte, ganz h. M. entsprechende, strenge Praxis ausgleichend und gläubigersichernd wirken, nach der *sämtliche* Gesellschafter, also nicht nur die Übernehmer der neuen Anteile, sondern auch bisherige Gesellschafter, für Ausfälle bei allen Geschäftsanteilen haften[54], und zwar unerheblich, ob die Gesellschaft den ausstehenden Betrag wirtschaftlich benötigt oder nicht[55]. Denn je mehr Schuldner einer GmbH zur Verfügung stehen, um so größer ist die Chance des vollen Ersatzes. Zum dritten ist es auch konsequent, daß die Ersatzansprüche aus der Ausfallhaftung nur der GmbH selbst und nicht direkt ihren Gläubigern zustehen, denn schließlich ist die GmbH alleiniger Rechtsinhaber der ihnen zugrundeliegenden, ausgefallenen Einlageforderungen. Was das damit zusammenhängende Risiko eines Fehlverhaltens der Geschäftsführung bei der Geltendmachung des Ersatzanspruches betrifft, so wird dieses einerseits durch die den Gesellschaftern drohende Haftung gem. § 43 II GmbHG, andererseits dadurch stark abgeschwächt, daß die Ansprüche der Gesellschaft aus § 24 GmbHG sowohl abtretbar als vor allem auch pfändbar sind, und zwar bereits

---

51 RGZ 92, 365 (366); RG JW 1937, 2284 (2286); Scholz / Emmerich, § 24 Rn. 1; Hachenburg / Goerdeler, § 24 Rn. 35.

52 RGZ 92, 365 (366) und 123, 8 (9 f.); RG JW 1937, 2284 (2286); Baumbach / Hueck, § 24 Rn. 9; Hachenburg / Goerdeler, § 24 Rn. 36.

53 Scholz / Emmerich, § 24 Rn. 20; Hachenburg / Goerdeler, § 24 Rn. 30.

54 RGZ 93, 251 (252 f.) und 132, 392 (394 ff.); LG Mönchengladbach ZIP 86, 306; Hachenburg / Goerdeler, § 24 Rn. 24; Scholz / Emmerich, § 24 Rn. 16 f.; Fischer / Lutter / Hommelhoff, § 24 Rn. 6; Baumbach / Hueck, § 24 Rn. 5; Rowedder, § 24 Rn. 11.

55 Baumbach / Hueck, § 24 Rn. 3.

vor Umlegung der Fehlbeträge auf die einzelnen Gesellschafter durch die Geschäftsführer als zukünftige Forderung[56].

Die dargestellten Überlegungen scheinen für die qualitative Gleichwertigkeit des Gläubigerschutzes mittels der allgemeinen Vorschrift des § 24 GmbHG, und damit gegen eine Analogie zu § 230 AktG zu sprechen. Andererseits wird die maßgebliche faktische Schutzwirkung des § 24 GmbHG durch den bisher nicht beachteten rechtstatsächlichen Umstand, daß die weitaus überwiegende Anzahl der GmbHs nur 2 - 3 Gesellschafter hat — vgl. dazu oben im 2. Kapitel Fußnote 49 — entscheidend relativiert bzw. vermindert. Denn bei einer derart geringen Gesellschafterzahl wird die mittels der Ausfallhaftung erzielte zusätzliche „Garantie" für die Aufbringung des Kapitalerhöhungsbetrages im Falle der Zahlungsunfähigkeit eines Gesellschafters erheblich abgeschwächt, da dann nur noch 1 oder 2 nach § 24 GmbHG haftbare Schuldner vorhanden sind. Dies ist mit ein Grund für die nur geringe praktische Bedeutung des § 24 GmbHG[57]. Bezieht man nun das soeben unter 2. c) bb) dargelegte, gegenüber der AG wesentlich erhöhte Risiko einer Manipulation der sanierenden Kapitalherabsetzung zu Lasten der Gläubiger in die Abwägung mit ein, so ergibt sich, daß § 24 GmbHG keinen dem § 230 AktG gleichwertigen Risikoausgleich darstellt, vielmehr die Analogie zu § 230 AktG rechtlich geboten ist, ja § 230 AktG für die GmbH noch bedeutsamer ist als im Aktienrecht. Obwohl die Norm „nur" ein an sich umgehbares Verbot darstellt, bewirkt sie in Verbindung mit § 43 II GmbHG für die Geschäftsführer einer GmbH ein deutliches psychologisches Hemmnis zur Vornahme derartiger Mißbräuche.

ccc) Schutz der Gläubiger bei der Einmann-GmbH

Die Notwendigkeit einer Analogie zu § 230 AktG könnte sich erst recht bei der Einmanngesellschaft ergeben, da bei ihr mangels anderer Gesellschafter die Ausfallhaftung gem. § 24 GmbHG nicht in Betracht kommt, und insoweit die Gläubiger beim Mißbrauch der sanierenden Kapitalherabsetzung wiederum ungeschützt wären. Doch diesem erhöhten Gläubigerrisiko beugt das GmbH-Gesetz „expressis verbis" vor, indem es zum Zwecke des Ausgleichs der nicht bestehenden Ausfallhaftung[58] gem. §§ 7 II 3, 56 a GmbHG auch für die Kapitalerhöhung vorschreibt, daß der Einmanngesellschafter, sofern er nicht vor der Anmeldung den gesamten Erhöhungsbetrag einzahlt, für den ausstehenden Teil eine Sicherung zu bestellen hat. Bei dieser braucht es sich nach wohl h. M. nicht um eine Sicherheit im Sinne der §§ 232 ff. BGB handeln, sondern es genügt ein Sicherungsmittel, das geeignet ist, die fehlende Ausfallhaftung mindestens eines weite-

---

56 Scholz / Emmerich, § 24 Rn. 22; Rowedder, § 24 Rn. 15; Roth, § 24 Anm. 5; Baumbach / Hueck, § 24 Rn. 9, RGZ 86, 419 (421 f.).

57 Scholz / Emmerich, § 24 Rn. 2.

58 BayObLG BB 86, 760; Scholz / Winter, § 7 Rn. 4; Baumbach / Hueck, § 7 Rn. 7 f.

ren Gesellschafters zu ersetzen[59]. Eine dementsprechende Sicherung reicht jedoch als Schutz der Gläubiger vor einer eventuellen Zahlungsunfähigkeit des Einmanngesellschafters ebenfalls aus, so daß diesbezüglich die Analogie zu § 230 AktG entbehrlich ist.

dd) Ergebnis

Zusammenfassend ist daher festzustellen, daß eine Analogie zu § 230 AktG im Rahmen eines möglichen Mißbrauchs der sanierenden Kapitalherabsetzung bei der GmbH — abgesehen von der Einmann-GmbH — rechtlich und tatsächlich erforderlich ist. Der die Kapitalaufbringung und damit auch die Gläubiger schützende § 24 GmbHG stellt aufgrund der tatsächlichen Strukturierung der überwiegenden Anzahl von GmbHs mit nur 2-3 Gesellschaftern keine dem § 230 AktG in der Wirkung vergleichbare Gläubigerschutznorm dar. Daher ist in Gestalt dieser Bestimmung kein so wesentlicher Unterschied zum Aktienrecht gegeben, daß das Erfordernis ähnlicher Sachverhalte insoweit nicht mehr bestehen würde. Somit ist diesbezüglich auch das Fortbestehen der Lücke im Sinne einer planwidrigen Unvollständigkeit des Gesetzes zu bejahen. Lediglich im Bereich der im Aktienrecht nicht existenten Einmann- Gesellschaft weist das GmbH-Gesetz selbst in Form von § 7 II 3 GmbHG eine weitestgehende Vollständigkeit des Gläubigerschutzes für den Fall der sanierenden Kapitalherabsetzung auf, so daß insofern das Bestehen einer Lücke zu verneinen und eine Analogie zu § 230 AktG überflüssig ist.

3. Analogie zu § 235 AktG?

Auf der Grundlage der bisher festgestellten, sehr weitgehenden Übereinstimmung der Sach- und Interessenlage bei der sanierenden Kapitalherabsetzung der GmbH gegenüber dem Aktienrecht bietet sich zur Sicherung des Sanierungserfolges bzw. zur Verbesserung ihrer Wirkungskraft in bestimmten Fällen eine Analogie zu § 235 AktG an, ohne die selbst diese zügig wirkende Maßnahme sonst vielfach ihren Sinn als Sanierungsmittel verfehlen würde, weil durch die Veröffentlichung einer Verlustbilanz bereits eine nicht wiedergutzumachende Schädigung des Ansehens und des Kredits der Gesellschaft eingetreten ist. Da der Analogieschluß auf dem Gleichheitssatz beruht, ist für die Prüfung wiederum von den für die rechtliche Bewertung der geregelten Norm maßgeblichen Merkmalen auszugehen.

---

59 OLG Celle OLGZ 84, 318 (319); Hachenburg / Ulmer, Ergänzungsband, § 7 Rn. 58; Baumbach / Hueck, § 7 Rn. 8; Geßler, BB 80, 1388; Scholz / Winter, § 7 Rn. 42; Rowedder / Rittner, § 7 Rn. 33; Roth, § 7 Anm. 5.1.

a) Der gesetzliche Inhalt des § 235 AktG

aa) Der Zweck

Die Norm gestattet als Zusatzmaßnahme zur vereinfachten Kapitalherabsetzung unter bestimmten, nachfolgend erläuterten Voraussetzungen die Rückbeziehung einer nominellen Kapitalherabsetzung — und daneben der Kapital- und Gewinnrücklagen — sowie einer gleichzeitig mit ihr, d. h. in derselben Hauptversammlung[60], beschlossenen Kapitalerhöhung in den Jahresabschluß des letzten, der Beschlußfassung vorangegangenen Geschäftsjahres. D. h. es können Kapital und Rücklagen in Bilanz und GuV (§ 242 III AktG) so ausgewiesen werden, als wären die beiden kapitaländernden Maßnahmen bereits zum damaligen Bilanzstichtag wirksam gewesen. Aufgrund dieses Vorgehens wird einerseits erreicht, daß das Unternehmen keine folgenschwere Verlust- oder gar Unterbilanz veröffentlichen muß, in der die zwischenzeitlich erfolgte, finanzielle Sanierung der Gesellschaft noch gar nicht berücksichtigt wäre. Andererseits kann, wenn die Kapitalerhöhung die ursprüngliche Kapitalziffer wieder erreicht — was für § 235 AktG nicht Voraussetzung ist — dadurch bewirkt werden, daß der notwendig gewordene Sanierungsvorgang und damit das Tief der Gesellschaft nicht einmal mehr durch ein erniedrigtes Grundkapital in der Bilanz zum Ausdruck kommen. Daraus wird ersichtlich, daß die Regelung des § 235 AktG allein dem Zweck dient, das Ansehen und die Kreditwürdigkeit der Gesellschaft zu schützen und nicht durch ein negatives Bild ihrer Vermögensverhältnisse im Jahresabschluß zu beeinträchtigen[61], weil dieser für Dritte die Quelle zur Unterrichtung über den Stand der Gesellschaft und damit die Grundlage für weitere Geschäfte bildet. Letztlich erleichtert die Rückbeziehung, sofern die AG nicht bereits jahrelang Verluste erwirtschaftet hat, eine leise und unauffällige Sanierung und erhöht dadurch die Wahrscheinlichkeit eines dauerhaften Gesundungserfolges.

bb) Die strengen Voraussetzungen der Rückwirkung als Schutz vor einer Verschleierung der finanziellen Verhältnisse

Die einzige Gefahr, die zusätzlich gegenüber der bereits erörterten Sachlage aus dieser Vorgehensweise erwachsen könnte, liegt in einer Verschleierung der wahren Finanzverhältnisse der AG, insbesondere wenn die rückwirkende Maßnahme nicht, oder nicht so wie im Jahresabschluß ausgewiesen, wirksam werden würde bzw. in einem die Gläubiger täuschenden Mißbrauch des § 235 AktG dadurch, daß die Kapitalerhöhung nicht ordnungsgemäß durchgeführt werden würde. Die Realisierung dieser Gefahr wird jedoch durch mehrfache Vorbeugungsmaßnahmen ausgeschlossen.

---

60 Kölner Kommentar / Lutter, § 235 Rn. 7, 228 Rn. 3; Godin / Wilhelmi, § 228 Anm. 2; Baumbach / Hueck, § 228 Rn. 3.

61 Kölner Kommentar / Lutter, § 234 Rn. 2 f., § 235 Rn. 2; Baumbach / Hueck, § 234 Rn. 2.

aaa) Die Voraussetzungen des § 235 AktG selbst

Bereits die Voraussetzungen für die rückbeziehbare Kapitalerhöhung sind aus diesem Grunde in § 235 I AktG strenger ausgestaltet worden: es ist nur eine reguläre Kapitalerhöhung gegen Bareinlagen zulässig, um die mit Sacheinlagen einhergehenden Gefahren der Überbewertung[62] von vornherein zu vermeiden. Diese mit der Herabsetzung zu verbindende Kapitalerhöhung — die alleinige Rückbeziehung nur der Erhöhung ist unzulässig, weil dadurch erst recht ein unzutreffender, die Gläubiger täuschender Eindruck von der AG entstünde[63], da infolge ihrer fortbestehenden Verluste einem Großteil der ausgewiesenen, erhöhten Kapitalziffer kein Aktivvermögen gegenüberstehen würde — soll gem. §§ 235 I 1, 234 II 2 AktG ebenfalls zusammen mit der Feststellung über den Jahresabschluß beschlossen werden. Allerdings ist bereits der Kapitalerhöhungs*beschluß* zur Sicherung des ordnungsgemäßen Ablaufs der Maßnahme gem. § 235 I 2 AktG erst zulässig, wenn die Voraussetzungen der vollständigen Zeichnung des gesamten Erhöhungsbetrages und der Einzahlung der Mindesteinlagen erbracht sind, die ansonsten gem. §§ 188 II, 36 II, 36 a I AktG erst bei Anmeldung der Durchführung der Erhöhung zum Handelsregister gegeben sein müssen. Zudem ist die Erfüllung dieser letzten beiden Erfordernisse gem. § 235 I 3 AktG dem den Kapitalerhöhungsbeschluß beurkundenden Notar in geeigneter Weise zu belegen[64]. Ferner müssen die Beschlüsse über die Kapitalmaßnahmen sowie die Durchführung der Erhöhung gem. § 235 II AktG spätestens innerhalb einer Frist von 3 Monaten ins Handelsregister eingetragen und damit wirksam sein — andernfalls sind sie nichtig —, um alsbald Klarheit über die tatsächliche Kapitalhöhe der AG zu schaffen und die definitive Feststellung des Jahresabschlusses zu beschleunigen[65]. Nichts mit der Sicherung einer ordnungsgemäßen Rückwirkung der Maßnahme, sondern mit der internen Zuständigkeitsverteilung der Gesellschaft hat die an sich vorrangige Voraussetzung gem. §§ 235 I 1, 234 II 1 AktG zu tun, wonach insofern, in Abweichung von der Regel des § 172 Satz 1 AktG, von vornherein die Hauptversammlung auch über die Feststellung des Jahresabschlusses beschließen muß. Denn sonst würde die Verwaltung durch „ihren" Jahresabschluß der Hauptversammlung sowohl hinsichtlich des „ob", als auch hinsichtlich der Höhe der Kapitalveränderungen massiv vorgreifen[66].

---

[62] Siehe dazu bereits oben II. 2. b) bb) des 5. Kapitels zur insoweit gleichliegenden Lage bei der GmbH.

[63] Großkommentar / Schilling, § 235 Anm. 2; Kölner Kommentar / Lutter, § 235 Rn. 3.

[64] Im einzelnen zu den strengen Voraussetzungen der rückwirkenden Kombination von Herabsetzung und Erhöhung: Godin / Wilhelmi, § 235 Anm. 1; Kölner Kommentar / Lutter, § 234 Rn. 7 ff.; Großkommentar / Schilling, § 235 Anm. 3 ff.; Baumbach / Hueck, § 235 Rn. 2.

[65] Großkommentar / Schilling, § 234 Anm. 9.

[66] Kölner Kommentar / Lutter, § 235 Rn. 7, § 234 Rn. 5, 12.

bbb) Die Anforderungen der §§ 236, 240 AktG

Neben den genannten Voraussetzungen des § 235 AktG dient insbesondere § 236 AktG dem Schutz vor einer falschen und verschleiernden Ausweisung der Kapitalverhältnisse der AG infolge der Rückwirkung. Er verbietet als Modifikation zu der Regel des § 325 I HGB, wonach festgestellte Jahresabschlüsse *unverzüglich* bekannt zu machen wären, die Offenlegung des Abschlusses so lange, bis die beiden Kapitaländerungsbeschlüsse und die Durchführung der Erhöhung eingetragen und damit die gesamte Maßnahme gem. §§ 224, 229 III, 189 AktG wirksam ist. Auf diese Weise wird die den Geschäftsverkehr täuschende Offenlegung eines infolge der Rückbeziehung unzutreffenden Jahresabschlusses gänzlich vermieden.

Ferner sichert § 240 AktG, insbesondere im Interesse einer eindeutigen Information gegenwärtiger und künftiger Aktionäre[67], zugunsten derer im Rahmen der sie belastenden Kapitalherabsetzung keine den Gläubigerschutzvorschriften der §§ 225, 230, 232 f. AktG entsprechenden Regelungen bestehen, letztlich doch die völlige Transparenz der wahren finanziellen Verhältnisse der AG. Denn er verlangt für sämtliche Kapitalherabsetzungen in Satz 1 die gesonderte, genau festgelegte Ausweisung der aus der Herabsetzung folgenden Buchgewinne in der GuV gem. § 275 I, IV HGB und in Satz 3 die nochmalige Angabe des jeweiligen Verwendungszweckes dieser Beträge im Anhang gem. § 284 I HGB. Doch trifft diese Art der Offenlegung eine sanierungsbedürftige Gesellschaft längst nicht so hart wie der Ausweis einer Verlustbilanz.

Die Frage der Geltung des § 235 AktG im Rahmen der sanierenden Kapitalherabsetzung bei der AG stellt sich, anders als bei § 230 AktG, nicht, da § 235 AktG nicht nur die isolierte vereinfachte Herabsetzung betrifft, sondern eben ihre Kombination mit einer gleichzeitigen Kapitalerhöhung. Insofern beinhaltet er geradezu die Voraussetzungen der sanierenden Kapitalherabsetzung und ist daher, wenn die genannten Anforderungen vor Beschlußfassung erfüllt sind, im Falle einer mindestens gleichhohen Kapitalerhöhung erst recht anzuwenden.

b) Das Bestehen einer entsprechenden Lücke im GmbH-Gesetz

aa) Diesbezügliche Unvollständigkeit der Regelung zur Kapitalherabsetzung

Das GmbH-Gesetz enthält eine dem § 235 AktG entsprechende Regelung zur Möglichkeit der Rückbeziehung einer Kombination zwischen nomineller Kapitalherabsetzung und Kapitalerhöhung nicht. Aus dem Schweigen des GmbH-Gesetzes kann jedoch nicht im Wege des „argumentum e contrario“[68] geschlossen werden, daß die Rechtsfolge des § 235 AktG nach dem Willen des Gesetzgebers

---

67 Kölner Kommentar / Lutter, § 240 Rn. 2.

68 Allgemein dazu, statt aller: Larenz, S. 374.

oder der Teleologie des Gesetzes ausschließlich auf den geschilderten Tatbestand im Aktienrecht beschränkt sein solle und eine Analogie auf die sanierende Kapitalherabsetzung bei der GmbH deshalb ausgeschlossen wäre. Dagegen spricht bereits, daß aufgrund Art. 2, § 17 i. V. m. Art. 1, §§ 5, 6 I der schon erwähnten Rechtsverordnung vom 18. 2. 1932, die zur Bekämpfung der Auswirkungen der Weltwirtschaftskrise erlassen wurde und schließlich bis 1950 galt[69], im Rahmen des darin geschaffenen Ausnahmetatbestandes einer vereinfachten Kapitalherabsetzung bei der GmbH eine dem § 235 AktG sehr ähnliche Möglichkeit zur Rückbeziehung einer gleichzeitigen Kapitalherabsetzung und -erhöhung auch für die GmbH schon bestand. Dieser Umstand zeigt, daß eine derartige Rückbeziehung ihrem Sinn und Zweck nach auch auf die Herabsetzung der GmbH paßt und benötigt wird. Ferner ist zu beachten, daß eine analoge Anwendung des § 235 AktG sich vorliegend nur auf die sanierende Kapitalherabsetzung beziehen kann, da eine sonstige Kombination von isolierter Herabsetzung und Erhöhung an § 58 I GmbHG scheitern müßte. Aber gerade dieses Institut hat der damalige Gesetzgeber, wie insbesondere die historische Auslegung des § 58 I GmbHG gezeigt hat[70], seinerzeit nicht erkannt oder beachtet, so daß von einem gewollten, einen Umkehrschluß rechtfertigenden Schweigen des Gesetzes nicht die Rede sein kann, zumal die jetzt in § 235 AktG enthaltene Regelung auch erst seit besagter Notverordnung bzw. dem kurz darauf ergangenen Aktiengesetz 1937 existiert[71]. Vielmehr liegt in dem Fehlen einer entsprechenden Norm des GmbH-Gesetzes eine Unvollständigkeit der kapitalherabsetzungsrechtlichen Regelung im Sinne einer Lücke.

bb) Das Element der Planwidrigkeit dieser unvollständigen Regelung

Die Planwidrigkeit dieser Unvollständigkeit steht ebenfalls im Zusammenhang mit der letztgenannten Tatsache, daß der GmbH- Gesetzgeber die Möglichkeit einer sanierenden, die Gläubiger nicht gefährdenden Kombination von Kapitalherabsetzung und -erhöhung nicht bedacht hat. Wie insbesondere die systematische Auslegung des § 58 I GmbHG gezeigt hat, hat der Gesetzgeber mit dieser Norm die Absicht verfolgt, sämtliche Formen der Kapitalherabsetzung zum Schutz der Gläubiger einheitlich und vollständig zu regeln, was ihm jedoch, wie die verdeckte Lücke bezüglich der sanierenden Kapitalherabsetzung belegt, nicht gelungen ist und auch nicht sachgemäß wäre. Schon von daher besteht ein Hinweis auf die Planwidrigkeit des Fehlens einer § 235 AktG entsprechenden Regelung: wenn bereits die Nichtberücksichtigung der sanierenden Kapitalherabsetzung an sich planwidrig war, spricht viel dafür, daß sich dies bezüglich des Fehlens einer sie noch verbessernden bzw. näher ausgestaltenden Regelung wie

69 RGBl. 1932 I, 75 (76 ff.) — im einzelnen zum Sinn und Inhalt dieser RVO siehe oben im 3. Kapitel I. 2.

70 Siehe oben I. 4. b) im 5. Kapitel.

71 Kölner Kommentar / Lutter, § 235 Rn. 1 und I. 1. im 3. Kapitel.

§ 235 AktG genauso verhält. Ganz sicher sogar folgt daraus, daß die Nichtexistenz einer derartigen Regelung im GmbH-Gesetz jedenfalls nicht planmäßig ist und somit kein bloßer rechtspolitischer Fehler sein kann, weil eine diesbezügliche Regelungsabsicht zumindest gefehlt hat.

Doch besteht der Plan bzw. die immanente Teleologie des Gesetzes nicht nur aus den konkreten Regelungsabsichten des Gesetzgebers, sondern auch aus allgemeinen, in jedem rechtsstaatlichen Gesetz verankerten Rechtsprinzipien, wie etwa dem Gleichheitsgrundsatz[72]. Auf diese Weise kommen die an sich die Analogie, d. h. die Lückenausfüllung bestimmenden Argumente der Gleichbehandlung im Bereich dieser Rechtsfortbildungsmaßnahme entsprechend der Auffassung von *Canaris* bereits bei der Lückenfeststellung zum Tragen[73], wodurch beide Schritte diesbezüglich miteinander verbunden sind.

Die weitestgehende Übereinstimmung der Sachverhalte, gerade auch bezüglich der aufgrund der teleologischen Reduktion des § 58 I GmbHG sachgemäß durchführbaren, sanierenden Kapitalherabsetzung — im wesentlichen gleiche Funktion des Kapitals, ähnliche Zwecke der Kapitalherabsetzung allgemein und gleicher Zweck der sanierenden Herabsetzung im besonderen, nahezu gleiche Interessenlage der Beteiligten — wurde bereits ausführlich dargelegt. Aufgrund dessen ist aus dem Bestehen der Möglichkeit zur Rückbeziehung des Jahresabschlusses im Aktienrecht in Verbindung mit dem Gleichheitsprinzip zu schließen, daß auch nach dem Plan des GmbH- Gesetzes, insbesondere wenn man die wesentlich höhere Insolvenzanfälligkeit der GmbH bedenkt, eine solche Erleichterung der sanierenden Kapitalherabsetzung erwartet bzw. vermißt wird. Entscheidendes Merkmal in diesem Zusammenhang ist, daß GmbHs gem. § 325 HGB in genau gleicher Weise wie Aktiengesellschaften ihren Jahresabschluß offenzulegen haben, da diese Normen nicht zwischen den unterschiedlichen Formen der Kapitalgesellschaften trennen, sondern Erleichterungen ausschließlich von der Einordnung der Kapitalgesellschaften in Größenklassen gem. § 267 HGB abhängig machen. Mithin besteht für die GmbH ein mindestens gleich großes Bedürfnis nach einer derartigen Regelung zur Rückbeziehung des Jahresabschlusses wie bei der AG.

Somit ist die Planwidrigkeit und damit insgesamt eine offene Regelungslücke bezüglich einer dem Vorbild des § 235 AktG entsprechenden Norm zu bejahen. Bei dieser Lücke handelt es sich, wie die Überlegungen deutlich machen, allerdings nicht um das Fortbestehen der im Rahmen des § 58 I GmbHG aufgedeckten und schließlich doch mittels der teleologischen Reduktion allein ausfüllbaren Lücke, weil die nunmehr festgestellte Lücke zwar mit dieser insofern eng zusammenhängt, als eine Analogie zu § 235 AktG ohne die Lücke in § 58 I GmbHG sinnlos wäre, sie letztlich aber doch einen anderen, die weitere Ausgestaltung der sanierenden Kapitalherabsetzung betreffenden Fall beinhaltet.

---

72 Zum „Plan" des Gesetzes im einzelnen bereits oben II. 1. b) bb) des 5. Kapitels.

73 Lehmann, S. 8 f., 11 f. und oben bereits I. 2. c) dieses Kapitels.

c) Die Voraussetzung ähnlicher Sachverhalte

aa) Im Verhältnis von § 235 AktG und sanierender Kapitalherabsetzung bei der GmbH

Die Erfüllung dieses Erfordernisses wertungsmäßig gleichliegender Tatbestände für die Lückenausfüllung wurde im wesentlichen bereits soeben im Rahmen der Lückenfeststellung dargelegt. Über die dort genannten Punkte hinaus kommt die große Ähnlichkeit der Sachverhalte hier im einzelnen noch darin zum Ausdruck, daß die sanierende Kapitalherabsetzung bei der GmbH bereits aus sich heraus die für die rechtliche Bewertung maßgeblichen Voraussetzungen des analog anzuwendenden § 235 AktG größtenteils erfüllt und teilweise — was die Höhe der gleichzeitigen Kapitalerhöhung auf mindestens die alte Stammkapitalziffer betrifft — sogar darüber hinausgeht, was erst recht für die Analogie spricht. Zu nennen sind insofern die Voraussetzungen der gleichzeitigen *Bar*-Kapitalerhöhung nebst einer ausschließlich nominellen Herabsetzung sowie die im GmbH-Recht gem. § 46 Nr. 1 GmbHG grundsätzlich ohnehin bestehende Zuständigkeit der Gesellschafter zur Feststellung des Jahresabschlusses. Die übrigen, von der sanierenden Kapitalherabsetzung nicht ausdrücklich verlangten Erfordernisse bzw. Förmlichkeiten des § 235 AktG, wie insbesondere die Zeichnung der Anteile und die Erbringung der Mindesteinlagen noch vor Beschlußfassung über die Erhöhung, sind im Rahmen dieses Sanierungsmittels zur Verhinderung einer auch in dessen Abwicklung denkbaren Verschleierung der Finanzverhältnisse allesamt erfüllbar und bilden somit keine wesentlichen, die Analogie hindernden Unterschiede. Letzteres gilt auch für die Tatsache, daß das GmbH- Gesetz nicht zwischen der Eintragung des Beschlusses und der Durchführung der Kapitalerhöhung unterscheidet. Bestätigt wird die Ähnlichkeit der Sachverhalte durch den Umstand, daß der schon erwähnte Diskussionsentwurf eines Gesetzes zur Reform des Insolvenzrechts[74] — in gleicher Weise wie übrigens zuvor schon die Referentenentwürfe zum GmbH-Gesetz von 1969 und 1971 / 73[75] — im Zuge der darin geplanten Einführung einer vereinfachten Kapitalherabsetzung nach dem Vorbild des Aktienrechts die Vorschrift des § 235 AktG nahezu unverändert in das GmbH-Gesetz überträgt.

bb) Ausdehnung der Analogie erforderlich?

aaa) Auf § 236 2. Alt. AktG

Problematisch könnte in diesem Zusammenhang daher allenfalls das Nichtbestehen von den den §§ 236, 240 AktG entsprechenden Pflichten im Recht der

---

[74] Bundesministerium der Justiz, Diskussionsentwurf eines Gesetzes zur Reform des Insolvenzrechts (1988), S. 193 f. und S. B 336 ff.

[75] Referentenentwurf GmbHG 1969, S. 87 f. und S. 338 f. sowie Regierungsentwurf GmbHG 1971 / 73 in BR-Drucksache 595 / 71, S. 52 und 187 f.

GmbH allgemein und speziell im Bereich der sanierenden Kapitalherabsetzung sein. Wichtig im Hinblick auf die geschilderte Gefährdung des Geschäftsverkehrs aus der Rückbeziehung ist insbesondere das in § 236 2. Alt. AktG enthaltene Verbot, den Abschluß vor Eintragung und damit vor Wirksamkeit der Kapitaländerungsmaßnahme zu veröffentlichen. Da der durch dieses Verbot modifizierte § 325 HGB sonst auch für die GmbH gilt und eine andere Konstruktion nicht denkbar ist, muß sich die lückenausfüllende Analogie auch auf die Norm des § 236 2. Alt. AktG erstrecken. Dies ist aus den zu § 235 AktG ausgeführten Gründen ohne weiteres möglich, weil § 236 AktG insgesamt keine selbständige Regelung enthält, vielmehr seine 2. Alternative nur im Zusammenhang mit § 235 AktG einen Sinn ergibt, und die Verbindung zwischen beiden Normen so eng ist, daß der Inhalt des § 236 2. Alt. AktG, wie der genannte Diskussionsentwurf eines Reformgesetzes zum Insolvenzrecht[74] zeigt, ausgezeichnet in einem 3. Absatz des § 235 AktG Platz finden würde.

bbb) Auf § 240 AktG

Anders verhält es sich bezüglich der weiteren Sicherungsnorm des § 240 AktG, die im Unterschied zu § 236 AktG für sämtliche Formen der Kapitalherabsetzung gilt[76], was bereits aus ihrer gesetzlichen Stellung in einem eigenen Unterabschnitt folgt. Sie bezieht sich folglich in erster Linie auf den vom Aktiengesetz vorausgesetzten Hauptfall der *isolierten* Kapitalherabsetzung, bei der infolge der dort zumeist bestehenden Gefährdung der Interessen Beteiligter die völlige Transparenz der Maßnahme sehr wichtig ist. In diesem Bereich liegt deshalb der mit der Norm bezweckte Einsatzschwerpunkt. Daher ist § 240 AktG schon von vornherein für die vom Gesetz als spezieller Sonderfall betrachtete Kombination von Kapitalherabsetzung und -erhöhung, insbesondere eine sanierende, kaum relevant. Ferner ist die Norm, da sie hauptsächlich den Informationsinteressen der großen Anzahl von häufig wechselnden, über die Vorgänge innerhalb der Gesellschaft relativ schlecht unterrichteten Aktionären dient[77], generell im Bereich der weitestgehend personalistisch strukturierten — zwischen 97 und 98 % der gesamten GmbHs haben nur bis zu 5 Gesellschafter, mehr als die Hälfte aller GmbHs hat nur 2 Gesellschafter[78] — und dementsprechend auch gesetzlich ausgestalteten[79] GmbH entbehrlich. Denn diese wenigen Gesellschafter sind aufgrund ihrer größeren Beteiligung an der Gesellschaft und regelmäßig auch am Geschäftsbetrieb naturgemäß wesentlich besser informiert und können das Schicksal der GmbH, insbesondere bei so zentralen Maßnahmen wie der sanieren-

---

[76] Kölner Kommentar / Lutter, § 240 Rn. 1.

[77] Siehe dazu soeben bereits Fußn. 67.

[78] Kornblum, GmbHR 81, 233; ders., GmbHR 83, 64; ders. / Kleinle / Baumann / Steffan, GmbHR 85, 46.

[79] Scholz / Westermann, § 30 Rn. 6; ders., Einleitung Band I, Rn. 16; Fabritius, ZHR 144, 630.

den Kapitalherabsetzung, selbst mitbestimmen. Die auf der anderen Seite von der Maßnahme betroffenen Gläubiger werden durch den dargelegten, hohen Sicherheitsstandard der Maßnahme selbst ausreichend geschützt und bedürfen daher des § 240 AktG ebenfalls nicht. Schließlich zeigt sich die Überflüssigkeit des § 240 AktG für die GmbH auch darin, daß der Großteil der GmbHs zu den kleinen Kapitalgesellschaften gem. § 267 I HGB gehört — rund 70 % der GmbHs verfügen nur über das Mindeststammkapital von DM 50 000,– [80], und es ist nicht anzunehmen, daß diese Gesellschaften in der Regel 2 der Merkmale des § 267 I HGB überschreiten —, weshalb weder die Ausweispflicht bezüglich der Buchgewinne gem. § 240 Satz 1 AktG noch die genaue Angabe ihres Verwendungszwecks gem. § 240 Satz 3 AktG wesentlich zum Tragen käme. Denn gem. § 326 Satz 1 AktG müssen kleine Kapitalgesellschaften keine GuV-Rechnung offenlegen und infolgedessen können gem. Satz 3 auch die sie betreffenden Angaben im Anhang entfallen[81]. Insgesamt ergibt sich daraus, daß die Analogie nicht auf § 240 AktG erstreckt zu werden braucht und kann[82].

d) Ergebnis

Aus den obigen Erörterungen folgt, daß zur Erleichterung der bereits mittels der teleologischen Reduktion des § 58 I GmbHG allein durchführbaren, sanierenden Kapitalherabsetzung bei der GmbH und zur Sicherung eines dauerhaften Sanierungserfolges vor allem in den Fällen eines plötzlichen, kurzfristigen Sanierungsbedarfs eine Analogie zu §§ 235, 236 2. Alt. AktG rechtlich geboten ist. Infolge der dadurch möglichen Rückbeziehbarkeit der Maßnahme wird ihre größtmögliche Effizienz durch den frühestmöglichen Ausweis eines ausgeglichenen Jahresabschlusses der GmbH erreicht, ohne daß die Interessen der davon Betroffenen zusätzlich gefährdet werden.

II. Das Problem der Zulässigkeit einer Herabsetzung unter das Mindeststammkapital gem. § 5 I GmbHG im Rahmen der sanierenden Kapitalherabsetzung bei der GmbH

Durch die Möglichkeit einer Herabsetzung unter das Mindeststammkapital gem. § 5 I GmbHG im Rahmen der sanierenden Kapitalherabsetzung würde insbesondere auch bei der großen Anzahl kleinerer GmbHs bewirkt, daß die eingetretenen Verluste der in Schieflage geratenen Gesellschaft, sofern keine

---

80 Hansen, GmbHR 89, 363.

81 Heymann / Herrmann, § 327 HGB Rn. 1; Baumbach / Duden / Hopt, § 326 HGB Anm. 1; Meyer-Landrut, RL §§ 238-335 HGB, Rn. 1544 f.

82 So auch, allerdings ohne Begründung, Roth, § 58 Anm. 2.3 und wohl auch für die ordentliche Kapitalherabsetzung: Beck'scher Bilanz-Kommentar / Sarx, § 272 HGB Rn. 44.

Überschuldungslage gegeben war, tatsächlich nur durch die bisherigen Gesellschafter getragen würden. D. h. es wäre endgültig „reiner Tisch" gemacht, und neue Anteile, die im Rahmen der erforderlichen Kapitalerhöhung ausgegeben werden, wären insofern makellos und deshalb leichter auch an Dritte zu vergeben. Das Bedürfnis für diese Maßnahme im Bereich der sanierenden Kapitalherabsetzung ergibt sich jedoch auch aus der Tatsache, daß Ende des Jahres 1988 rund 70 % aller bestehenden GmbHs nur über ein Stammkapital in Höhe des Mindestnennbetrages von DM 50 000,– verfügten[83]. Denn das bedeutet im Klartext, daß dieses zuverlässigste Sanierungsmittel für den überwiegenden Anteil der höchst konkursanfälligen GmbHs gar nicht anwendbar wäre, wenn nicht die Möglichkeit zur Unterschreitung des Mindestnennbetrages bestehen würde.

1. Der Gedanke einer Analogie zu § 228 AktG

Ins Auge sticht auch bei diesem Punkt zunächst die Möglichkeit einer Analogie zu der im Aktienrecht bestehenden Parallelnorm des § 228 AktG. Diese gestattet in Ausnahme von dem ansonsten zwingenden Prinzip der Erhaltung eines Mindestgrundkapitals in Höhe von DM 100 000,– gem. § 7 AktG, das in der Garantiefunktion des Kapitals als Mindesthaftungsgrundlage zugunsten der Gläubiger dienen soll[84], bei Bedarf, d. h. z. B. bei entsprechend hohen Verlusten, eine Kapitalherabsetzung bis auf Null. Voraussetzung dieser Ausnahmeregelung ist gem. § 228 I AktG — ganz ähnlich wie bei § 235 AktG — zum einen, daß zumindest die Herabsetzung unter den Mindestnennbetrag durch eine „zugleich", d. h. in ein und derselben Hauptversammlung beschlossene, reguläre Kapitalerhöhung gem. §§ 182 ff. AktG, ebenfalls ohne Sacheinlagen im Sinne des § 183 AktG, wieder ausgeglichen wird[85], zum anderen, daß die 6-monatige Ausschlußfrist des § 228 II AktG für die Eintragung der Beschlüsse und der Durchführung der Erhöhung gem. § 189 AktG eingehalten wird. Die Regelung des § 228 AktG verfolgt insofern, obwohl sie sich im Abschnitt der ordentlichen Kapitalherabsetzung befindet, hauptsächlich — andere Intentionen sind zwar nicht ausgeschlossen, aber nur von untergeordneter Bedeutung — den Zweck der Sanierung notleidender Gesellschaften[86]. Ihr Hauptanwendungsgebiet liegt, weil eine zügige und erfolgreiche Sanierung mittels der ordentlichen Kapitalherabsetzung aufgrund des zeit- und geldaufwendigen Gläubigerschutzes des § 225 AktG kaum

---

[83] Siehe Hansen, GmbHR 89, 363 und daneben schon für den Zeitraum zu Beginn der achtziger Jahre: Kornblum, GmbHR 83, 63 f. und 31, Tabelle 2; Kornblum / Kleinle / Baumann / Steffan, GmbHR 85, 46 und 12 f., Tabelle 21.

[84] Kölner Kommentar / Lutter, § 228 Rn. 2.

[85] Kölner Kommentar / Lutter, § 228 Rn. 3, 5 f.; Großkommentar / Schilling, § 228 Anm. 4, 6 f.; Godin / Wilhelmi, § 228 Anm. 2 f.

[86] Großkommentar / Schilling, § 228 Anm. 3; Kölner Kommentar / Lutter, § 228 Rn. 2.

durchführbar erscheint, im Bereich der sanierenden oder doch zumindest der vereinfachten Kapitalherabsetzung (§ 229 III AktG). Da zudem die sanierende Kapitalherabsetzung bei der GmbH, bis auf die Frist des § 228 II AktG, die aber unproblematisch erfüllbar wäre, bereits aus sich heraus sämtlichen Anforderungen des § 228 AktG genügt und was den Betrag der Erhöhung angeht, sogar noch darüber hinausgeht, würde eine analoge Anwendung des § 228 AktG auf die hier untersuchte Sanierungsmaßnahme an sich folgerichtig erscheinen.

Einer derartigen Analogie steht jedoch die äußerlich eindeutige Regelung des § 58 II 1 GmbHG entgegen, auf den sich auch die h. M. in ihrer generellen Ablehnung der Herabsetzung unter den Mindestnennbetrag mit der Argumentation stützt[87], daß diese Vorschrift ausdrücklich und ausnahmslos eine Unterschreitung der Mindeststammkapitalziffer gem. § 5 I GmbHG verbiete. Vorliegend scheitert die Analogie zu § 228 AktG, die im übrigen auch von der eine Unterschreitung des Mindestkapitals befürwortenden Meinung abgelehnt wird[88], indessen nicht schon daran, daß die 6-monatige Frist des § 228 II AktG nicht mit dem Sperrjahr des § 58 I Nr. 3 GmbHG harmoniert[88], da dieses Hemmnis aufgrund der entwickelten teleologischen Reduktion des § 58 I GmbHG im Bereich der sanierenden Kapitalherabsetzung beseitigt ist. Vielmehr fehlt es nach wie vor an einer für die Analogie erforderlichen *offenen* Lücke, da in Gestalt des § 58 II 1 GmbHG im Recht der GmbH eine Regelung zu dem von § 228 AktG normierten Sachverhalt der Herabsetzung unter den Mindestnennbetrag, wenn auch gerade in umgekehrter Richtung, besteht.

Aufgrund der, wie gesehen, dennoch bestehenden, unverkennbaren Ähnlichkeit zwischen § 228 AktG und der sanierenden Kapitalherabsetzung, sowohl was die Tatbestandsmerkmale als auch den jeweiligen Zweck der Maßnahme anbetrifft sowie angesichts der dringend notwendigen Reduktion des § 58 I GmbHG und des gleichermaßen äußerst dringenden Bedürfnisses nach einer Möglichkeit zur Unterschreitung des Mindestnennbetrages für mehr als zwei Drittel aller bestehenden GmbHs, erhebt sich jedoch hier die Frage, ob und inwieweit § 58 II 1 GmbHG überhaupt für die sanierende Kapitalherabsetzung bei der GmbH gilt. Diese Frage kann nur mittels Auslegung des § 58 II GmbHG nach den im 5. Kapitel im einzelnen dargelegten Auslegungsgrundsätzen beantwortet werden. Hierbei kann der Satz 2 dieses Absatzes, der nur wenig mit der aufgeworfenen Problematik zu tun hat, weitgehend außer Betracht gelassen werden.

---

87 Vgl. zu den beiden unterschiedlichen Auffassungen in diesem Punkt bereits oben im 3. Kapitel II. 2. d).

88 So aber: Baumbach / Hueck / Zöllner, § 58 Rn. 3.

2. Auslegung des § 58 II 1 GmbHG

a) Grammatikalisch-systematische Auslegung

Der Wortlaut des § 58 II 1 GmbHG besagt ausdrücklich an sich nur, daß die Bestimmung des § 5 I GmbHG bezüglich des Mindeststammkapitals durch eine Kapitalherabsetzung nicht berührt werden darf bzw. auch nach einer Herabsetzung eingehalten sein muß. Die genaue Reichweite dieser Bestimmung ergibt sich dagegen aus dem engen Bedeutungszusammenhang zu § 58 I GmbHG, der, wie bereits festgestellt[89], seinem Wortlaut nach jegliche Form der Kapitalherabsetzung erfaßt. Daraus ist zu schließen, daß das Verbot des Absatzes 2 Satz 1, da es keinerlei Einschränkungen enthält, ebenfalls sämtliche nach dem GmbH-Gesetz möglichen Arten der Herabsetzung umfaßt einschließlich derjenigen im Rahmen einer sanierenden Kapitalherabsetzung[90]. Dies folgt ebenfalls aus dem Umkehrschluß zu Satz 2, der deshalb ausdrücklich auf die beiden Hauptfälle der effektiven Kapitalherabsetzung beschränkt ist und damit für andere Herabsetzungszwecke nicht relevant[91], besondere Mindestgrenzen für die einzelnen Anteilsnennwerte aufgrund der Herabsetzung festlegt[92]. Bedenken gegen diese weite Auslegung könnten sich allenfalls insofern ergeben, als die sanierende Kapitalherabsetzung aufgrund der mit ihr verbundenen, gleichzeitigen Kapitalerhöhung die Grenze des Mindestbetrages letztlich gleichfalls unberührt läßt. Diese sind jedoch deshalb nicht zutreffend, weil es bezüglich dieser Auslegungskriterien nicht auf den Enderfolg der Gesamtmaßnahme ankommt, sondern der Wortlaut des § 58 II 1 GmbHG bereits den Beschluß jeglicher Herabsetzung unter den Mindestnennbetrag, also auch derjenigen, die Teil einer sanierenden Kapitalherabsetzung ist, verbietet.

In die gleiche Richtung weist die systematische Betrachtung nach dem weiteren Bedeutungszusammenhang, in dem die Norm des § 58 II 1 GmbHG steht. Denn insofern kann auf die obigen Ausführungen zu § 58 I GmbHG verwiesen werden[93], wobei lediglich der Unterschied besteht, daß Absatz II Satz 1 nicht eine die Zulässigkeit der Herabsetzung betreffende, sondern eine ihre Auswirkungen auf das Stammkapital begrenzende Sondervorschrift zu den allgemeinen Regelungen der Satzungsänderung gem. den §§ 53, 54 GmbHG darstellt. Demnach spricht die grammatikalisch-systematische Auslegung des § 58 II 1 GmbHG für eine

---

89 Dazu im 5. Kapitel I. 1. a).

90 Davon geht zumindest die h. M. ohne weiteres aus; vgl.: Scholz / Priester, § 58 Rn. 30; Meyer-Landrut, § 58 Rn. 11; Hachenburg / Ulmer, § 58 Rn. 29; Fischer / Lutter / Hommelhoff, § 58 Rn. 4; Rowedder / Zimmermann, § 58 Rn. 14.

91 Ganz überwiegende Auffassung, Hachenburg / Ulmer, § 58 Rn. 22; Baumbach / Hueck / Zöllner, § 58 Rn. 9; Scholz / Priester, § 58 Rn. 26; Roth, § 58 Anm. 3.1; Fischer / Lutter / Hommelhoff, § 58 Rn. 7 — a. A.: Meyer-Landrut, § 58 Rn. 16.

92 Scholz / Priester, § 58 Rn. 24; Hachenburg / Ulmer, § 58 Rn. 20; Fischer / Lutter / Hommelhoff, § 58 Rn. 6.

93 Vgl. dazu oben I. 1. b) des 5. Kapitels.

Geltung des Verbots der Herabsetzung unter den Mindestnennbetrag auch bei der sanierenden Kapitalherabsetzung.

b) Teleologische Auslegung

aa) Die ratio des § 58 II 1 GmbHG

Die Norm des § 58 II 1 GmbHG verfolgt zuvorderst den sich bereits aus ihrem Wortlaut sowie aus § 5 I GmbHG selbst ergebenden und daher eigentlich selbstverständlichen Zweck, zu verhindern, daß durch eine Kapitalherabsetzung ein andauernder, gegen § 5 I GmbHG verstoßender und damit gesetzwidriger Zustand der GmbH eintritt. Insoweit besitzt die Regelung nur klarstellenden Charakter[94]. Mittels dieser Zwecksetzung werden wiederum weitere Schutzfunktionen erfüllt, und zwar sowohl im Bereich des Gesellschafter- als auch und vor allem des Gläubigerschutzes. Da das Stammkapital als wesentliche Grundlage der GmbH in seiner Garantiefunktion den Betrag bestimmt, der den Gesellschaftsgläubigern als Haftungsfonds zur Verfügung stehen sollte[95] und § 5 I GmbHG neben der Aufbringung in Verbindung mit § 30 GmbHG vor allem auch die Erhaltung eines solchen mindestens erforderlichen Kapitals regelt[96], dient § 58 II 1 GmbHG, wie der 1. Absatz dieser Norm auch, insbesondere den Interessen der Gläubiger. Denn durch seine Beschränkung der möglichen Folgen einer Herabsetzung soll den Gläubigern soweit wie möglich ein bestimmtes, stets vorhandenes Mindesthaftungsvermögen gesichert werden[97].

Auf der anderen Seite schützt diese Begrenzung der Herabsetzung aber auch die einzelnen Gesellschafter, vor allem die Minderheit, weitestgehend vor dem völligen Verlust ihrer Geschäftsanteile. Der Grund dafür liegt zum einen darin, daß die Herabsetzung nach nunmehr wohl allgemeiner Ansicht eine automatische Anpassung der Nennbeträge grundsätzlich aller Geschäftsanteile bewirkt[98], jedenfalls sofern die Maßnahme — was aber der Regelfall ist — alle Gesellschafter gleichmäßig betreffen soll, wodurch die jeweiligen Anteile zwar weniger wert sind, das Beteiligungsverhältnis der Gesellschafter untereinander aber unverän-

---

94 So bereits die Begründung des GmbHG in Stenographische Berichte 1890 / 92, Anlagen Band 5, Reichstag-Aktenstück Nr. 660, S. 3755, ebenso: Baumbach / Hueck / Zöllner, § 58 Rn. 3.

95 Baumbach / Hueck, § 3 Rn. 16; Fabritius, ZHR 144, 628 und 631; Lutter, Kapital, S. 50.

96 Scholz / Winter, § 5 Rn. 1, 11; Baumbach / Hueck, § 5 Rn. 2.

97 So auch für die AG, bei der das Grundkapital, wie oben dargelegt, aber im wesentlichen die gleiche Funktion hat wie das Stammkapital: Kölner Kommentar / Lutter, § 228 Rn. 2.

98 Fischer / Lutter / Hommelhoff, § 58 Rn. 6; Hachenburg / Ulmer, § 58 Rn. 18 f.; Baumbach / Hueck / Zöllner, § 58 Rn. 8 f.; Scholz / Priester, § 58 Rn. 21-23; Meyer-Landrut, § 58 Rn. 15; Rowedder / Zimmermann, § 58 Rn. 8, 15; Gonella, GmbHR 62, 255 f.; Roth, § 58 Anm. 3.1; Eder, Rn. 528.1.

dert bleibt. Zum anderen folgt dies daraus, daß bei einer Herabsetzung zum Zwecke der Beseitigung einer Unterbilanz wesentlich geringere Mindestbeträge für die einzelnen Geschäftsanteile gelten, da die von § 58 II 2 GmbHG gezogenen Mindestgrenzen in diesem Fall nicht einschlägig sind[99], vielmehr in Analogie zu § 6 I KapErhG eine Untergrenze von DM 50,– und das Erfordernis einer Teilbarkeit durch 10 angenommen werden[100], so daß auch Kleinstanteile durch die Herabsetzung kaum in ihrer Existenz betroffen werden.

Diesen Zwecken würde jede isolierte Kapitalherabsetzung unter den Mindestbetrag widersprechen, weshalb die Norm des § 58 II 1 GmbHG insoweit teleologisch unstreitig angemessen und gerechtfertigt ist. Äußerst fraglich und deshalb auch bestritten ist dies jedoch für den Fall einer *feststehenden* Kombination der Herabsetzung mit einer gleichzeitigen, mindestens gleichhohen Kapitalerhöhung wie im Rahmen der sanierenden Kapitalherabsetzung[101] schon deshalb, weil der Gesetzgeber von 1892, wie die Untersuchungen zu § 58 I GmbHG ergeben haben[102], bei Erlaß des § 58 GmbHG die Maßnahme der sanierenden Kapitalherabsetzung nicht gekannt oder zumindest in keinster Weise berücksichtigt hat. Folglich bedarf dieser Punkt der weiteren Prüfung.

bb) Folgerungen aus der Teleologie des § 58 II 1 GmbHG für die Frage seiner Anwendbarkeit auf die sanierende Kapitalherabsetzung

aaa) Das Kriterium der Sachgemäßheit der Auslegung

Entscheidend für die Erfüllung dieses Kriteriums ist vorliegend ebenfalls[103], daß die oben angeführten Zwecke des Gläubiger- und Gesellschafterschutzes auch bei Anwendung des § 58 II 1 GmbHG auf die sanierende Kapitalherabsetzung erreichbar sind, da nur dann eine dementsprechende Auslegung der Struktur des geregelten Sachbereichs der gesamten Kapitalherabsetzung angemessen sein könnte. Voraussetzung dafür ist wiederum, daß auch hinsichtlich der sanierenden Kapitalherabsetzung den jeweiligen Schutzzwecken eine entsprechende Gefährdung bzw. ein Sicherungsbedürfnis der Gläubiger und Gesellschafter gegenübersteht. Wenn dies bezüglich beider Zwecksetzungen zu verneinen wäre, würde

---

99 Siehe dazu soeben Fußn. 91.

100 Hachenburg / Ulmer, § 58 Rn. 22; Baumbach / Hueck / Zöllner, § 58 Rn. 9; Scholz / Priester, § 58 Rn. 26; Fischer / Lutter / Hommelhoff, § 58 Rn. 7.

101 Siehe die bereits zuvor zitierte Mindermeinung in Baumbach / Hueck / Zöllner, § 58 Rn. 3, der als entscheidendes Kriterium für die Zulässigkeit der Unterschreitung des Mindestnennbetrages ansieht, daß sichergestellt ist, daß Kapitalherabsetzung und -erhöhung nur zusammen wirksam werden. Dieses Merkmal ist bei der sanierenden Kapitalherabsetzung erfüllt (vgl. die folgende Fußn. 102).

102 Vgl. dazu oben I. 4. b) und II. 1. b) bb) ccc) des 5. Kapitels.

103 Im einzelnen zur Dogmatik der teleologischen Auslegung m. w. N. oben I. 3. b) des 5. Kapitels.

eine teleologisch sachgemäße Auslegung derjenigen im grammatikalisch-systematischen Sinn widersprechen.

(1) Schutz der Gläubiger auch insoweit durch die gleichzeitige Kapitalerhöhung

Was das Schutzbedürfnis der Gläubiger anbetrifft, so wird diesem im Rahmen der sanierenden Kapitalherabsetzung bereits durch die gleichzeitige und mindestens die alte Stammkapitalziffer erreichende Kapitalerhöhung Genüge getan, die, wie bereits dargestellt, als wesentliches Charakteristikum dieser Sanierungsmaßnahme fest mit der Herabsetzung zu einer Einheit verbunden ist[104]. Da die darin enthaltene Herabsetzung nur soweit gehen darf wie die Verluste reichen, eine Herabsetzung bis auf Null also durch entsprechend hohe Verluste gerechtfertigt sein muß, führt auch in diesem Falle schon die bloße Erbringung der Mindesteinlagen auf die Erhöhung gem. §§ 56 a, 7 II 1 GmbHG zu einer effektiven Verbesserung der Lage der Gläubiger. Darüber hinaus bewirkt eine derart weitgehende Herabsetzung im Zuge dieser Maßnahme keinesfalls den Eintritt eines gesetzwidrigen Zustandes, da sich der Nennbetrag des Stammkapitals aufgrund der Einheitlichkeit der Maßnahme und des daraus resultierenden gleichzeitigen Wirksamwerdens ihrer Komponenten nur für die berühmte „logische Sekunde" unter dem Mindestnennbetrag des § 5 I GmbHG befindet. Darin liegt insoweit der fundamentale Unterschied dieses Sanierungsinstruments zu der vom Gesetz zugrundegelegten isolierten Kapitalherabsetzung und Kombinationen von Kapitalherabsetzungen mit -erhöhungen, die das Mindeststammkapital nicht erreichen. Aus den genannten Gründen wären die Gläubiger auch bei einer Herabsetzung unter den Mindestnennbetrag vor jeglicher Gefährdung ihrer Interessen geschützt. Infolgedessen geht dieser Zweck des § 58 II 1 GmbHG, was die sanierende Kapitalherabsetzung betrifft, ins Leere bzw. ist nicht erreichbar.

(2) Schutz der Gesellschafter mittels rechtlich geschützter Beteiligung an der Kapitalerhöhung

Hinsichtlich des daneben bestehenden Schutzzweckes zugunsten der Gesellschafter könnte man argumentieren, daß in einer Situation der GmbH, in der aufgrund eingetretener Verluste eine Herabsetzung des Kapitals auf Null notwendig ist, ein Schutzbedürfnis der bisherigen Gesellschafter vor dem völligen Verlust ihrer Anteile gar nicht mehr besteht, da diese Anteile infolge der hohen Verluste ohnehin nichts mehr wert sind. Dem ist jedoch entgegenzuhalten, daß zwar die Altgesellschafter die von ihnen „erwirtschafteten" Verluste allein tragen müssen, aber der Bilanzwert Null tatsächlich nicht ebenfalls gleich Null bedeutet, wenn man an dennoch vorhandene Wirtschaftswerte wie etwa betriebliches Know-how, den Kundenstamm des Unternehmens etc. denkt. Daher sind die Altgesell-

---

104 Vgl. dazu insbesondere I. 2. a) und II. 1. b) bb) ccc) des 5. Kapitels.

schafter auch in einer derartigen Krisensituation hinsichtlich des Bestandes ihrer Beteiligung und ihres weiteren Einflusses, insbesondere ihres Stimmgewichts, auf die Gesellschaft schutzbedürftig. Ein derartiger Schutz könnte sich neben der Voraussetzung einer qualifizierten Mehrheit insbesondere aus der rechtlich gesicherten Möglichkeit zum Bezug eines ihrer bisherigen Beteiligungsquote entsprechenden Anteils an der gleichzeitigen Kapitalerhöhung ergeben.

Nach der neueren, im Vordringen begriffenen Auffassung steht den Gesellschaftern der GmbH bei einer Kapitalerhöhung bereits de lege lata ein — da das GmbH-Gesetz ein solches Recht nicht ausdrücklich erwähnt — zwar ungeschriebenes, aber selbständig einklagbares *gesetzliches Bezugsrecht* zu[105]. Dieses wird aus der analogen Anwendung von § 186 I, III, IV AktG gefolgert. Begründet wird diese Auffassung in erster Linie damit, daß, nachdem die Rechtsprechung für den Bezugsrechtsausschluß bei der AG die inzwischen allgemein anerkannten, zusätzlichen materiellen Kriterien einer sachlichen Rechtfertigung und der Erforderlichkeit und Verhältnismäßigkeit festgelegt bzw. vom damaligen Schrifttum übernommen hat[106], bei der GmbH aufgrund der insofern sowieso bestehenden Übereinstimmung von Rechts- und Interessenlage und im Hinblick auf ihre gesetzlich vorgegebene und tatsächlich auch bestehende personalistische Struktur ein mindestens gleichwertiger Bestandsschutz bezüglich der Beteiligung der Gesellschafter erforderlich sei wie bei der AG, eher sogar ein noch strengerer[107].

Demgegenüber lehnt die bisher überwiegende Auffassung ein Bezugsrecht der Gesellschafter ab[108], sofern dieses nicht ausdrücklich in der Satzung vorgesehen ist, und billigt den Gesellschaftern höchstens eine „Anwartschaft“ auf Teilnahme an der Kapitalerhöhung zu[109]. Insofern wird allerdings nicht deutlich, ob damit nur eine rein tatsächliche Aussicht auf einen künftigen Rechtserwerb[110], oder aber ein die Gesellschafter ähnlich wie das volle Bezugsrecht schützendes Anwartschafts*recht* im Sinne einer gesicherten Rechtsposition des Erwerbers ge-

---

105 Priester, DB 80, 1927 f.; Scholz / Priester, § 55 Rn. 39 ff.; Baumbach / Hueck / Zöllner, § 55 Rn. 13 ff.; Fischer / Lutter / Hommelhoff, § 55 Rn. 7 f.; Raiser, S. 276; Schmidt, ZGR 82, 525; ders., § 37 V 1. a) ee); vorsichtiger noch Wiedemann, ZGR 77, 695.

106 Siehe hierzu insbesondere die Leitentscheidung BGHZ 71, 40 (44-46) — Kali+-Salz — sowie zur Entwicklung dieser Maßstäbe: Zöllner, Schranken, S. 350 ff. und ihrer Anerkennung in der Lit.: Kölner Kommentar / Lutter, § 186 Rn. 49 ff. (50); Kölner Kommentar / Zöllner, § 243 Rn. 200 f.; Großkommentar / Wiedemann, § 186 Anm. 12 b; Hachenburg / Ulmer, § 55 Rn. 41 f.

107 Scholz / Priester, § 55 Rn. 44; ders., DB 80, 1927 f.; Raiser, S. 276; Fischer / Lutter / Hommelhoff, § 55 Rn. 7; Baumbach / Hueck / Zöllner, § 55 Rn. 13.

108 Rowedder / Zimmermann, § 55 Rn. 30 f.; Roth, § 55 Anm. 3.3; Hachenburg / Ulmer, § 55 Rn. 44 ff.; Meyer-Landrut, § 55 Rn. 19; Skibbe, GmbHR 63, 46 f.; Immenga, S. 227.

109 So allerdings soweit ersichtlich nur: Hachenburg / Ulmer, § 55 Rn. 48 und Skibbe, GmbHR 63, 46 f.

110 Medicus, Rn. 456.

meint ist, die durch den anderen an der Entstehung des Rechts Beteiligten nicht mehr einseitig zerstört werden kann[111]. Gegen letztere Alternative spricht trotz der nach dieser Ansicht bestehenden Pflicht zur vollen Berücksichtigung des Beteiligungsinteresses des einzelnen Gesellschafters im Rahmen des Zulassungsbeschlusses jedoch, daß der Erwerb des Vollrechts gerade wegen der Erforderlichkeit dieses Beschlusses nicht allein vom jeweiligen Gesellschafter abhängt. Zur Begründung dieser Meinung wird insgesamt vor allem der Wortlaut des § 55 II 1 GmbHG in Anspruch genommen, der ein ausdrückliches Bezugsrecht der Gesellschafter wie im Aktienrecht nicht vorsieht.

Diese ursprüngliche Auffassung kommt aber dennoch über die Anwendung der Grundsätze der Erforderlichkeit und Verhältnismäßigkeit sowie der Gleichbehandlung der Gesellschafter oder Treuepflicht der Mehrheit gegenüber der Minderheit als Stimmrechtsschranken im Rahmen des Zulassungsbeschlusses gem. § 55 II 1 GmbHG letztlich zu sehr ähnlichen Ergebnissen wie die vorgenannte neuere Auffassung des Bezugsrechts[112]. Denn zwischen beiden Meinungen besteht jedenfalls Einigkeit über die Übertragbarkeit der oben genannten, im Aktienrecht entwickelten Kriterien zur Zulässigkeit eines Bezugsrechtsausschlusses auf die GmbH[113], und zwar mit Rücksicht auf den personalistischen Charakter der GmbH, aus dem sich regelmäßig eine engere Bindung des Gesellschafters an sein Unternehmen, sowohl finanziell als auch was seinen Betätigungsbereich betrifft, ergibt[114], sogar in noch strengerem Maße als bei der AG[113]. Damit ist auch nach der überwiegenden Ansicht eine Abweichung von der bisherigen Anteilsquote oder gar ein Ausschluß einzelner Gesellschafter von der Erhöhung grundsätzlich unzulässig und nur beim Vorliegen sachlicher Gründe im Interesse der GmbH gerechtfertigt[115]. Das bedeutet, daß die Gesellschafter einer GmbH, unabhängig vom Bestehen einer Anwartschaft, in materiellrechtlicher Hinsicht auch nach dieser Auffassung in einer dem aktienrechtlichen Bezugsrecht sehr ähnlichen Weise geschützt sind[116].

Demnach besteht der hauptsächliche Unterschied zwischen ursprünglicher und neuerer Auffassung in der rechtstechnischen bzw. formellen Frage der effektiveren Durchsetzbarkeit dieses materiellen Schutzes der Gesellschafter. Nach der h. M. ist zur Bestimmung der Bezugsberechtigung neben dem Erhöhungsbeschluß stets ein gesonderter, mit einfacher Mehrheit zu fassender Zulassungsbeschluß

---

111 Palandt / Heinrichs, vor § 158 BGB Anm. 3. b); BGHZ 49, 197 (201); Medicus, Rn. 456.

112 Baumbach / Hueck / Zöllner, § 55 Rn. 13; Rowedder / Zimmermann, § 55 Rn. 30; Roth, § 55 Anm. 3.3.2.; Fischer / Lutter / Hommelhoff, § 55 Rn. 8.

113 Hachenburg / Ulmer, § 55 Rn. 41 f.; Schmidt, § 37 V 1. a) ee); Roth, § 55 Anm. 3.3.2.

114 Priester, DB 80, 1927 f.; Hachenburg / Ulmer, § 55 Rn. 45; Fabritius, ZHR 144, 630; Scholz / Westermann, Einleitung Rn. 16.

115 Roth, § 55 Anm. 3.3.3.

116 Schmidt, § 37 V 1. a) ee).

gem. § 55 II 1 GmbHG erforderlich[117], der allerdings auch konkludent im Erhöhungsbeschluß enthalten sein kann[118]. Die Durchsetzung des Beteiligungsinteresses der Gesellschafter kann in diesem Fall grundsätzlich nur durch die Anfechtung dieses Zulassungsbeschlusses erfolgen[119]. Dagegen ist nach der neueren Auffassung ein separater Zulassungsbeschluß in der Regel überflüssig, da mit dem Bestehen eines Bezugs*rechts* eine gesonderte Zulassung nicht vereinbar ist[120]. Eine Ausschließung des Bezugsrechts muß folglich im Erhöhungsbeschluß mindestens mit satzungsändernder Dreiviertel-Mehrheit vorgenommen werden (§ 186 III AktG analog), nur dann ist nach dieser Ansicht ein weiterer Zulassungsbeschluß zur Festlegung der Übernahmeberechtigten erforderlich[121]. Daher bestünde hier zur Verfolgung des Bezugsrechts für übergangene Gesellschafter die Möglichkeit der Anfechtung des einheitlichen Beschlusses über die Erhöhung, d. h. ihrer Grundlage direkt, und zugleich die der Klage auf Zuteilung von der bisherigen Beteiligung entsprechenden Geschäftsanteilen, was prozessual günstiger wäre[122]. Die Verteilung der Beweislast zu Lasten der klagenden Gesellschafter ist jedoch nach beiden Auffassungen gleich.

Da somit das letztlich ähnlich geschützte materielle Bezugsinteresse nach beiden Meinungen — wenn auch in unterschiedlicher Weise[123] — prozessual durchsetzbar ist, erübrigt sich im vorliegenden Rahmen eine noch weitergehende Erörterung beider Meinungen. Denn selbst die herkömmliche Ansicht würde den Gesellschaftern diesbezüglich vom Ergebnis her einen ausreichenden Schutz ihres weiteren Beteiligungsinteresses an der maroden GmbH bieten. Vorzuziehen ist jedoch die neuere Auffassung eines echten Bezugsrechts gem. § 186 AktG analog, da sie den Gesellschaftern, wie dargelegt, einen effektiveren Schutz gegen den ungerechtfertigten Ausschluß ihres Bezugsinteresses gewährleistet. Ferner bildet sie infolge des eindeutigen Vorliegens der Voraussetzungen einer Analogie — insbesondere fehlt es nicht an einer Lücke[124], da sowohl der Wortlaut des § 55 II 1 GmbHG der Annahme eines Bezugsrechts nicht entgegensteht[125], als

---

117 Hachenburg / Ulmer, § 55 Rn. 47 f.; Rowedder / Zimmermann, § 55 Rn. 30, 33; Meyer-Landrut, § 55 Rn. 19 — einschränkend Roth, § 55 Anm. 3.3.3., der satzungsändernde Mehrheit für den Zulassungsbeschluß verlangt.

118 Hachenburg / Ulmer, § 55 Rn. 48; Roth, § 55 Anm. 3.3.3.

119 Hachenburg / Ulmer, § 55 Rn. 49; Roth, § 55 Anm. 3.3.4.; Rowedder / Zimmermann, § 55 Rn. 34; Baumbach / Hueck / Zöllner, § 55 Rn. 13.

120 Scholz / Priester, § 55 Rn. 40.

121 Baumbach / Hueck / Zöllner, § 55 Rn. 13 f.; Scholz / Priester, § 55 Rn. 40.

122 Baumbach / Hueck / Zöllner, § 55 Rn. 13; Scholz / Priester, § 55 Rn. 45; Schmidt, § 37 V 1. a) ee).

123 Schmidt, § 37 V 1. a) ee) ist sogar der Auffassung, daß sich „dieser technische Unterschied in der Praxis meist von selbst auflöse."

124 So aber: Hachenburg / Ulmer, § 55 Rn. 46 und Rowedder / Zimmermann, § 55 Rn. 30.

125 Dies hat Priester in DB 80, 1928 und in Scholz, Bd. II, § 55 Rn. 46 anschaulich dargelegt. Dem kann nicht entgegengehalten werden, daß, nachdem die GmbH-Novelle 1980 das gesetzliche Bezugsrecht nicht übernommen habe, keine Lücke bestehen könne

auch weil schon die nachträgliche Einfügung des § 186 in das Aktiengesetz in Verbindung mit dem auch für die Lückenfeststellung geltenden Gleichheitsgrundsatz wegen der bei der GmbH insoweit bestehenden gleichen Rechts- und Interessenlage[126] zu einer planwidrigen Unvollständigkeit des GmbH-Gesetzes geführt hat — konstruktiv die sauberere Lösung gegenüber derjenigen bloßer Stimmrechtsschranken oder gar der einer sehr fraglichen Anwartschaft.

Ob die Gesellschafter dieses Bezugsrecht tatsächlich wahrnehmen, ist allein ihre Sache. Eine Verpflichtung dazu besteht aufgrund des allgemeinen Grundsatzes aus § 707 BGB nicht[127]. Üben sie ihr Bezugsrecht jedoch nicht aus, so müssen sie zu Recht eine dann eintretende Änderung der Beteiligungsverhältnisse hinnehmen[128]. Daraus folgt, daß auch der zweite Schutzzweck des § 58 II 1 GmbHG zugunsten der Gesellschafter bei einer sanierenden Kapitalherabsetzung unter den Mindestnennbetrag nicht erreichbar ist, da die Gefährdung der Gesellschafter bereits durch das ihnen zustehende Bezugsrecht aus dem Erhöhungsteil beseitigt ist. Das bedeutet, daß die Zwecke des § 58 II 1 GmbHG für den Sachverhalt der sanierenden Kapitalherabsetzung gegenstandslos sind, weshalb eine teleologisch sachgemäße Auslegung klar gegen eine Anwendung des § 58 II 1 GmbHG auf diese Maßnahme spricht.

bbb) Die Gefahr von Wertungswidersprüchen

Hinzu kommt, daß aufgrund des unserer Rechtsordnung immanenten Strebens nach Gerechtigkeit auch im Rahmen der teleologischen Auslegung das allgemein gültige Prinzip der Gleichbehandlung zu beachten ist[129]. D. h. der Auslegende hat die unterschiedliche Bewertung wertungsmäßig gleichliegender Sachverhalte, also einen Wertungswiderspruch, so weit wie möglich zu vermeiden. Zu einem solchen nachträglichen Wertungswiderspruch gegenüber § 228 AktG könnte jedoch die Erstreckung des § 58 II 1 GmbHG auf die sanierende Kapitalherabsetzung führen.

Denn das Aktiengesetz sieht die nun in § 228 AktG enthaltene Möglichkeit einer Herabsetzung unter den Mindestnennbetrag erst seit dem Aktiengesetz 1937[130] vor. Damit regelt es als gegenüber dem seit 1892 unveränderten § 58 II

(so: Rowedder / Zimmermann, § 55 Rn. 30). Denn die Novelle hat sich bewußt auf wenige, v. a. im *Gläubigerinteresse* liegende Änderungen beschränkt! — Siehe Beschlußempfehlung und Bericht des Rechtsausschusses: Bundestag-Drucksache, 8 / 3908, S. 66.

126 Raiser, S. 276.

127 Schmidt, ZGR 82, 525; ders., § 37 V 1. a) dd); Scholz / Priester, § 55 Rn. 69; Münchener Kommentar / Ulmer, § 707 Rn. 1.

128 Wiedemann, ZGR 77, 695.

129 Larenz, S. 321; Zippelius, S. 49 f. und bereits oben: I. 3. b) bb) des 5. Kapitels.

130 Die Vorschrift war im AktG 1937 zunächst in § 181 AktG enthalten und wurde mit geringen sprachlichen Änderungen, sachlich jedoch unverändert, in § 228 AktG übernommen — vgl.: Kölner Kommentar / Lutter, § 228 Rn. 1; Großkommentar / Schilling, § 228 Anm. 1.

1 GmbHG[131] neueres und daher vorrangig zu beachtendes Gesetz[132] weitestgehend die gleiche Problematik ausdrücklich auf andere Weise wie dieser. Die Gleichartigkeit der geregelten Sachverhalte ergibt sich dabei zum einen aus der bereits dargelegten, im wesentlichen gleichen Funktion des Kapitals und damit auch seines Mindestnennbetrages bei AG und GmbH sowie aus der daraus resultierenden gleichen Interessenlage der Beteiligten bei einer Kapitalherabsetzung, zum anderen aus der Tatsache, daß die sanierende Kapitalherabsetzung bei der GmbH nahezu sämtliche Voraussetzungen des § 228 AktG schon ihrem Wesen nach erfüllt bzw. darüber noch hinausgeht. Diese Gleichartigkeit wird auch nicht durch das Fristerfordernis gem. § 228 II AktG gestört, da die Frist vorliegend bereits dadurch an Bedeutung verliert, daß sie bei einer sanierenden Kapitalherabsetzung nicht zuletzt wegen des gemeinsamen rechtlichen Schicksals beider Komponenten unschwer erfüllbar wäre, und ferner die entsprechenden Beschlüsse bei Fristablauf jederzeit in zur Wirksamkeit führender Weise wiederholt werden könnten[133]. Außerdem vertragen die Geschäftsanteile an einer GmbH aufgrund ihrer im Vergleich zum Aktienrecht wesentlich geringeren Fungibilität — weniger wegen des Beurkundungserfordernisses gem. § 15 III, IV GmbHG als wegen des fehlenden Gutglaubensschutzes — auch einen längeren Schwebezustand als im Aktienrecht[134]. Infolgedessen kann das Fristerfordernis hier vernachlässigt werden. Der zu vermeidende Wertungswiderspruch zum Aktienrecht würde bei Anwendung des § 58 II 1 GmbHG auf die sanierende Kapitalherabsetzung also aus der ungerechtfertigten Ungleichbehandlung wertungsmäßig gleichliegender Tatbestände folgen.

Zu berücksichtigen ist daneben ferner, daß eine derart weitgehende teleologische Auslegung des seinem Zweck nach unstreitig auf jede isolierte Kapitalherabsetzung passenden § 58 II 1 GmbHG auch innerhalb des GmbH-Gesetzes zu einem Wertungswiderspruch führen würde. Sie würde nämlich die grundlegenden Unterschiede, die zwischen der isolierten Herabsetzung einerseits und der mit einer Kapitalerhöhung kombinierten sanierenden Kapitalherabsetzung andererseits bestehen, insbesondere hinsichtlich des Schutzes der Gläubiger und der Gesellschafter, aber auch der Reichweite der Maßnahme, völlig mißachten. Insofern würde sich der Wertungswiderspruch aus der ungerechtfertigten Gleichbehandlung wertungsmäßig sehr unterschiedlicher Tatbestände, d. h. letztlich aus dem negativen Gleichheitssatz, ergeben.

Diese sich abzeichnenden Wertungswidersprüche sind nur vermeidbar, wenn § 58 II 1 GmbHG nicht auf die sanierende Kapitalherabsetzung angewendet wird.

---

131 Vgl. dazu oben im 3. Kapitel I. 2.

132 Larenz, S. 324.

133 So auch Kölner Kommentar / Lutter, § 234 Rn. 14, 17 für die dem § 228 II AktG nachgebildete Frist des § 234 III AktG; ebenso: Großkommentar / Schilling, § 228 Anm. 9.

134 Baumbach / Hueck / Zöllner, § 58 Rn. 3 und zur mangelnden Fungibilität auch: Priester, DB 80, 1928 mit Fußn. 59.

Daraus folgt als Ergebnis der teleologischen Auslegung insgesamt, daß § 58 II 1 GmbHG seiner ratio legis nach nicht auf die sanierende Kapitalherabsetzung bei der GmbH ausgedehnt werden kann.

c) Historische Auslegung

Hinsichtlich dieses Auslegungskriteriums kann in vollem Umfang auf die diesbezüglichen Feststellungen zu § 58 I GmbHG verwiesen werden[135]. Daraus wird deutlich, daß der seinerzeitige Gesetzgeber, obwohl es in der Begründung zum damaligen § 59 GmbHG heißt, daß die „Herabsetzung des Stammkapitals *unter allen Umständen* ihre Grenze in dem nach § 5 erforderlichen Mindestbetrage desselben" finde[136], auch die Norm des § 58 II 1 GmbHG nahezu ausschließlich auf die isolierte Kapitalherabsetzung bezogen hat. Denn er hat die gesamte Norm des § 58 GmbHG aufgrund der um diese Zeit herrschenden wirtschaftlichen Gegebenheiten nur aus dem Blickwinkel des Gläubigerschutzes gesehen, weshalb er unter dem Institut der Kapitalherabsetzung hauptsächlich die isoliert-effektive Form verstanden und die nominelle Form nur ganz am Rande als Sonderfall behandelt hat. Dagegen war die Möglichkeit einer Kombination der nominellen Herabsetzung mit einer Kapitalerhöhung bzw. der sanierenden Kapitalherabsetzung zur Zeit der Schöpfung des GmbH-Gesetzes — wie damals übrigens auch im Aktiengesetz, im Gegensatz zur Zeit der Aktienrechtsreform von 1937 — gänzlich unbekannt, weshalb § 58 II 1 GmbHG auch nicht für dieses Institut konzipiert sein kann. Daher bestätigt die historische Auslegung vollständig das im Rahmen der teleologischen Interpretation ermittelte Ergebnis.

d) Gesamtergebnis der Auslegung

Somit stehen sich vorliegend, ebenso wie im Falle des § 58 I GmbHG, die Resultate der grammatikalisch-systematischen Auslegung einerseits und der teleologisch-historischen Interpretation andererseits gegenüber. Auch an dieser Stelle ist jedoch der historisch bekräftigten teleologischen Auslegungsweise, insbesondere auch im Hinblick auf das hohe Alter des § 58 GmbHG, der Vorzug zu geben, da sie den objektiven Willen des Gesetzes am genauesten und differenziertesten wiedergibt. Ferner spricht, obwohl hier die Unbilligkeit des grammatikalischen Lösungsansatzes nicht ganz so evident zu Tage tritt wie im Rahmen des § 58 I GmbHG, das Kriterium einer gerechten Fallentscheidung[137] für die teleologische Auslegungsalternative, da die Anwendbarkeit des § 58 II 1 GmbHG auf die sanierende Kapitalherabsetzung ohne weitere Notwendigkeit zur Verhin-

---

135 Im 5. Kapitel I. 4.

136 Begründung GmbHG in Stenographische Berichte 1890/92, Anlagen Band 5, Reichstag-Aktenstück Nr. 660, S. 3755.

137 Larenz, S. 332 f.; Zippelius, S. 8 ff. und S. 55.

derung ansonsten durchaus erfolgversprechender Sanierungsvorgänge bei der stark überwiegenden Anzahl kleinerer und mittlerer GmbHs mit einem Stammkapital im Bereich des Mindestnennbetrages des § 5 I GmbHG führen würde. Denn dadurch wäre für jene Gesellschaften — und zwar immerhin 70 % aller GmbHs [138] — die Inanspruchnahme dieses, wie dargelegt [139], aussichtsreichsten und zuverlässigsten Sanierungsmittels von vornherein ausgeschlossen, ohne daß dafür irgendein sachlicher Rechtfertigungsgrund, etwa in Gestalt eines Schutzbedürfnisses der Gesellschafter oder der Gläubiger, bestünde. Dieser Umstand offenbart, daß das formalistische Beharren auf dem Wortlaut des § 58 II 1 GmbHG entsprechend der h. M. bezüglich der sanierenden Kapitalherabsetzung ebenfalls zu einem widersinnigen Ergebnis führen würde.

Daraus folgt, daß der Wortlaut des § 58 II 1 GmbHG ebenso wie der des ersten Absatzes zu weit ist, da die Norm des § 58 II 1 GmbHG entgegen ihrer grammatikalischen Weite ihrem Sinn und Zweck nach die hier zu untersuchende sanierende Kapitalherabsetzung nicht erfaßt [140]. Deshalb ist, um die bestehende Differenz zwischen Wortlaut und maßgeblichem Zweck der Regelung zu beseitigen und die sich aus ihr ergebenden Folgen zu vermeiden, eine über den Wortsinn hinausgehende, einschränkende Interpretation des § 58 II 1 GmbHG dahingehend geboten, daß dieser auch grammatikalisch auf die Maßnahme der sanierenden Kapitalherabsetzung nicht mehr anwendbar ist. Für eine derartige Beschränkung käme vorliegend erneut — ähnlich wie hinsichtlich des § 58 I GmbHG — eine teleologische Reduktion der zu weiten Regelung im Wege gesetzesimmanenter Rechtsfortbildung in Betracht.

3. Einschränkung des Anwendungsbereichs des § 58 II 1 GmbHG aufgrund teleologischer Reduktion

a) Feststellung der Lücke und ihre Schließung mittels teleologischer Reduktion

Die erforderliche Lücke [141] besteht also vorliegend wiederum im Fehlen einer Einschränkung des — wie soeben unter 2. ermittelt — zu weiten Wortlauts des § 58 II 1 GmbHG zugunsten der sanierenden Kapitalherabsetzung. Da diese Unvollständigkeit nicht offen nach außen zu Tage tritt, kann es sich insoweit erneut nur um eine verdeckte Lücke handeln.

---

138 Siehe oben Fußn. 83 dieses Kapitels.

139 Siehe dazu im 4. Kapitel II.

140 Genau genommen erfaßt § 58 II 1 GmbHG teleologisch auch sonstige Kombinationen von Kapitalherabsetzung und -erhöhung nicht, wenn diese nur zusammen wirksam werden können und die Erhöhung wenigstens den Mindestnennbetrag erreicht — so bisher allein: Baumbach / Hueck / Zöllner, § 58 Rn. 3. Dem ist zuzustimmen, die weitere Erörterung dieses Punktes kann aber im vorliegenden Zusammenhang dahinstehen.

141 Im einzelnen zum Erfordernis der Lücke m. w. N. siehe oben II. 1. im 5. Kapitel.

Ihre Planwidrigkeit — ein bloßer rechtspolitischer Fehler[142] liegt aus denselben Gründen wie im Fall des § 58 I GmbHG nicht vor — ergibt sich zum einen aus dem Widerspruch zu den mit der Norm des § 58 II 1 GmbHG verfolgten, konkreten Regelungsabsichten des Gesetzes, d. h. dem Schutz der Gläubiger und Gesellschafter. Zum anderen folgt sie aus der Nichtbeachtung des jedem Gesetz als Plan zugrundeliegenden objektiven Rechtsprinzips der Gleichbehandlung, indem die grundlegend verschiedenen Sachverhalte der isolierten und sanierenden Kapitalherabsetzung gleichbehandelt werden, obwohl ein sachlicher Grund dafür fehlt. Denn die Schutzzwecke des § 58 II 1 GmbHG sind mangels entsprechender Gefährdungslage bei der sanierenden Kapitalherabsetzung nicht erreichbar bzw. die Anwendung des § 58 II 1 GmbHG entsprechend seinem Wortlaut würde ihnen sogar geradewegs zuwiderlaufen. Ebenso wird eine derartige einschränkende Regelung nach dem Plan des Gesetzes vermißt, weil aufgrund der schon erwähnten Tatsache, daß über zwei Drittel aller GmbHs nur ein Stammkapital im Bereich des Mindestnennbetrages besitzen und die sanierende Kapitalherabsetzung für sie sonst unanwendbar bliebe, entgegen der h. M.[143] ein sehr dringendes Bedürfnis an der Unterschreitung des Mindestnennbetrages besteht. Dieses Bedürfnis kann nicht durch ein Vorziehen der Kapitalerhöhung beseitigt werden[144], da sich daraus weitere Probleme für die Sanierung ergeben würden[145], abgesehen davon, daß ein solches Vorgehen im Rahmen der sanierenden Kapitalherabsetzung gar nicht möglich wäre. Darüber hinaus erschließt sich die Planwidrigkeit auch aus der ebenfalls bereits festgestellten, ungerechtfertigten Ungleichbehandlung gleichartiger Sachverhalte, indem unter den Voraussetzungen des § 228 AktG eine Unterschreitung des Mindestnennbetrages zulässig ist, während bei der GmbH diese Maßnahme selbst für die sanierende Kapitalherabsetzung ausgeschlossen wäre.

Die durch das Vorliegen der verdeckten Lücke implizierte Einschränkung des § 58 II 1 GmbHG mittels Reduktion der Norm entsprechend ihrem Sinn und Zweck kann, da sie nur die sanierende Kapitalherabsetzung betrifft, unter Beachtung bzw. Einbeziehung der gleichen Kriterien und Elemente erfolgen, die im Rahmen der teleologischen Reduktion des § 58 I GmbHG entwickelt wurden[146]. Danach müßte § 58 II 1 GmbHG unter Berücksichtigung der ihm gedanklich hinzuzufügenden Beschränkung etwa folgendermaßen lauten:

> „Die Bestimmung in § 5 Abs. 1 über den Mindestbetrag bleibt unberührt, *sofern die Herabsetzung nicht ausschließlich zum Zwecke der Beseitigung von durch einen*

---

142 Zum Begriff des rechtspolitischen Fehlers siehe bereits II. 1. b) aa) im 5. Kapitel.

143 Scholz / Priester, § 58 Rn. 30 m. w. N.

144 Entgegen der Auffassung von Hachenburg / Ulmer, § 58 Rn. 29 und Scholz / Priester, § 58 Rn. 30.

145 Das wurde unter I. im 4. Kapitel bei der Untersuchung möglicher Alternativen zur sanierenden Kapitalherabsetzung bereits dargelegt.

146 Siehe dazu oben II. 2. b) des 5. Kapitels.

Prüfer bestätigten Verlusten erfolgt und mit einer gleichzeitigen, nicht aus Sacheinlagen bestehenden Kapitalerhöhung in mindestens der gleichen Höhe verbunden ist. ...“

Einer teleologischen Reduktion in diesem Umfang steht auch kein überwiegendes Interesse an der Rechtssicherheit entgegen, da die ausnahmsweise und äußerst kurzfristige Unterschreitung des Mindestnennbetrags bei der sanierenden Kapitalherabsetzung weder zusätzliche Risiken für die Gläubiger noch für die Gesellschafter in sich birgt und somit gar nicht den Kern des Schutzbereichs von § 58 II 1 GmbHG betrifft, weshalb von vornherein das Überwiegen von Stabilitätsinteressen unwahrscheinlich ist. Insbesondere aber bildet dieses praktisch dringend erforderliche Sanierungsmittel eine abgrenzbare und geschlossene Fallgruppe, deren Voraussetzungen leicht überprüft werden können und entspricht infolgedessen den Kriterien der Rechtsprechung für die Nichtbeeinträchtigung der Rechtssicherheit[147].

Folglich ist eine derartige teleologische Einschränkung des § 58 II 1 GmbHG zugunsten der sanierenden Kapitalherabsetzung sowohl zulässig als auch zur Vermeidung sinn- und zweckwidriger Ergebnisse geboten. Damit ist entgegen der bisher h. M. und mit *Zöllner*, dessen allerdings noch weitergehende Kriterien die sanierende Kapitalherabsetzung voll erfüllt[148], insoweit die Zulässigkeit einer Herabsetzung unter den Mindestnennbetrag zu bejahen.

b) Rechtliche Folgen der Reduzierbarkeit des § 58 II 1 GmbHG

Vorliegend handelt es sich — anders als bezüglich § 58 I GmbHG — um den regelmäßig auftretenden Fall der teleologischen Reduktion, bei dem nur 2 Rechtsfolgen, und zwar entweder die Beachtung des § 58 II 1 GmbHG, d. h. die Unzulässigkeit einer Unterschreitung des Mindestnennbetrages oder deren Zulässigkeit in Betracht kommen[149]. Daraus folgt, daß bereits dadurch, daß die Ausgrenzung der sanierenden Kapitalherabsetzung im Wege der gesetzesimmanenten Rechtsfortbildung zu bejahen ist, die in § 58 II 1 GmbHG bestehende Lücke voll ausgefüllt wird. Auch insofern bedarf es daher keiner ergänzenden Analogie zu § 228 AktG, und zwar auch nicht im Hinblick auf § 5 I GmbHG, dessen Regelungsinhalt § 58 II 1 GmbHG für den Bereich der Kapitalherabsetzung noch einmal bekräftigen soll. Denn diese grundlegende Norm wird infolge der Konstruktion der sanierenden Kapitalherabsetzung keinesfalls verletzt, da der Mindestnennbetrag aufgrund der Einheitlichkeit und des gleichzeitigen Wirksamwerdens beider Kapitaländerungsmaßnahmen regelmäßig nur für eine logische Se-

---

[147] BGHZ 59, 236 (240 f.) — auch die Erfüllung dieser Voraussetzung wurde bereits bei der Reduktion des § 58 I GmbHG ausführlich dargelegt, siehe II. 2. c) des 5. Kapitels.

[148] Vgl. dazu bereits oben Fußn. 140 dieses Kapitels.

[149] Siehe Canaris, S. 151 f.

kunde „unterschritten“ wird, während bei nahezu gleicher Sach- und Rechtslage im Aktienrecht gem. 228 II AktG eine Unterschreitung des § 7 AktG sogar für die Dauer von bis zu 6 Monaten zulässig ist.

Auf diese Weise wird die tiefstmögliche und sauberste Sanierungslösung für die betroffene GmbH und ihre Gesellschafter erreicht, vor allem aber ist das Institut mit all seinen Vorteilen, insbesondere im Hinblick auf die Insolvenzabwendung, auch für die große Anzahl kleinerer GmbHs unproblematisch anwendbar. Insgesamt ist daher das Institut der sanierenden Kapitalherabsetzung erst mit der Zulassung dieser Maßnahme wirklich komplett.

Siebtes Kapitel

Zusammenfassung der wesentlichen Ergebnisse

I.

Die sanierende Kapitalherabsetzung bei der GmbH betrifft ausschließlich den Finanzierungsvorgang einer Sanierung im betriebswirtschaftlichen Sinne zur Überwindung der Krise einer Gesellschaft. Sie steht als Maßnahme der freien, außergerichtlichen Sanierung neben dem förmlichen Insolvenzverfahren, geht diesem jedoch sowohl zeitlich als auch der Bedeutung nach vor, da sie gerade die Vermeidung eines Insolvenzverfahrens, das seinen Aufgaben nicht mehr gerecht wird, bezweckt.

Aufgrund der vorherrschenden Sanierungspraxis, die durch den spätestmöglichen Einsatz von Sanierungsmitteln — zumeist erst innerhalb der dreiwöchigen Konkursantragsfrist des § 64 I GmbHG — gekennzeichnet ist sowie der tatsächlichen Situation bei der GmbH, die sich einerseits in der Entwicklung der GmbH zur beliebtesten und wohl bedeutendsten Gesellschaftsform, andererseits in einer miserablen Insolvenzstatistik — mehr als die Hälfte der Unternehmensinsolvenzen betreffen die GmbH — ausdrückt, besteht im Bereich der GmbH ein äußerst dringendes Bedürfnis der Praxis nach zuverlässigen und zügig durchführbaren Sanierungsmitteln wie der sanierenden Kapitalherabsetzung.

II.

1. a) Die GmbH-gesetzliche Regelung zur Kapitalherabsetzung in § 58 GmbHG steht in ihrer bisherigen Auslegung und Anwendung in krassem Widerspruch zu diesem praktischen Bedürfnis. Dies beruht auf der strikten Anwendung der strengen Gläubigerschutzvorschriften des § 58 I Nr. 1-4 GmbHG auf jegliche Form der Herabsetzung, obwohl jede einzelne dieser Bestimmungen, insbesondere das Sperrjahr der Nr. 3, nicht auf den nominellen Zweck der der sanierenden Kapitalherabsetzung als Gesamtmaßnahme innewohnenden Herabsetzung zur Beseitigung von zu einer Unterbilanz führenden Verlusten paßt. Denn insoweit steht dem Schutzzweck dieser Bestimmung keine entsprechende Gefährdung der Gläubiger entgegen. Die dadurch entstehenden Hindernisse für die nominelle Kapitalherabsetzung

schlagen auf die Gesamtmaßnahme durch. Deshalb ist die sanierende Kapitalherabsetzung zu ihrem eigentlichen Zweck der Durchführung einer zügigen Sanierung entsprechend dem festgestellten Bedarf der Praxis nicht anwendbar.

b) Insofern besteht eine ungerechtfertigte Benachteiligung gegenüber dem Aktienrecht, das, obwohl die Kapitalherabsetzung dort nahezu den gleichen Zwecken dienen kann wie bei der GmbH und auch die Interessenlage der Beteiligten weitestgehend die gleiche ist, entsprechend den verschiedenen Zwecksetzungen der Herabsetzung und den daraus resultierenden, unterschiedlichen Gefährdungslagen für die Gläubiger differenziert zwischen der ordentlichen Kapitalherabsetzung gem. §§ 222 ff. AktG, insbesondere für effektive Zwecke, und in den §§ 229 ff. AktG für nominelle Zwecke die Möglichkeit einer vereinfachten Kapitalherabsetzung mit vereinfachtem Gläubigerschutz und zusätzlichen Erleichterungen vorsieht. Auf diese Weise trägt das Aktienrecht etwaigen Sanierungsbedürfnissen der Praxis ebenso Rechnung wie durch die Tatsache, daß der Gläubigerschutz nicht das Wirksamwerden der Herabsetzung, sondern erst ihre Folgen begrenzt. Da diese Diskrepanz zum Aktienrecht nicht auf einem rechtlichen Hintergrund, sondern lediglich auf einer historischen Zufälligkeit beruht, wie die frühere Bewährung einer dementsprechenden Regelung auch für die GmbH in Gestalt der Notverordnung von 1932 gezeigt hat, spricht dieser Umstand für die Erforderlichkeit, aber auch für die Möglichkeit einer Abhilfe von diesem Praxis und Lehre gleichermaßen unbefriedigenden Zustand.

2. Die Untersuchung in Betracht kommender und bereits erprobter Ersatzlösungen zeigt, daß es aufgrund rechtlicher oder auch praktischer Nachteile jeder einzelnen dieser Maßnahmen, insbesondere auch des kapitalersetzenden Darlehens als wohl häufigster Ausweichstrategie, keine gleichwertige Alternative zu einem funktionsfähigen Institut der sanierenden Kapitalherabsetzung gibt. Infolgedessen kommt man um sie nicht herum, und es ist zur Befriedigung des Bedarfs der GmbH-Praxis nach einem sicheren und schnell wirksamen Sanierungsmittel an der Maßnahme der sanierenden Kapitalherabsetzung selbst anzusetzen.

III.

1. Zur Schaffung einer funktionsfähigen sanierenden Kapitalherabsetzung bedarf es entgegen der bisher h. M. keiner Gesetzesänderung. Vielmehr ist sie bereits de lege lata erreichbar, und zwar im Wege der gesetzesimmanenten Rechtsfortbildung mittels teleologischer Reduktion des zu weiten Wortlauts des § 58 I GmbHG, wonach die Norm auf sämtliche Formen der Kapitalherabsetzung anwendbar wäre. Dadurch wird § 58 I GmbHG entsprechend seinem Sinn

und Zweck insbesondere auf die effektive Kapitalherabsetzung „reduziert“ bzw. beschränkt und die sanierende Kapitalherabsetzung aus seinem Anwendungsbereich herausgenommen. Die isolierte nominelle Kapitalherabsetzung unterfällt § 58 I GmbHG nur deshalb, weil es insoweit an der Voraussetzung einer Lücke fehlt, diesbezüglich vielmehr ein „rechtspolitischer Fehler“ des GmbH-Gesetzgebers von 1892 vorliegt. Da diese Beschränkung des § 58 I GmbHG über die für die Auslegung bestehende Grenze des Wortlauts hinausgeht, ist eine derartige Lösung nicht über eine restriktive Auslegung des § 58 I GmbHG erreichbar.

a) Die Erforderlichkeit einer teleologischen Reduktion dieser Norm ergibt sich daraus, daß der Gläubigerschutzzweck des § 58 I GmbHG bezüglich der sanierenden Kapitalherabsetzung nicht erreichbar ist, da die sanierende Kapitalherabsetzung gegenüber den isolierten Formen der Herabsetzung eine einheitliche Maßnahme von anderer rechtlicher Qualität darstellt, d. h. ein „tertium“, die zu keinerlei Gefährdung, sondern im Gegenteil zu erheblichen Vorteilen in Gestalt des Fortbestandes des Unternehmens für die Gläubiger führt. Bestimmend für diese eigenständige rechtliche Qualität der sanierenden Kapitalherabsetzung sind ihr unterschiedlicher Zweck der finanziellen Sanierung der Gesellschaft insgesamt sowie die größere Reichweite ihrer Rechtsfolgen, aber vor allem die feststehende Verbindung mit einer gleichzeitigen, mindestens die alte Stammkapitalziffer erreichenden Barkapitalerhöhung, die einen weiteren Gläubigerschutz entbehrlich macht.

b) Die für die teleologische Reduktion erforderliche, verdeckte oder teleologische Lücke im Sinne einer planwidrigen Unvollständigkeit des Gesetzes besteht vorliegend in dem Fehlen einer Beschränkung des § 58 I GmbHG zugunsten der sanierenden Kapitalherabsetzung. Ihre Planwidrigkeit ergibt sich dabei unter anderem aus dem Verstoß gegen den negativen Gleichheitsgrundsatz, indem die Gleichbehandlung aller Herabsetzungsformen gemäß dem Wortlaut die tiefgreifenden Unterschiede zwischen einer isolierten und der sanierenden Kapitalherabsetzung verkennt sowie aus dem Verstoß gegen das Prinzip der Sanierungsfreundlichkeit des Gesetzes. Die Lücke wird entgegen der vorherrschenden Meinung nicht dadurch ausgeschlossen, daß es sich insoweit nur um einen rechtspolitischen Fehler handeln würde, da der seinerzeitige Gesetzgeber die sanierende Kapitalherabsetzung als eigenständige Form der Kapitalherabsetzung im Gegensatz zur isolierten Herabsetzung zum Zwecke der Beseitigung einer Unterbilanz gar nicht gekannt hat und infolgedessen auch bei einen Überlegungen nicht berücksichtigen konnte.

c) Folge der teleologischen Reduktion des § 58 I GmbHG ist die Unanwendbarkeit seiner erschwerenden Sondervoraussetzungen auf die sanierende

Kapitalherabsetzung. Diese bestimmt sich nunmehr nur nach den allgemeinen Regelungen der Satzungsänderung in §§ 53, 54 GmbHG sowie den insofern unproblematischen Normen zur Kapitalerhöhung gem. §§ 55 ff. GmbHG. Damit sind die dieses Sanierungsmittel betreffenden Hindernisse beseitigt, insbesondere ist es entsprechend dem Bedarf der Praxis innerhalb der dreiwöchigen Konkursantragsfrist durchführbar und hat gegenüber dem Aktienrecht den weiteren Vorteil, daß auch im nachhinein keine weiteren Beschränkungen zum Zwecke des Gläubigerschutzes wie in §§ 232, 233 AktG einzuhalten sind.

2. a) Die ausgearbeitete Lösung bedarf — bis auf den Fall der Einmann-GmbH — wie die sanierende Kapitalherabsetzung im Aktienrecht des Schutzes durch § 230 AktG analog, um die Gläubiger vor einem effektiven Zwecken dienenden Mißbrauch dieses Sanierungsmittels durch die Gesellschafter zu schützen. Seine Manipulation zwecks Umgehung der Vorschriften des § 58 I GmbHG erscheint in gleicher Weise möglich wie im Aktienrecht, nämlich durch eine zu weitgehende Verlustbemessung, obwohl der Herabsetzung keine echten oder jedenfalls keine entsprechenden Verluste gegenüberstehen. Denn die Übernehmer der auf die gleichzeitige Kapitalerhöhung zu leistenden Einlagen müssen gem. §§ 7 II 1, 57 II, 56 a GmbHG ebenfalls nur ein Viertel des Nennbetrages der Erhöhung sofort, d. h. vor Anmeldung, erbringen. Dabei steht die anschließende Einforderung der Resteinlagen, d. h. insbesondere deren Zeitpunkt, regelmäßig im unternehmerischen Ermessen der Gesellschafter, und es wäre theoretisch sogar die Auskehrung der bereits eingezahlten Mindesteinlagen in Form angemessen verzinster, nicht gegen § 30 GmbHG verstoßender Darlehen an Gesellschafter möglich. Insofern bedürfen gerade auch die GmbH-Gläubiger des Schutzes vor einer Manipulation der sanierenden Kapitalherabsetzung bzw. dem Risiko der Vermögenslosigkeit oder Zahlungsunfähigkeit der die Erhöhung tragenden Gesellschafter.

Dieser Schutz kann allerdings nicht im Wege der Ausfallhaftung der übrigen Gesellschafter nach § 24 GmbHG, die gem. § 25 GmbHG zwingend ist, erreicht werden. Denn § 24 GmbHG führt aufgrund des letztlich entscheidenden, rechtstatsächlichen Umstands, daß die weitaus überwiegende Anzahl aller GmbHs nur 2-3 Gesellschafter hat, bei Zahlungsunfähigkeit eines dieser Gesellschafter zu keiner ausreichenden Sicherung der Gläubiger vor den Folgen eines Mißbrauchs der sanierenden Kapitalherabsetzung, da bei einer so geringen Zahl von Ausfallschuldnern die vollständige Kapitalaufbringung sehr unsicher ist. Es besteht insoweit kein wesentlicher Unterschied zum Aktienrecht, das eine § 24 GmbHG entsprechende Norm nicht enthält. Vielmehr bedürfen auch die GmbH-Gläubiger der Sicherung durch § 230 AktG analog, der bereits von vornherein jegliche Auszahlung verbleibender Buchgewinne oder aus der Herabsetzung freiwerdender Beträge an die Gesellschafter strikt verbietet und ihre Verwendung ausdrücklich auf nominelle Zwecke begrenzt. Daher wirkt das Verbot in Verbindung mit § 43 II GmbHG auch als starke psychologische Hemmschwelle für die Geschäftsführer vor einem Mißbrauch des Sanierungsmittels und trägt zur Verhinderung einer Manipulation bereits im Vorfeld bei.

Im Bereich der Einmann-GmbH dagegen, bei der § 24 GmbHG ohnehin nicht greift, wird der entsprechende Gläubigerschutz bereits von Gesetzes wegen dadurch erreicht, daß der Einmanngesellschafter gem. §§ 7 II 3, 56 a GmbHG Sicherheit zu bestellen hat, soweit er nicht den gesamten Erhöhungsbetrag vor Anmeldung einzahlt. Deshalb besteht insofern kein Bedarf für eine Analogie zu § 230 AktG.

b) Zur erleichterten Erzielung eines dauerhaften Sanierungserfolges und zur Steigerung der Wirkungskraft der sanierenden Kapitalherabsetzung für Fälle eines plötzlichen und unerwarteten Sanierungsbedarfs einer bis dahin prosperierenden Gesellschaft ist auch für die GmbH die Möglichkeit einer Rückbeziehung der sanierenden Kapitalherabsetzung in den Jahresabschluß des vorangegangenen Geschäftsjahres gem. §§ 235, 236 2. Alt. AktG analog zu bejahen. Dadurch wird erreicht, daß die Gesellschaft keine ihr Ansehen und ihre Kreditwürdigkeit schädigende Verlustbilanz ausweisen muß und auf diese Weise die Krise für Dritte verborgen bleibt.

Der einzigen Gefahr, die von dieser Maßnahme ausgeht und die in einer Verschleierung der wahren Finanzverhältnisse der Gesellschaft liegt, wird durch die strengen Voraussetzungen der Rückwirkung gem. § 235 AktG analog und die Ausdehnung der Analogie auf § 236 2. Alt. AktG vorgebeugt, wonach der solchermaßen korrigierte Jahresabschluß in Abweichung von § 325 I HGB erst nach Eintragung bzw. Wirksamkeit der Maßnahme offengelegt werden darf.

Die als Voraussetzung der Analogie erforderliche offene Lücke folgt aus dem Nichtbestehen einer dem § 235 AktG entsprechenden Regelung im GmbH-Gesetz, obwohl die den Bereich der Kapitalherabsetzung betreffenden Sachverhalte hinsichtlich der gesamten Interessenlage der Beteiligten weitestgehend übereinstimmen, insbesondere die GmbH grundsätzlich in gleicher Weise wie eine AG gem. § 325 HGB ihren Jahresabschluß offenzulegen hat. Da mithin ein mindestens gleich großes Bedürfnis zur Rückbeziehung bei beiden Gesellschaftsformen besteht, ergibt sich die Lücke letztlich aus einer Verletzung des positiven Gleichheitsgrundsatzes.

Darüber hinaus zeigt sich die Ähnlichkeit der Sachverhalte als weiterer Voraussetzung der Analogie darin, daß die sanierende Kapitalherabsetzung bereits ihrem Wesen nach die meisten Anforderungen des § 235 AktG analog erfüllt und teilweise sogar darüber hinausgeht.

c) Zu bejahen ist im Rahmen der sanierenden Kapitalherabsetzung ebenfalls die Möglichkeit einer Unterschreitung des Mindeststammkapitals. Die Zulassung einer solchen Maßnahme dient nicht nur einer sauberen und endgültigen Sanierungslösung, sondern ist vor allem entscheidend für die Anwendbarkeit dieses Sanierungsmittels bei der weitaus überwiegenden Anzahl der GmbHs, da ca. 70 % nur ein Stammkapital im Bereich des Mindeststammkapitals gem. § 5 I GmbHG besitzen. Sie ist von daher eine unbedingte Notwendigkeit. Ihre rechtliche Begründung findet sie allerdings nicht in einer Analogie zu § 228 AktG, der der unmißverständliche Wortlaut des § 58 II 1 GmbHG entgegensteht, welcher die Annahme einer offenen Lücke verhindert. Diese ergibt sich vielmehr wiederum aus einer teleologischen Reduktion des § 58 II 1 GmbHG zugunsten der sanierenden Kapitalherabsetzung. Denn auch der Wortlaut dieser Vorschrift geht zu weit, da ihr doppelter Zweck des Schutzes der Gläubiger und der Gesellschafter im Zuge der sanierenden Kapitalherabsetzung als eigenständiger Herabsetzungsform ins Leere geht. Den Gläubigern wird die bezweckte Erhaltung eines Mindesthaftungsvermögens schon durch die gleichzeitige und gleichhohe Kapitalerhöhung gesichert, während die Gesellschafter vor dem völligen Verlust ihrer Beteiligung durch ein gesetzliches Bezugsrecht gem. § 186 I, III, IV AktG analog aus der Kapitalerhöhung geschützt sind.

   Folglich ist § 58 II 1 GmbHG, da auch eine verdeckte Lücke, die ähnlich wie bei § 58 I GmbHG in dem Fehlen einer Beschränkung der Norm auf die isolierten Formen der Herabsetzung besteht, vorliegt, mittels seiner teleologischen Reduktion auf die sanierende Kapitalherabsetzung nicht anzuwenden. Mithin ist in ihrem Zusammenhang eine Unterschreitung des Mindeststammkapitals, die aufgrund der Gleichzeitigkeit beider Maßnahmen ohnehin nur für die berühmte „juristische Sekunde" entsteht und infolgedessen § 5 I GmbHG nicht widerspricht, zulässig.

3. Insgesamt kann daher die sanierende Kapitalherabsetzung bei der GmbH, die in ihren Voraussetzungen rechtlich klar und eindeutig fixierbar ist, auf die vorgeschlagene Art und Weise ohne die vielfach geforderte Gesetzesänderung, vielmehr bereits de lege lata, wieder zu dem Instrument werden, das sie ihrem Wesen nach ist und dessen die Praxis so dringend bedarf: zu einem äußerst zuverlässigen und schnell wirkenden Sanierungsmittel.

Literaturverzeichnis

Arnold, Hans: Die französische Verordnung über die Sanierung bestimmter Unternehmen vom 23. 9. 67, ZIP 1982, 793.

Ballerstedt, Kurt: Kapital, Gewinn und Ausschüttung bei Kapitalgesellschaften, 1949.

Balz, Manfred: Zur Reform des französischen Insolvenzrechts, ZIP 1983, 1153.

Bartl, H. / *Henkes*, U.: GmbH-Recht, 2. Aufl. 1986.

Bauer, Josef: Kapitalbeschaffung und Sanierung bei Gesellschaften mit beschränkter Haftung, 1915.

Baumbach / Duden / Hopt: Handelsgesetzbuch, 28. Aufl. 1989.

Baumbach / Hueck: Aktiengesetz, 13. Aufl. 1968.

— GmbH-Gesetz, 15. Aufl. 1988.

Beckmann, Liesel / *Pausenberger*, Ehrenfried: Gründungen, Umwandlungen, Fusionen, Sanierungen, 1961.

Beck'scher Bilanzkommentar: Bearbeiter Sarx, 1986.

Berges, August Maria: Vergleich und Konkurs in der Evolution der Marktwirtschaft, 1977, Festschrift „Einhundert Jahre KO, 1877-1977", S. 363.

Bergmann, Thomas: Die verschleierte Sacheinlage bei AG und GmbH, Die AG 1987, 57.

Böttcher, Conrad / *Meilicke*, Heinz: Umwandlung und Verschmelzung von Kapitalgesellschaften, 5. Aufl. 1958.

Bundesministerium der Justiz: Erster Bericht der Kommission für Insolvenzrecht, 1985.

— Diskussionsentwurf: Gesetz zur Reform des Insolvenzrechts, 1988.

— Referentenentwurf eines Gesetzes über G. m. b. H., 1969.

Büschgen (Hrsg.): Handwörterbuch der Finanzwirtschaft, 1976.

v. Caemmerer, Ernst: Unterkapitalisierung und Gesellschafterdarlehen, 1972, Festschrift für Pieter Sanders, S. 17.

Canaris, Claus-Wilhelm: Die Feststellung vom Lücken im Gesetz, 2. Aufl. 1983.

v. Carolsfeld, Ludwig Schnorr: Bemerkungen zum Aktienrecht, DNotZ 1963, 404.

Döllerer, Georg: Einlagen bei Kapitalgesellschaften nach Handelsrecht und Steuerrecht, BB 1986, 1857.

Eder, Karl: GmbH-Handbuch, 12. Aufl. 1989.

Egner, Henning / *Wolff*, Gerhardt: Zur Unbrauchbarkeit des Überschuldungstatbestands als gläubigerschützendes Instrument, Die AG 1979, 99.

Elze, Hans: Lücken im Gesetz, Diss. 1916.

Engisch, Karl: Einführung in das juristische Denken, 8. Aufl. 1983.

Ennecerus-Nipperdey: Allgemeiner Teil des Bürgerlichen Rechts, 1. Hbd., 15. Aufl. 1959.

Fabritius, Andreas: Vermögensbindung in AG und GmbH — tiefgreifender Unterschied oder grundsätzliche Identität?, ZHR 144 (1980), 628.

Farrenkopf, Stefan / *Cahn,* Andreas: Die Rechtsprechung des BGH zu den sogenannten kapitalersetzenden Gesellschafterdarlehen bei der GmbH und §§ 30 ff. GmbHG, Die AG 1983, 151.

Fikentscher, Wolfgang: Methoden des Rechts, Bd. III, 1976.

Fischer / Lutter / Hommelhoff: GmbH-Gesetz, 12. Aufl. 1987.

Fleck, Hans-Joachim: Das kapitalersetzende Bankdarlehen in der GmbH, 1984, Festschrift für Winfried Werner, S. 107.

Flessner, Axel: Sanierung und Reorganisation, 1982.

Flume, Werner: Die Kapitalerhöhung unter Verwendung der Dividende nach Handelsrecht und Kapitalverkehrssteuerrecht, DB 1964, 21.

v. Gerkan, Hartwig: Schwerpunkte und Entwicklungen im Recht der kapitalersetzenden Gesellschafterleistungen, GmbHR 1986, 218.

Geßler, Ernst: Die GmbH-Novelle, BB 1980, 1385.

— Zur Problematik bei kapitalersetzenden Gesellschafterdarlehen, ZIP 1981, 228.

Geßler / Hefermehl / Eckardt / Kropff: Aktiengesetz, Bd. I, 1984.

Gessner / Rhode / Strate / Ziegert: Die Praxis der Konkursabwicklung in der Bundesrepublik Deutschland, 1978.

Giewald, Dieter: Die Kapitalherabsetzung bei Aktiengesellschaften und ihr Zweck, Diss. 1963.

Godin, Reinhard, Freiherr v.: Die erfolgte Kapitalherabsetzung, ZHR 100 (1934), 221.

— Anmerkung zu KG vom 28. 4. 1938 (DJ 38, 1241), DJ 1938, 1243.

Godin / Wilhelmi: Aktiengesetz, Bd. II, 4. Aufl. 1971.

Gonnella, R. Th.: Neubildung eines Anteils ohne Kapitalerhöhung an Stelle eines eingezogenen Geschäftsanteils, GmbHR 1962, 253.

Gross, Paul J.: Die Umwandlung von Forderungen gegen eine notleidende GmbH in Gesellschaftskapital, GmbHR 1983, 290.

Großkommentar Aktiengesetz: Bd. I, 3. Aufl. 1973; Bd. III, 3. Aufl. 1973; bearbeitet von: Barz, Carl Hans; Brömer, Herbert; Klug, Ulrich; Mellerowicz, Konrad; Meyer-Landrut, Joachim; Schilling, Wolfgang; Wiedemann, Herbert; Würdinger, Hans.

Hachenburg: GmbHG, Bd. 1, 7. Aufl. 1975; GmbHG, Ergänzungsband (§§ 1-12 / GmbH-Novelle 1980), 7. Aufl. 1985; GmbHG, Bd. 2, 7. Aufl. 1979; GmbHG, Bd. 3, 7. Aufl. 1984.

Hachenburg / Pinner: Kapitalherabsetzung in erleichterter Form, JW 1931, 3037.

Hansen, Herbert: Die GmbH gewann weiter an Bedeutung, GmbHR 1985, 209.

— Geringfügiger Rückgang der Insolvenzen, Die AG 1987, R 193.

— Die GmbH gewinnen weiter an Gewicht, GmbHR 1987, 50.

— Die GmbH besitzen unter allen Rechtsformen das größte Gewicht, GmbHR 1989, 363.

Hartmann, B.: Die rechtlichen und wirtschaftlichen Wirkungen der Kapitaländerung bei der Aktiengesellschaft, Die AG 1957, 57.

Heck, Philipp: Das Problem der Rechtsgewinnung (1912), Gesetzesauslegung und Interessenjurisprudenz (1914), Begriffsbildung und Interessenjurisprudenz (1932), Nachdruck von 1968.

Henckel, Wolfram: Die Verbindungen des Sanierungsverfahrens zum Konkursverfahren, ZIP 1981, 1296.

Hess, Harald / *Kropshofer*, Birger: Kommentar zur Konkursordnung, 3. Aufl. 1989.

Heuer, Gerhard: Die Herabsetzung des Stammkapitals, GmbHR 1950, 35.

Heymann: Handelsgesetzbuch, Bd. 3, §§ 238-342, 1989.

Hill, Norbert / *Schäfer*, Berthold: Das Stehenlassen von GmbH-Gesellschafterdarlehen bis zum Eintritt der Krise, BB 1989, 458.

Hommelhoff, Peter: Zur Haftung bei unternehmerischer Beteiligung an Kapitalgesellschaften, 1984.

Hommelhoff, Peter / *Kleindiek*, Detlef: Schuldrechtliche Verwendungspflichten und „freie Verfügung" bei der Barkapitalerhöhung, ZIP 1987, 477.

Hopt, Klaus J.: Rechtspflichten der Kreditinstitute zur Kreditversorgung, Kreditbelassung und Sanierung von Unternehmen, ZHR 143 (1979), 139.

Hopt, Klaus J. / *Hehl*, Günther: Gesellschaftsrecht, 3. Aufl. 1987.

Hueck, Götz: Gesellschaftsrecht, 18. Aufl. 1983.

Immenga, Ulrich: Die personalistische Kapitalgesellschaft, 1970.

Jaeger, Ernst: Lehrbuch des deutschen Konkursrechts, 8. Aufl. 1932.

Jaeger / Weber: Konkursordnung, 2. Bd. (§§ 71-206 KO), 8. Aufl. 1973.

Joecks, Wolfgang: Kapitalersetzende Gesellschafterdarlehen und Pflicht zur Konkursanmeldung, BB 1986, 1681.

Joost, Detlev: Kapitalbegriff und Reichweite der Bindung des aufgebrachten Vermögens in der GmbH, GmbHR 1983, 285.

— Grundlagen und Rechtsfolgen der Kapitalerhaltungsregeln in der GmbH, ZHR 148 (1984), 27.

— Grundlagen und Rechtsfolgen der Kapitalerhaltungsregeln im Aktienrecht, ZHR 149 (1985), 419.

— Vorbelastungshaftung und Leistung der Bareinlage in das Vermögen der Vor-GmbH vor Fälligkeit, ZGR 1989, 554.

Kamprad, Balduin: Gesellschafterdarlehen an die GmbH und GmbH & Co., 2. Aufl. 1981.

Kerssenbrock, Otto-Ferdinand Graf: Zur zivil- und steuerrechtlichen Behandlung der Kapitalerhaltung, GmbHR 1984, 306.

Ketzer, Axel: Eigenkapitalersetzende Aktionärsdarlehen, Diss. 1989.

Klausing, Friedrich: Reform des Aktienrechts, 1933.

Klug, Ulrich: Rechtslücke und Rechtsgeltung, 1965, Festschrift für Hans Carl Nipperdey, Bd. I, S. 71.

Kölner Kommentar zum Aktiengesetz: Bd. 1, 3. Lieferung, §§ 53 a-75, 2. Aufl. 1988; Bd. 2, 1985; Bd. 3, 1985; hrsg. von: Wolfgang Zöllner, bearbeitet von: Claussen, Carsten Peter; Geilen, Gerd; Kirchner, Christian; Koppensteiner, Hans-Georg; Kraft, Alfons; Lutter, Marcus; Mertens, Hans-Joachim; Zöllner, Wolfgang und in der 1. Aufl. auch von Biedenkopf, Kurt H. und Kronstein, Heinrich.

Kornblum, Udo: Rechtstatsachen zum Unternehmens- und Gesellschaftsrecht, GmbHR 1981, 227.

— Weitere Rechtstatsachen zum Unternehmens- und Gesellschaftsrecht, Teil I: GmbHR 1983, 29; Teil II: GmbHR 1983, 61.

Kornblum, U. / *Kleinle,* W. / *Baumann,* R. / *Steffan,* B.: Neue Rechtstatsachen zum Unternehmens- und Gesellschaftsrecht, Teil I: GmbHR 1985, 7; Teil II: GmbHR 1985, 42.

Kramer, Ulrich: Das anglo-amerikanische Sonderverfahren zur Reorganisation von Kapitalgesellschaften nach Abschnitt X. des Bankruptcy Acts, 1977.

Kriele, Martin: Theorie der Rechtsgewinnung, 2. Aufl. 1976.

Kuhn, Georg: Die Umwandlung einer Aktiengesellschaft in eine Gesellschaft mit beschränkter Haftung, WM 1956, 970.

Küting, Karlheinz / *Weber,* Claus Peter: Handbuch der Rechnungslegung, 2. Aufl. 1987.

Larenz, Karl: Methodenlehre der Rechtswissenschaft, 5. Aufl. 1983.

Lehmann, Michael: Die ergänzende Anwendung von Aktienrecht auf die G. m. b. H., 1970.

Liebmann: Die Herabsetzung des Stammkapitals einer Gesellschaft mit beschränkter Haftung bei gleichzeitiger Kapitalerhöhung, Monatsschrift für Handelsrecht und Bankwesen, Steuer- u. Stempelfragen, hrsg. von Paul Holdheim, 7. Jahrgang 1898.

Lutter, Marcus: Kapital, Sicherung der Kapitalaufbringung und Kapitalerhaltung in den Aktien- und GmbH-Rechten der EWG, 1964.

— Die GmbH-Novelle und ihre Bedeutung für die GmbH, die GmbH & Co. KG und die Aktiengesellschaft, DB 1980, 1317.

— Verdeckte Leistungen und Kapitalschutz, 1987, Festschrift für Ernst C. Stiefel, S. 505.

Lutter, Marcus / *Hommelhoff,* Peter: Nachrangiges Haftkapital und Unterkapitalisierung in der GmbH, ZGR 1979, 31

Lutter, Marcus / *Hommelhoff,* Peter / *Timm,* Wolfram: Finanzierungsmaßnahmen zur Krisenabwehr in der Aktiengesellschaft, BB 1980, 737.

Medicus, Dieter: Bürgerliches Recht, 14. Aufl. 1989.

Meier-Hayoz, Arthur: Der Richter als Gesetzgeber, 1951.

Meilicke, Wienand: Die Kapitalaufbringungsvorschriften als Sanierungsbremse — Ist die deutsche Interpretation des § 27 Abs. 2 AktG richtlinienkonform?, DB 1989, 1067.

Menger, Hans-Peter: Die Überschuldung des Unternehmens, GmbHR 1982, 221.

Menzel, Hans-Jürgen: Die Bedeutung der BGH-Rechtsprechung zu den Gesellschafterdarlehen für die Unternehmenssanierung, Die AG 1982, 197.

Meyer-Landrut: GmbH-Gesetz, 1987.

Möhring, Philipp: Erbringung von Stammeinlagen bei einer GmbH durch Aufrechnung, 1976, Festschrift für Reimer Schmidt, S. 85.

Mühlhoff: Die steuerliche Auswirkung einer Sanierung bei einer GmbH, GmbHR 1931, 397.

Müller, Friedrich: Juristische Methodik, 3. Aufl. 1988.

Müller, Klaus: Der Tatbestand des kapitalersetzenden Gesellschafterdarlehens in § 32 a Abs. 1 GmbHG, GmbHR 1982, 33.

Müller-Freienfels, Wolfram: Auslandskonkurs und Inlandsfolgen, 1963, Festschrift für Hans Dölle, Bd. II, S. 359.

Münchener Kommentar: Bürgerliches Gesetzbuch, Allgemeiner Teil, Bd. 1 (§§ 1-240), 2. Aufl. 1984.

— Bürgerliches Gesetzbuch, Schuldrecht, Besonderer Teil, 2. Hbd. (§§ 705-853), 2. Aufl. 1986.

Nakano: Die gerichtliche Sanierung der Aktiengesellschaft als drittes Insolvenzverfahren in Japan, in: Baumgärtel, Japanisches Recht I, 1976, S. 141.

Palandt: Bürgerliches Gesetzbuch, 48. Aufl. 1989, bearbeitet von: Bassenge, Peter; Diederichsen, Uwe; Edenhofer, Wolfgang; Heinrichs, Helmut; Heldrich, Andreas; Putzo, Hans; Thomas, Heinz.

Pausenberger, Ehrenfried: Die finanzielle Sanierung, in Janberg Finanzierungshandbuch, 2. Aufl. 1970.

Peters, Klaus: Der vertragliche Rangrücktritt von Forderungen, Teil II, WM 1988, 685.

Priester, Hans-Joachim: Vorabausschüttung bei der GmbH, DB 1973, 2382.

— Die Verwendung von Gesellschafterforderungen zur Kapitalerhöhung bei der GmbH, DB 1976, 1801.

— Körperschaftsteuerreform und Gewinnverwendung, ZGR 1977, 445.

— Gläubigerrücktritt zur Vermeidung der Überschuldung, DB 1977, 2429.

— Das gesetzliche Bezugsrecht bei der GmbH, DB 1980, 1925.

— Kapitalausstattung und Gründungsrecht bei Umwandlung einer GmbH in eine AG, Die AG 1986, 29.

— Gläubigerbefriedigung — Bar- oder Sacheinlage?, BB 1987, 208.

— Voreinzahlung auf Stammeinlagen bei sanierender Kapitalerhöhung, 1988, Festschrift für Hans-Joachim Fleck, ZGR Sonderheft 7, S. 231.

— Die Erhöhung des Stammkapitals mit kapitalersetzenden Gesellschafterdarlehen, 1988, Festschrift für Georg Döllerer, S. 475.

Raiser, Thomas: Recht der Kapitalgesellschaften, 1983.

Reichel, Hans: Gesetz und Richterspruch, 1915.

Reuter, Axel L.: Das Problem der Vollwertigkeit von Gesellschafterforderungen im Zusammenhang mit deren Verwendung zur Kapitalerhöhung bei Gesellschaften mit beschränkter Haftung, BB 1978, 1195.

Ritter, Carl / *Ritter*, Justus: Aktiengesetz, 2. Aufl. 1979.

Rohde, Carsten: Auslese durch Insolvenzen, 1979.

Roth: GmbH-Gesetz, 2. Aufl. 1987.

Rowedder, Heinz / *Fuhrmann,* Hans / *Koppensteiner,* Hans-Georg / *Rasner,* Henning / *Laufermann,* Josef / *Rittner,* Fritz / *Zimmermann,* Klaus: GmbH-Gesetz, 1985.

Schäfer, Erich: Die Unternehmung, 10. Aufl. 1980.

Schimke, Ernst / *Töpfer,* Armin: Krisenmanagement und Sanierungsstrategien, 1985.

Schlegelberger, Franz / *Quassowski,* Leo: Aktiengesetz, 3. Aufl. 1939.

Schmidt, Karsten: Anmerkung zu BGH: NJW 1977, 104, NJW 1977, 107.

— Konkursgründe und präventiver Gläubigerschutz, Die AG 1978, 334.

— Organverantwortlichkeit und Sanierung im Insolvenzrecht der Unternehmen, ZIP 1980, 328.

— Gesellschafterdarlehen als Insolvenzrechtsproblem, ZIP 1981, 689.

— Gutachten D zum 54. Deutschen Juristentag, 1982, S. D 103.

— Die sanierende Kapitalerhöhung im Recht der Aktiengesellschaft, GmbH und Personengesellschaft, ZGR 1982, 519.

— Die Umwandlung einer GmbH in eine AG zu Kapitaländerungszwecken, Die AG 1985, 150.

— Barkapitalaufbringung und „freie Verfügung" bei der Aktiengesellschaft und der GmbH, Die AG 1986, 106.

— Gesellschaftsrecht, 1986.

Schneider, Dieter / *Verhoeven,* Thomas: Vorfinanzierung einer Barkapitalerhöhung?, ZIP 1982, 644.

Schneider, Uwe H.: Kredite der GmbH an ihre Geschäftsführer, GmbHR 1982, 197.

Scholz, Franz: GmbH-Gesetz, Bd. 1 (§§ 1-40), 7. Aufl. 1986; Bd. 2 (§§ 41-85), 7. Aufl. 1988; Bd. 2 (§§ 41-85), 6. Aufl. 1979 / 83; bearbeitet von: Crezelius, Georg; Emmerich, Volker; Priester, Hans-Joachim; Schmidt, Karsten; Schneider, Uwe H.; Tiedemann, Klaus; Westermann, Harm Peter; Winter, Heinz.

— Fehlerhafte Behandlung des Stammkapitals der GmbH, Centrale Rundschau 1948, 1.

Schreiber, Horst: Sanierung, 1958.

Schubert, Werner: Entwurf des Reichsjustizministeriums zu einem Gesetz über Gesellschaften m. b. H. von 1939, ZHR Heft 58, 1985.

Shimojima, Koichi: Das japanische Gesellschaftssanierungsgesetz, ZIP 1982, 805.

Skibbe, Manfred: Das Bezugsrecht bei Kapitalerhöhung der GmbH, GmbHR 1963, 46.

Soergel / Hefermehl: Bürgerliches Gesetzbuch, Bd. 1 (§§ 1-240), 12. Aufl. 1987.

Statistisches Bundesamt Mainz (Hrsg.): Statistisches Jahrbuch für die Bundesrepublik Deutschland, 1988 und 1989.

Staub, Hermann: Kommentar zum GmbHG, 1903.

— Kommentar zum HGB, Bd. 1, 9. Aufl. 1912.

Staudinger, J. v.: Kommentar zum BGB, Bd. I (§§ 90-240), 12. Aufl. 1980.

Stüdemann, Klaus J.: Der Konkursverwalter als Unternehmer, 1977, Festschrift „Einhundert Jahre KO, 1877-1977“, S. 401.

Timm, Wolfram: Das neue GmbH-Recht in der Diskussion, GmbHR 1980, 286.

Uhlenbruck, Wilhelm: Die GmbH & Co. KG in Krise, Konkurs und Vergleich, 1977 und 2. Aufl. 1988.

— Gesetzliche Konkursantragspflichten und Sanierungsbemühungen, ZIP 1980, 73.

— Die Umwandlung von Kredit in Haftkapital als Kredit vor Konkurseröffnung, ZIP 1980, 515.

— Privilegierung statt Diskriminierung von Sanierungskrediten de lege lata und als Problem der Insolvenzrechtsreform, GmbHR 1982, 141.

Ulmer, Peter: Gesellschafterdarlehen und Unterkapitalisierung bei GmbH und GmbH & Co. KG, 1977, Festschrift für Duden, S. 661.

— Die GmbH und der Gläubigerschutz, GmbHR 1984, 256.

— Umstrittene Fragen im Recht der Gesellschafterdarlehen (§ 32 a GmbHG), ZIP 1984, 1163.

Vogel, Hermann: Das Aktienrecht als Rechtsquelle für die GmbH, GmbHR 1953, 137.

Vormbaum, Herbert: Finanzierung der Betriebe, 5. Aufl. 1977.

Weber, Friedrich: Ziele und Wege der Insolvenzrechtsreform, 1977, Festschrift „Einhundert Jahre KO, 1877-1977“, S. 321.

Westermann, Harm-Peter: Banken als Kreditgeber und Gesellschafter, ZIP 1982, 379.

Wiedemann, Herbert: Kapitalerhöhung in der Publikums-KG, ZGR 1977, 690.

— Gesellschaftsrecht, Bd. 1, 1980.

— Gesellschaftsrechtliche Probleme der Betriebsaufspaltung, ZIP 1986, 1293.

Wilhelm, Jan: Die Vermögensbindung bei der Aktiengesellschaft und der GmbH und das Problem der Unterkapitalisierung, 1978, Festschrift für Flume, Bd. II, S. 337.

Zippelius, Reinhold: Juristische Methodenlehre, 4. Aufl. 1985.

Zitelmann, Ernst: Lücken im Recht, 1903.

Zöllner, Wolfgang: Die Schranken mitgliedschaftlicher Stimmrechtsmacht bei den privatrechtlichen Personenverbänden, 1963.

— Recht und Politik, Festschrift der Tübinger Juristenfakultät: Tradition und Fortschritt im Recht, 1977, S. 131.

FSC
www.fsc.org
MIX
Papier | Fördert gute Waldnutzung
FSC® C083411

Kolibri 360 GmbH
Ferdinand-Jühlke-Straße 7
99095 Erfurt, Deutschland
produktsicherheit@kolibri360.de

Druck:
CPI Druckdienstleistungen GmbH
im Auftrag der
Kolibri 360 GmbH
Ferdinand-Jühlke-Str. 7
99095 Erfurt